全国高等学校应用型法学人才培养系列规划精品教材

总主编　谈萧

刑法判例教程

Case Analysis of Criminal Law

肖扬宇　编著

广东省高等学校教学质量与教学改革工程本科类项目
『法学专业综合改革试点』（粤教高函〔2012〕204号）成果
广东省本科高校教学质量与教学改革工程建设项目
『法学专业系列特色教材』（粤教高函〔2014〕97号）成果
广东教育教学成果奖（高等教育）培育项目
『应用型法学人才培养系列精品教材』（粤教高函〔2015〕72号）成果

WUHAN UNIVERSITY PRESS
武汉大学出版社

总　　序

近年来，随着法治事业的不断推进，我国各个层次的法学教育蓬勃发展。法学教材建设是法学教育的一个重要环节，当前我国法律实践日益丰富多彩，法学教育的内容更新、方法变化以及交叉学科的涌现，都对法学教材的建设提出了新要求。

我国法制建设历经30余年，各个法律领域的大规模立法活动已基本完成，法制建设已开始向司法角度转型。在此背景下，法学教育也应实现面向司法实践的转型。自2002年开始实施国家统一司法考试，我国已建立起严格的司法职业准入制度。面向法律职业培养应用型法学专业人才，是我国绝大部分高校法学院系的核心任务。进入司法实践领域工作，也是绝大部分法学专业毕业生的首要选择。

针对法制建设和法学教育的转型，法学教材必须在理论与实践相结合方面做出更大的努力，以适应司法职业准入和司法实践的需要。为此，我利用我本人所承担的省级法学专业综合改革项目、省级系列法学精品教材建设项目以及省级教学成果奖培育项目的支持，组织了全国近50所高校的100余名法学教师以及部分律师、法官、检察官，编写了这套"全国高等学校应用型法学人才培养系列规划精品教材"。本套教材共约40册，包括法学专业主干课程和部分模块课程，统一编写体例，分批推进出版。

本套教材定位于法律职业教育，以法律思维训练和法律事务处理能力培养为导向，通过案例导引、法庭模拟、司考真题、技能训练、纠纷解决等模块和环节设计，配合系统法理和法律知识讲授，致力于打造最有影响力的法律职业教育教材品牌。总结来看，本套教材具有如下六个特点：

1. 注重应用性和时代性

本套教材从编写体系上要求有较强的解决实务问题的针对性，以法律技能培养为主旨。在编写过程中，各教材作者力争将当今社会生活中方方面面的法律现象在教材中有所反映，并引导学生用成熟、具有通说性的法学理论加以理解和解释，使教材更贴近现实法律生活，体现时代性，也便于学生理解与掌握。

2. 教学形式的多样化

当前，法学教学方式方法已呈现多样化的趋势，有案例教学法、模拟现场教学法、情景教学法、讲座式教学法等。本套教材在编写过程中充分融入这些教学方法，摒弃了传统教材较死板的叙述讲授式的教学方法。为了配合教师教学和学生自主学习的需要，本套教材还制作了电子课件（PPT）供教学者利用。

3. 教材体例的新颖性

本套教材内容以基本法律概念、法律程序和法律方法等体现实操性的知识、技能为主。教材中穿插反映新颖体例的多个栏目，如法律知识库、法律资料库、典型案例、情景模拟、法律文化长廊、背景材料、实际操作、练习与思考等。

4. 教学内容的科学性

本套教材在知识内容编写方面特别注意科学性，概念表述严谨，选取无争议的法律概念和定义及表述相关知识点。每章节教学内容以目标任务为导向，目标任务以项目组或角色扮演的方式加以设计，引导学生完成。

5. 学理上的适当拓展

本套教材除了内容的严谨性要求外，在学理上注意能有所拓展。按法学理论和法律制度的逻辑顺序展开教材知识内容，同时也利用到其他学科知识、理论与方法作为分析工具，如社会学的田野调查方法、经济学的成本收益分析方法，以及心理学的需求、动机与行为分析方法等，但它们从属于整体上教材的法律科学逻辑的需要，避免大量分析性、研究性内容。

6. 适应法律职业资格考试和法律实务技能培养的需要

本套教材充分考虑国家统一司法考试及其他重要法律职业资格考试（如企业法律顾问资格考试）要求，强调法律实务处理过程，强化技能培养与训练，侧重实操知识介绍，并强调技能与方法介绍的系统性、完整性与模块化。

高校教材及学术著作由于其专业性和学术性，一般很难通过销售来实现收支平衡。除了少量的政府资助项目，高校教材及学术著作在现行体制下缺乏充分的出版服务平台支持，而其作者、读者和使用群体又具备较高的个人素质和良好的发展潜力。为此，我本人一直希望搭建一个高校教材及学术著作写作与民间出版资助的合作平台。希望在此平台上，将民间力量与高校及科研机构的智力资源有效地嫁接在一起，建立一个高校教材及学术著作的自助出版维持机制，改变目前学者及科研人员尤其是人文社会科学学者出版著作完全依赖政府资助的局面，同时，利用优秀人文社会科学成果在“全民阅读计划”中的传媒价值，充分回馈民间支持者。

在上述愿景之下，利用我本人主持的有关教学改革项目经费的前期支持，近两年我花费了很多精力来搭建上述平台。本套教材的出版就是上述平台搭建的一个初步成果。

在我的出版平台思想的鼓舞下，全国近50所高校100余名法学教授、博士、讲师以及部分律师、法官、检察官，以自己宝贵的智力资源和对法学教育事业的热爱，加入了本套教材的编写团队；武汉大学出版社和华中科技大学出版社，不计一时的市场得失，为本套教材的出版提供了优质的出版服务；指南针、众合、万国等司法考试培训机构及部分教育服务机构，热心教育事业，为本套教材的出版提供了支援。

组织编写和搭建平台工作，其中辛苦与顿挫，自不待言。然而，正是有了前面同仁及机构的鼎力支持，让我感到这个事业是值得坚持下去的。在这里，我要深深感谢他们的付出，并向他们的热忱表达敬意！

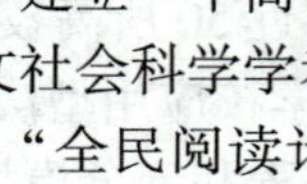

2015年5月4日于广州工作室

前　言

刑法学是一门以我国刑法典为研究对象的学科，法学本科阶段所学习的刑法学主要以解释我国刑法典为主要内容。一方面，可以通过对刑法规范的学习，系统地掌握我国刑法典的内容；另一方面，在刑法规范的基础上，也可以形成一些理论共识，为刑法典的实施建立对话平台。

多年来，我国刑法学学科一直侧重于刑法解释学的研究，着力于对刑法规范的体系性解读，这种研究有利于培养学习者对刑法学的抽象认识和思辨能力，但对于刑法规范在实践中的运用和理解却缺少关注，这也导致我国刑法实务和刑法理论之间的关系渐行渐远。近年来，" 法律职业共同体" 内的人已经清醒认识到了理论和实践分离所带来的弊端，因而开始寻觅两者之间的桥梁，判例教学法就是其中之一。

刑法典不应是僵化的法条，而应是人们鲜活的生活缩影。对刑法的学习不应是呆板的，而应是灵动的。将刑法实务判例运用到刑法理论教学中，通过对我国真实的、典型的司法判例进行分析，有利于学习者更加深刻地了解刑法条文本身的情感以及刑法条文背后的法律精神，同时也可以通过实务疑难问题来反思并解释刑法理论所存在的困惑。

本教程通过对搜集和整理的最高人民法院等机关公布的 109 个经典案例的分析，对我国刑法学总则和分则中的典型疑难问题进行解释，激发学习者对知识原理的学习兴趣，培养学习者对专业知识的实际理解能力。用富有生命力的案例来开启学习者的心门必将是一条有效的途径，但由于专业水平有限和时间仓促，书中的谬误在所难免，敬请广大有识之士不吝赐教。

作　者

2015 年 7 月

目　录

上编　刑法总论判例

下编　刑法分论判例

上编　刑法总论判例

刑法总论以刑法总则为研究对象，是对总则中的犯罪、刑事责任和刑罚的规范体系的解释和体系性归纳。刑法总则指导刑法分则的适用，但鉴于总则规范的抽象性和稳定性，在司法实践中对刑法总则规范的理解和适用难免出现争议。用具体案例来解读刑法总则抽象的条文，可以在规范和事实之间搭起一座沟通的桥梁。

第一章

犯罪构成要件要素

犯罪构成要件是犯罪成立的唯一标准，任何犯罪的成立都需要依据犯罪构成要件进行判断。根据我国刑法理论，我国犯罪成立包括犯罪客体、客观方面、主体、主观方面四个方面的构成要件，在每一方面要件中又包括诸多犯罪构成要件要素。在司法实践中这些要素的理解与适用经常出现一些争议，根据既有的判例对构成要件要素进行辨析可以为解决司法实践中的困难提供裁判依据和理论参考。

一、刑事责任年龄的适用问题

——安某等绑架案

公诉机关：某检察院

被告人：安某（1985年7月5日生）

被告人：吴某（1986年8月12日生）

案情简介

2001年8月，被告人安某与吴某商议绑架在尚寨街上做生意的宋某之子宋某某（1990年6月12日生），并商定向宋某索要10万元现金，为此，二人准备了普鲁卡因针剂（一种麻醉药）、手套、透明胶带等工具。2002年1月21日凌晨6时许，两被告人在宋某某上学途中用浸有麻醉药的毛巾捂住宋某某的口鼻，将他捂昏后抬至一棉柴堆旁。宋某某苏醒后求饶，2人唯恐事情败露，遂由吴某骑在宋某某身上，按住宋某某的胳膊和腿，安某再次用毛巾捂其口鼻，又用透明胶带在其口鼻上缠绕，致宋某某机械性窒息死亡。两被告人将尸体、作案工具等隐匿后，于当天上午在慈圣镇、远襄镇打电话向宋某索要10万元赎金。下午16时许，2人再次电话催要赎金时，被公安机关当场抓获。2002年5月28日，河南省商丘市人民检察院向河南省商丘市中级人民法院提起公诉。商丘市中级人民法院依照我国《刑法》第239条第1款，第232条，第17条第1、2、3款，第49条，第25条第1款，第26条第1、4款，第57条第1款的规定，于2002年7月4日作出判决如下：被告人安某犯绑架罪，判处无期徒刑，剥夺政治权利终身，并处罚金5000元；被告人吴某犯故意杀人罪，判处有期徒刑15年。宣判后，在法定期限内，公诉机关不抗诉，被告人及其法定代理人不上诉，本案判决已生效。

（最高人民法院、中国应用法学研究所编：《人民法院案例选（2003 年第 2 辑）》，人民法院出版社 2004 年版。）

案例评析

本案的争议问题主要有两个：一是安某和吴某的行为该如何认定？二是安某和吴某的行为该如何量刑？

我国《刑法》第 239 条绑架罪第 1 款规定，以勒索财物为目的绑架他人的，或者绑架他人作为人质的，处十年以上有期徒刑或者无期徒刑，并处罚金或者没收财产；致使被绑架人死亡或者杀害被绑架人的，处死刑，并处没收财产。根据本案的事实情况，安某和吴某以勒索财物为目的绑架被害人并在被害人苏醒之后杀害被害人的行为符合绑架罪的客观方面要件。但是我国《刑法》第 17 条第 2 款规定，已满 14 周岁不满 16 周岁的人犯故意杀人、故意伤害致人重伤或者死亡、强奸、抢劫、贩卖毒品、放火、爆炸、投毒罪的，应当负刑事责任。在本案中，被告人安某犯罪时已满 16 周岁，以勒索钱财为目的，绑架并杀害被绑架人，其行为构成绑架罪。而被告人吴某在犯罪时已满 15 周岁，未满 16 周岁，其行为是否构成犯罪？如果构成犯罪，又构成何罪？

根据我国《刑法》第 17 条第 2 款的规定，犯罪时已满 14 周岁不满 16 周岁的人只需要对故意杀人、故意伤害致人重伤或者死亡、强奸、抢劫、贩卖毒品、放火、爆炸、投毒罪的行为负刑事责任，并不需要对绑架罪的行为负刑事责任。所以，吴某的行为并不构成绑架罪。但需要明确的是，我国《刑法》第 17 条第 2 款中关于“故意杀人、故意伤害致人重伤或者死亡、强奸、抢劫、贩卖毒品、放火、爆炸、投毒罪”的规定并不是就具体罪名而言，而是泛指一种犯罪行为。虽然我国《刑法》第 239 条第 1 款规定了绑架过程中致使被绑架人死亡或者杀害被绑架人的，仍然构成绑架罪，不另外成立故意杀人罪。但是在本案中，吴某在绑架过程中还实行了杀人行为，杀人行为并不是绑架罪的基本构成要件，吴某对绑架行为虽不负刑事责任，但他对杀人行为还应负刑事责任，其行为构成了故意杀人罪。

根据我国《刑法》第 239 条第 1 款规定，致使被绑架人死亡或者杀害被绑架人的，处死刑，并处没收财产。但我国《刑法》第 49 条第 1 款规定，“犯罪的时候不满 18 周岁和审判的时候怀孕的妇女不适用死刑。在本案中安某和吴某在犯罪的时候都不满 18 周岁，安某和吴某是否可以适用死刑？

对于这个问题，我们需要依据刑法总则和分则的关系进行判断。我国刑法总则是对刑法一般性理论的总结和规定，适用于所有的刑法分则。而刑法分则是对各个具体罪名的概括，分则的具体规定只能适用于各该条罪名。总则指导分则的适用，分则是总则的具体化体现。分则不能违背总则的一般性规定，分则中任何罪名的适用都需遵守总则的规定。因此，虽然根据我国《刑法》第 239 条第 1 款规定“致使被绑架人死亡或者杀害被绑架人的，处死刑，并处没收财产”，但该条的适用仍需遵守我国《刑法》第 49 条的规定，即“犯罪的时候不满十八周岁和审判的时候怀孕的妇女不适用死刑”。在本案中，安某和吴某在犯罪的时候都不满 18 周岁，因此不能对被告人安某、吴某适用死刑。

二、“利用职务便利”的行为方式认定

——马某职务侵占案

公诉机关：北京市朝阳区人民检察院

被告人（上诉人）：马某

案情简介

北京恒泰众和科技发展有限公司（以下简称恒泰众和公司）成立于2003年8月，系有限责任公司。上诉人（原审被告人）马某系该公司股东、市场部经理，掌握本单位存款的银行卡号和密码，公司的钱存在以孙某名义开立的账户内，现金支出由马某负责发放。2004年10月5日，马某使用恒泰众和公司法定代表人孙某的身份证，私自以孙某的名义在北京市朝阳区中国农业银行亚运村支行办理了一张中国农业银行金穗卡。同年10月8日，马某利用电话转账的方式，将恒泰众和公司存在孙某名下的中国农业银行卡内的人民币17万元划入马某私自办理的中国农业银行金穗卡中，后于10月8日、9日分多次将该款取出，于10月9日存入户名为马某的中国建设银行储蓄卡内。同年10月13日，马某向公安机关投案。上述中国建设银行储蓄卡（卡内17万余元已被冻结）及中国农业银行金穗卡各1张已由公安机关起获并扣押在案。

北京市朝阳区人民法院根据上述事实和证据认为：被告人马某为满足私利，窃取公司财物且数额特别巨大，其行为触犯了刑律，已构成盗窃罪，应予惩处。北京市朝阳区人民检察院指控被告人马某犯盗窃罪的事实清楚，证据确实、充分，罪名成立。判决被告人马某犯盗窃罪，判处有期徒刑10年6个月，剥夺政治权利两年，罚金人民币1.1万元。上诉人（原审被告人）马某诉称：其是北京恒泰众和科技发展有限公司市场部经理兼出纳，通过电话转账并支取涉案钱款是其职务行为；孙某给其身份证是让其开设新账户，其支取涉案钱款是为了去山东办理公司业务，事先孙某让其多带一些钱去出差，其没有非法占有涉案钱款的目的；原判认定事实不清，证据不足，其行为不构成盗窃罪。此外，其全部退赃，且在一审宣判前如实供述了事实，其行为应当认定为自首。北京市人民检察院第二分院的出庭意见是：证人孙某的证言有重大瑕疵，原判依据该证言认定马某的行为构成盗窃罪，事实不清，证据不足，建议发回重审。北京市第二中级人民法院判决马某犯职务侵占罪，判处有期徒刑六年。

（国家法官学院、中国人民大学法学院编：《中国审判案例要览（2007年刑事审判案例卷）》，人民法院出版社、中国人民大学出版社2008年版。）

案例评析

本案的争议焦点为：被告人马某的行为是否利用了职务便利？

在本案审理过程中，一审法院认为该案件中被告人的行为为盗窃罪，二审法院将案件定性为职务侵占罪。根据我国《刑法》第264条规定，盗窃罪是指盗窃公私财物，数额较大的，或者多次盗窃、入户盗窃、携带凶器盗窃、扒窃的行为。根据我国《刑法》第

271条规定，职务侵占罪是指公司、企业或者其他单位的人员，利用职务上的便利，将本单位财物非法占为己有，数额较大的行为。虽然盗窃罪与职务侵占罪在犯罪构成要件方面差别较大，但当职务侵占罪中行为人利用职务便利通过秘密手段将自己合法管理、使用的本单位财物非法占有时，两罪的客观方面表现一致容易混淆。由此可见，本案的争议焦点主要是马某的犯罪行为是否利用了职务便利。

刑法理论中一般认为，利用职务上的便利，不同于根据职务形成的条件，主要是指利用自己主管、管理、经手单位财物的便利条件，对单位财物具有管理权、经营权、经手权等。“主管”主要是指负责调拨、处置及其他支配单位财物的职务活动；“管理”是指负责保管、处理及其他使单位财物不被流失的职务活动；“经手”是指单位财物的使用需经过行为人的办理，对单位财物具有短暂的管理权。

本案中，马某作为公司的市场部经理，且负责财务工作，能够掌握以孙某名义开立的本单位账户的银行卡号和密码，因此马某对孙某账户上钱款的支取与划转属于其权限范围内的，属于利用职务便利。综上，行为人马某以非法占有为目的，利用职务便利采取秘密窃取的手段窃取了本单位账户中的钱款，其行为应定性为职务侵占罪。一审法院判决未认定马某利用职务便利的事实，应属适用法律错误。

三、吸毒致精神障碍的刑事责任能力认定

——李某故意杀人案

公诉机关：湖南省衡阳市人民检察院

被告人：李某

案情简介

被告人李某系衡铁车务段工人，于2013年1月24日因吸食毒品麻古后出现疑人害、冲动伤人等行为，被诊断为“精神活性物质所致精神障碍”而入衡阳市第一精神病医院住院治疗过。2014年1月22日中午1时许，李某来到本市珠晖区东风路56号3单元二楼一发廊，在发廊客厅谈好价钱后与被害人米某一同进入发廊里面由卧室改建的一个隔间进行性交易。在交易过程中，米某听见有人喊“时间到了”，便穿好衣服准备离开。李某心生不满，遂拿出折叠匕首划伤米某颈部。米某大声喊叫，从卧室隔间跑向临街的客厅，李某紧随其后，用匕首乱划，逼开前来阻拦的其他几名发廊女子，然后持匕首朝躺在发廊客厅沙发上的米某肩颈处刺了一刀。米某被刺趴倒在地上，李某见米某身体还在动，又持匕首对着米某的后颈部刺了一刀。李某随后拨打110，但未接通，在得知围观群众已报警后，一直坐在发廊内直至被接警赶来的公安民警抓获。米某被送至医院经抢救无效死亡。经鉴定，米某符合被锐器刺破右锁骨下动脉致急性失血性休克死亡。被告人李某对公诉机关指控其持刀刺死被害人米某的事实不持异议。其辩护人提出，被告人李某曾因精神分裂症住院治疗，作案时辨认、控制能力低于常人；被害人有过错；被告人李某系自首；在审理过程中，被告人李某的父亲与被害人米某父母达成了赔偿127000元的调解协议并已履行完毕。米某的父母表示不再提起附带民事诉讼，并对被告人李某予以谅解，请求本院对

被告人李某从轻处罚。法院认为，被告人李某虽曾于2013年1月24日因吸食毒品麻古后出现疑人害、冲动伤人被诊断为“精神活性物质所致精神障碍”而入衡阳市第一精神病医院住院治疗，但被告人李某系因吸食毒品而致精神障碍，不属于刑法规定的精神病人。被告人李某犯故意杀人罪，判处有期徒刑十五年，剥夺政治权利五年。

（中国裁判文书网，http：//www.court.gov.cn/zgcpwsw/hun/hnshyszjrmfy/xs/201411/t20141104_3891812.htm，访问于2015年2月1日。）

案例评析

本案的争议焦点为：行为人李某曾经因吸毒出现精神障碍，那么其是否具有刑事责任能力，是否需要承担刑事责任？

本案法院认为，被告人李某虽然因吸毒导致精神障碍住院治疗过，但不属于刑法规定的精神病人，仍然具备完全刑事责任能力，应当对其行为承担刑事责任。

在司法实践中，刑事责任能力是行为人承担责任的前提。刑事责任能力，是指行为人构成犯罪和承担刑事责任所必需的，行为人具备刑法意义上的辨认和控制自己行为的能力。刑事责任能力判断的主要标准是年龄，一般而言，达到一定年龄而精神健全的人就具备刑事责任能力，即辨认和控制自己行为的能力。根据我国《刑法》第17条规定，不满14周岁的人完全不负刑事责任年龄的阶段。已满14周岁不满16周岁的人是相对负刑事责任年龄阶段，只需要对故意杀人、故意伤害致人重伤或者死亡、强奸、抢劫、贩卖毒品、放火、爆炸、投放危险物质负刑事责任。已满14周岁不满18周岁的人犯罪，应当从轻或者减轻处罚。

如果达到刑事责任年龄的行为人存在精神障碍或者重要器官等生理功能丧失，就可能影响其刑事责任能力。我国《刑法》第18条第1款规定，精神病人在不能辨认或者不能控制自己行为的时候造成危害结果，经法定程序鉴定确认的，不负刑事责任，但是应当责令他的家属或者监护人严加看管和治疗；在必要的时候，由政府强制医疗。另外，我国《刑法》第18条第2款规定间歇性的精神病人在精神正常的时候犯罪，应当负刑事责任。我国司法精神病学一般认为，刑法中所说的“间歇性精神病”是指具有间歇发作特点的精神病，包括精神分裂症、躁狂症、抑郁症、癫痫性精神病、周期精神病、分裂情感性精神病、癔症性精神病等。但是刑法理论一致认为，行为人因吸食毒品出现的疑人害、冲动伤人等病症的“精神活性物质所致精神障碍”不属于刑法中的精神病。我国《刑法》对于行为人吸毒后出现的精神障碍行为持否定态度，行为人不会因为吸毒后出现精神障碍而被减轻刑事责任，行为人要对吸毒后的行为承担完全刑事责任。故而，本案行为人是在精神完全正常下实施的行为，行为人具备完全刑事责任能力，需要承担刑事责任。

四、“但书”的司法适用问题

——徐某等非法侵入住宅案

上诉人（原审自诉人）：周某

原审被告人：徐某

原审被告人：周某乙

原审被告人：郑某

案情简介

自诉人周某与被告人周某乙、郑某、徐某系村邻、宗亲关系。2010年5月30日，自诉人之妻叶某生小孩出院，自诉人之父周某某打电话给被告人徐某之夫周某甲，叫周某甲用三轮摩托车去接。下午16时许，周某甲驾驶"宗申"牌三轮摩托车带着自诉人父母前去接自诉人之妻及小孩，当车行驶至胡乐镇龙池村高山组路段时，三轮摩托车翻倒在路外坎子下，造成周某甲及自诉人父母受伤，周某甲经抢救无效死亡。周某甲死亡后，自诉人家庭于同年5月30日和6月4日分别支付死者亲属1万元、2万元，6月4日死者周某甲遗体火化，因双方未协商解决死者的赔偿问题，死者骨灰暂存放于宁国市殡仪馆。

截至2010年6月10日，因自诉人父亲周某某一直回避死者赔偿问题，死者周某甲遗体火化后未能下葬。当日上午11时许，为了促使自诉人父亲周某某出面与其解决赔偿事宜，被告人周某乙、郑某、徐某携带从殡仪馆取回的二把花圈及死者遗像，砸开了自5月30日发生翻车事故后一直无人居住的自诉人家大门，在自诉人家的客厅摆设死者周某甲的照片、安放花圈、焚烧纸钱，胡乐镇政府、派出所、村委会及时予以制止。2010年6月13日晚，在得知自诉人父亲周某某愿意出面协商后，被告人周某乙、郑某、徐某将摆放在自诉人家客厅的死者周某甲的照片、花圈等撤除。2011年10月10日，自诉人周某及其妻子叶某、父亲周某某、母亲方某以被告人徐某、周某乙、郑某犯非法侵入住宅罪为由提起控诉。宁国市人民法院判决被告人徐某、周某乙、郑某无罪。周某乙不服上述刑事判决，提出了上诉。安徽省宣城市中级人民法院依照我国《刑事诉讼法》第189条第(1)项之规定，裁定驳回上诉，维持原判。

（安徽省宣城市中级人民法院（2012）宣中刑终字第00085号裁定书。）

案例评析

本案的争议焦点主要有两个：一是非法侵入住宅罪中的"住宅"该如何认定？二是非法侵入住宅罪的成立标准如何界定？

在本案中，自诉人周某的住宅自从5月30日发生翻车事故后一直无人居住，那么，在此情况下周某的住宅是否符合非法侵入住宅罪的对象呢？非法侵入住宅罪侵犯的客体是他人的居住安全权利，保护的是个人利益中的居住平稳或者安宁。如果非法侵入他人住宅侵犯了他人的居住平稳或者安宁，则已经侵犯了本罪的客体。一般而言，"住宅"应当是日常生活使用的场所，不包括一时使用的场所，如出租屋、旅馆房间等。事实上，供人日常生活使用的场所不要求居住者一直生活在其中，短暂的离开也认定是其住宅，但不包括从来无人居住的空房。所以，在本案中上诉人家虽然从翻车事故之后一直无人居住，但被告人周某乙等人在自诉人家的客厅摆设死者周某甲的照片、安放花圈、焚烧纸钱的行为也侵犯了自诉人周某家的平稳与安宁，也可以成为非法侵入住宅罪的对象。

我国《刑法》第245条第1款规定，非法搜查他人身体、住宅，或者非法侵入他人住宅的，处三年以下有期徒刑或者拘役。根据此规定，虽然非法侵入罪属于行为犯，只要行为人实施了非法侵入他人住宅的行为即构成非法侵入住宅罪。但是，我国《刑法》第13条但书规定，……情节显著轻微危害不大的，不认为是犯罪。在本案中，原审被告人徐某、周某乙、郑某确有侵入上诉人周某住宅的行为，并在上诉人家的客厅摆设死者周某甲的照片、安放花圈、焚烧纸钱。但是，其前提是三原审被告人与上诉人之间存在民事纠纷，三原审被告人在死者周某甲已火化、尚未安葬且上诉人父亲周某某一直回避协商赔偿事宜的情况下进入上诉人家中，在得知上诉人家庭愿意出面协商解决赔偿问题时即从上诉人家中撤出，三原审被告人的行为事出有因，且上诉人家暂时没有人居住，三原审被告人的行为并未对上诉人家庭生活造成严重影响，没有严重侵犯上诉人家的居住平稳权或安宁权，应属情节显著轻微、危害不大，不构成非法侵入住宅罪。

五、犯罪过失的认定问题

——刘某被控过失致人死亡无罪案

自诉人暨附带民事诉讼原告人：张某某

被告人：刘某

案情简介

2004年4月29日11时许，被告人刘某驾驶车号为京CZ7172的白色捷达牌轿车行驶至本市宣武区宣武门路口由东向南左转弯时，遇张某（殁年69岁）骑车由东向西横过马路，二人因让车问题发生争吵。被告人刘某驾车前行至宣武门西南角中国图片社大门前后靠边停车，与随后骑自行车同方向而来的张某继续口角，后被告人刘某动手推了张某的肩部并踢了张某腿部。张某报警后双方被民警带至广内派出所。在派出所解决纠纷时，被害人张某感到胸闷不适，于13时到首都医科大学宣武医院就诊，15时许经抢救无效死亡。经法医鉴定：张某因患冠状动脉粥样硬化性心脏病，致急性心力衰竭死亡。被害人张某的家属因张某死亡所造成的经济损失共计人民币205433.59元。

自诉人张某某诉称：被害人张某突发心脏病完全是由于被告人的殴打行为所致，被告人的行为虽不能直接引起被害人的死亡，但却是导致被害人死亡的诱因，因此，在被告人明知被害人年老体弱，应当预见其殴打行为会造成被害人严重伤害的情况下，依旧对被害人实施殴打行为，致使被害人死亡，被告人对死亡结果的发生是存在过失的，其行为符合我国《刑法》第233条之规定，已构成过失致人死亡罪。北京市宣武区人民法院依照我国《刑事诉讼法》第162条第（2）项，《最高人民法院关于执行（中华人民共和国刑事诉讼法）若干问题的解释》第205条及我国《民法通则》第119条，作出如下判决：1. 被告人刘某无罪；2. 被告人刘某赔偿附带民事诉讼原告人张某某人民币10万5千元。

（最高人民法院、中国应用法学研究所编：《人民法院案例选（2007年第1辑）》，人民法院出版社2007年版。）

案例评析

本案的争议焦点主要有两个：一是本案中刘某的行为是否构成过失致人死亡罪？二是

本案中刘某是否需要对张某的死亡承担民事赔偿责任？

过失致人死亡罪，是指由于过失导致人死亡的行为。客观上要求行为人实施了致人死亡的过失行为，并且已经造成了他人死亡的危害结果。主观上要求行为人存在过失，应当预见到危害结果的发生，但因疏忽大意没有预见；或已经预见而轻信能够避免，导致发生他人死亡的结果。

根据本案的事实，刘某并不可能已经预见到张某的死亡而轻信能够避免，导致张某的死亡。所以本案中刘某的行为只存在疏忽大意的过失存在与否的争议。疏忽大意过失的认定关键是行为人是否能够预见，对于能否预见的判断主要从判断基础材料和判断基准两个方面进行，判断基础材料主要包括主客观方面的事实，判断基准主要是在行为人与一般人能力相同的情况下根据一般人在同样的情况是否能够预见结果的发生来进行判断。换言之，也就是在客观存在的主客观事实下，一般人是否能够预见结果的发生进行判断，如果一般人能够预见结果的发生，而行为人没有预见，则构成疏忽大意的过失；如果一般人不能够预见结果的发生，而行为人也没有预见，则不构成疏忽大意的过失，构成意外事件。

本案中行为人刘某的行为是否构成过失致人死亡罪，存在争议。有人认为，行为人的行为已构成过失致人死亡罪，因为被害人是一名近 70 岁的老年人，行为人作为具有完全行为能力的成年人，基于一般的社会常识，应该预见到自己的行为可能会造成被害人引发疾病造成死亡的结果发生，但行为人仍然对被害人实施了殴打，行为人对被害人的死亡结果应该预见到而没有预见，在主观上是有过失的，其行为构成了过失致人死亡罪。另一种观点认为，行为人的行为不构成犯罪，因为行为人刘某只是推了被害人肩部以及踢了被害人腿部，从一般人的社会经验分析，其行为人不会造成被害人死亡的结果，而事实上被害人死亡的直接原因是心脏病发作造成的，行为人的殴打行为只是引发被害人心脏病的一个诱因，而非造成被害人死亡的直接原因，行为人不能预见到被害人死亡结果的发生。

笔者同意第二种观点，根据本案的事实，正常情况下，刘某的行为并不会导致张某的死亡，被告人刘某对于张某的死亡结果并没有预见的可能性，因此刘某的行为不构成过失致人死亡罪，只能属于意外事件。

由于刑法与民法的责任认定原则不同，刘某的行为虽然不构成犯罪，但并非一定没有民事赔偿责任。在本案中，行为人是否需要承担民事责任，要看行为人对损害结果的发生是否有过错。行为人有过错的，承担赔偿责任；无过错的，不承担赔偿责任，但仍应根据公平原则予适当补偿。由于刘某对张某实施了轻微打击行为，进而诱发了其心脏病发作死亡。在这个过程中，行为人是有过错的，而且也不存在任何免责事由。因此，行为人对被害人因死亡所造成的经济损失应承担民事赔偿责任。但同时，考虑到被害人死亡的直接原因是其内在的心脏病造成的，行为人的行为只是造成被害人引发心脏病死亡的诱因，因此行为人刘某应根据其在事件中的过错程度承担民事赔偿责任。

第二章

排除犯罪性行为

在司法实践中，有一些行为虽然在客观上造成了一定的损害结果，在形式上符合某些犯罪的客观要件，但实质上是社会所需要和允许的行为，既不具备社会危害性，也不具备刑事违法性，世界各国基本上都规定了此类行为的正当性，此类行为的行为人也不需要承担刑事责任，即排除犯罪性行为，也称为正当行为。我国《刑法》明文规定的排除犯罪性行为仅有正当防卫和紧急避险，但理论上普遍认为还存在一些超法规排除犯罪性事由，如依照法令的行为、正当业务行为、自救行为等。因为，此类行为与犯罪行为都会产生损害结果，所以排除犯罪性行为有其严格的成立条件，在司法实践中，这些成立条件的判断也经常出现争议。通过司法判例来分析排除犯罪性行为的成立条件，有助于理解排除犯罪性行为的本质特征，把握认定尺度。

一、防卫起因的认定

——高某故意伤害宣告无罪案

公诉机关：广西钦州市浦北县人民检察院

自诉人（上诉人）：高某甲

自诉人（上诉人）：高某乙

被告人（被上诉人）：高某

案情简介

2006年年底，被告人高某的父亲因在三合镇供电所隔离建厂房（已办理准建手续）与本队一些群众发生纠纷，双方曾发生打架，经三合派出所和司法办前往制止，并要求双方维持现状。2007年2月16日11时，自诉人高某甲、高某乙同本生产队群众几十人要去拆毁高某父亲新建的厂房，当自诉人和其他人持铁锤、刀、斧头等器具到达现场后，自诉人用铁锤敲打高某父亲厂房大门的砖，被告人高某父亲见状，即持一根棍出来制止，自诉人等围打被告人父亲，三四分钟后被告人持一勾刀出来帮其父亲，双方在打斗过程中，自诉人高某甲和高某乙被被告人高某分别砍伤左膝部和左踝部，经法医鉴定，高某甲、高某乙的伤均构成轻伤。广西钦州市浦北县人民法院依照我国《刑法》第234条第1款、第20条和我国《民法通则》第106条第2款、第119条、第130条、第131条及最高人民法院《关于审理人身损害赔偿案件适用法律若干问题的解释》第17条之规定，判决如下：1. 被告人高某无罪。2. 被告人高某不承担民事赔偿责任。自诉人高某甲、高某乙不服判决，提起了上诉。广西钦州市中级人民法院依照我国《刑事诉讼法》第189条第（1）项的规定，裁定如下：驳回上诉，维持原判。

（国家法官学院、中国人民大学法学院编：《中国审判案例要览（2009年刑事审判案例卷）》，人民法院出版社、中国人民大学出版社2010年版。）

案例评析

本案的主要争议焦点在于：高某的行为是否构成正当防卫？高某是否需要承担民事赔偿责任？

我国《刑法》第20条规定，为了使国家、公共利益、本人或者他人的人身、财产和其他权利免受正在进行的不法侵害，而采取的制止不法侵害的行为，对不法侵害人造成损害的，属于正当防卫，不负刑事责任。正当防卫明显超过必要限度造成重大损害的，应当负刑事责任，但是应当减轻或者免除处罚。对正在进行行凶、杀人、抢劫、强奸、绑架以及其他严重危及人身安全的暴力犯罪，采取防卫行为，造成不法侵害人伤亡的，不属于防卫过当，不负刑事责任。根据我国《刑法》第20条的规定，正当防卫的成立条件包括防卫时间、防卫起因、防卫意图、防卫对象、防卫限度等标准。高某的行为是否构成正当防卫，需根据正当防卫的成立条件进行判断。首先，高某父亲的厂房是合法建筑（浦北县建设用地批准书和建设工程规划许可证均可证明），依法应予以保护，不应受到不法侵害。自诉人同本生产队群众几十人持铁锤、刀、斧头等器具拆毁高某父亲新建的厂房的行为属于不法侵害行为，自诉人一方对高某父亲前来制止时的围打也属于不法侵害；其次，高某为其父的人身免受正在进行的不法侵害而实施伤害自诉人的行为是出于保护合法权益，以制止不法侵害为目的，具有防卫意图；再次，高某的行为是在不法侵害发生时所实施的，符合防卫时间；另外，高某是针对自诉人的侵害行为而实施的行为，符合防卫对象；最后，高某在其父亲被一帮手持铁锤、刀、斧头等器具的人围打时（实际上高某也被打成全身多处软组织挫伤，左侧面颊部受刀伤），高某的防卫行为造成自诉人受轻伤的事实并没有超过明显的必要限度，符合防卫限度条件。

因此，高某的行为属于正当防卫，不应负刑事责任。关于自诉人请求赔偿的民事损失，因被告人的行为属于正当的防卫行为，具有正当性，被告人的行为造成的损害后果不应负民事赔偿责任，损失应由自诉人自负。

二、紧急避险行为人对行为结果是否有避免义务

——王某破坏交通设施案

公诉机关：重庆市江北区人民检察院

被告人：王某

案情简介

“红花碛2号”航标船位于重庆市江北区五宝镇段长江红花碛水域，系国家交通部门为保障过往船只的航行安全而设置的交通设施，该航标船标出了该处的水下深度和暗碛的概貌及船只航行的侧面界限。2003年7月28日16时许，王某驾驶机动渔船行至该航标船附近时，见本村渔民王某某等人下网捕鱼的“网爬子”（浮标）挂住了固定该航标船的钢缆绳，即主动驾船帮助。当王某驾驶的渔船靠近航标船时，其渔船的螺旋桨亦被该航标船的钢缆绳缠住。在渔船存在翻沉的危险情况下，王某持砍刀砍钢缆绳未果，又登上该航标船将钢缆绳解开后驾船驶离现场，致使脱离钢缆绳的“红花碛2号”航标船顺江漂流至下游2公里的锦滩回水沱。17时许，重庆航道局木洞航标站接到群众报案后，巡查到漂流的航标船，并于当日18时许将航标船复位，造成直接经济损失人民币1555.50元。重庆市江北区人民法院根据上述事实和证据认为：被告人王某为自身利益，竟不顾公共航行安全，故意破坏交通设施航标船，致其漂离原定位置，其行为已构成破坏交通设施罪。判决被告人王某犯破坏交通设施罪，判处有期徒刑3年。王某随后提出上诉。

重庆市第一中级人民法院认为，上诉人王某在其渔船存在翻沉的现实危险下，不得已采取解开“红花碛2号”航标船钢缆绳，来保护其与他人人身及渔船财产的行为系紧急避险。但是在自身危险消除后，王某明知“红花碛2号”航标船漂离会造成船舶发生倾覆、毁坏危险，其负有采取积极救济措施消除危险状态的义务，王某能够履行该义务而未履行，属不作为行为，其行为构成了破坏交通设施罪。鉴于本案未发生严重后果，上诉人王某认罪态度较好，对其适用缓刑不致再危害社会，可对其适用缓刑。判决维持重庆市江北区人民法院（2004）江刑初字第48号刑事判决，即被告人王某犯破坏交通设施罪，判处有期徒刑3年，宣告缓刑3年。

（最高人民法院刑事审判一至五庭主编：《刑事审判参考（总第38期）》，法律出版社2011年版。）

案例评析

本案的争议焦点主要在于：王某解开“红花碛2号”航标船钢缆绳的行为是否属于紧急避险？行为人对于紧急避险行为产生的结果是否具有作为义务？

在办案中，虽然一审法院和二审法院认定的结果相同，但是案件的法律适用却不相同。一审法院认为，被告人王某为自身利益不顾公共航行安全，故意破坏交通设施航标船，致其漂离原定位置的行为已构成破坏交通设施罪。二审法院认为，王某在其渔船存在翻沉的现实危险下，不得已采取解开“红花碛2号”航标船钢缆绳，来保护其与他人人身及渔船财产的行为系紧急避险。但是在自身危险消除后，王某明知“红花碛2号”航标船漂离会造成船舶发生倾覆、毁坏危险，应当采取积极救济措施消除危险状态，能够履行该义务而未履行，属不作为行为，其行为构成了破坏交通设施罪。

首先，需要明确的是，王某解开航标船钢缆绳的先前行为是否属紧急避险？紧急避险是指为了使国家、公共利益、本人或者他人人身、财产和其他权利免受正在发生的危险，不得已损害另一较小或者同等法益的行为。紧急避险的成立必须具备以下条件：一是避险意图，即行为人对正在发生的危险有明确的认识，并希望以避险手段保护较大合法权益的心理状态；二是避险起因，即存在某种对合法权益造成危险的事实；三是避险时间，即危险正在发生或者迫在眉睫；四是避险对象，即避险行为针对的是第三者的合法权益；五是避险限度，即紧急避险不能超过必要的限度，造成不应有的损害；六是避险限制，即紧急避险只能在不得已的情况下才能实施；七是避险禁止，即紧急避险不适用于职务上、业务上负有特定责任的人。①

在本案中，王某在主动帮助本村渔民时，自己船的螺旋桨亦被该航标船的钢缆绳缠住，此时渔船存在翻沉的现实危险，王某在尝试其他办法之后不得已采取解开“红花碛2号”航标船钢缆绳的行为并没有超过必要限度造成不应有的损害，其行为符合紧急避险的成立条件，属于正当行为。

其次，王某对自己解除危险的行为导致航标船流失的情况是否具有作为义务？一般而言，紧急避险人对于遭受损害的无辜第三者具有作为义务。航标船是国家交通部门为保障过往船只的航行安全而设置的交通设施。行为人在其渔船存在翻沉的现实危险下，不得已解开航标船钢缆绳来保护其与他人人身及渔船财产，虽系紧急避险，但在危险消除后，其导致航标船飘离的行为使现实中发生了其他船舶倾覆、毁坏的危险。行为人对自己的行为负有采取相应积极救济措施消除危险状态的义务，行为人能够将航标船复位而没有实施，有履行义务的能力而未履行，构成不作为的破坏交通设施罪，应负刑事责任。

三、自救行为的认定

——张某故意伤害案

自诉人暨附带民事诉讼原告人：王某

上诉人（原审被告人）：张某

案情简介

2006年6月7日凌晨4时许，王某在被告人张某家后门口，将张某闲置在此的旧摩托车（价值人民币400元）推出巷子，请人抬上自己的三轮车。在骑车离开现场，行至兴化市丰收南路五里转盘时，摩托车从三轮车上掉下。王某下车察看，欲将摩托车重新装上三轮车时，被张某追上。王某即放弃摩托车，准备骑三轮车逃离，张某将其推倒，王某跌坐在地，左股骨粗隆间粉碎性骨折。经法医鉴定为轻伤、十级残疾。

江苏省兴化市人民法院根据我国《刑事诉讼法》第162条第（2）项，我国《民法通则》第119条、第131条，以及《最高人民法院关于审理人身损害赔偿案件适用法律若干问题的解释》第17条第1、2款，以及第19条、第20条、第21条、第22条、第25条之规定，判决如下：1. 被告人张某无罪；2. 被告人张某赔偿自诉人王某医疗、误工、护理、交通及残疾赔偿、鉴定等费用计人民币28427.64元；此款已给付6000元，余款22427.64元，限本判决生效后立即给付。宣判后，被告人张某不服，向江苏省泰州市中

① 参见高铭暄、马克昌主编：《刑法学》，北京大学出版社、高等教育出版社2011年版，第137~139页。

级人民法院提起上诉，经江苏省泰州市中级人民法院主持调解，双方当事人自愿达成协议：1. 原审自诉人暨附带民事诉讼原告人王某自愿放弃对上诉人张某刑事部分的指控；2. 上诉人张某自愿放弃上诉；3. 上诉人张某自愿赔偿原审自诉人暨附带民事诉讼原告人王某各项经济损失计人民币20000元（含已支付的人民币6000元），此款于本调解书送达时一次付清；4. 原审自诉人暨附带民事诉讼原告人王某因该伤引起的一切后续治疗费用，由原审自诉人暨附带民事诉讼原告人王某自行承担。自本调解书送达后，双方不得因此事再发生纠纷、不得再向对方提出任何赔偿或提起诉讼。

（最高人民法院、中国应用法学研究所编：《人民法院案例选（2008年第4辑）》，人民法院出版社2009年版。）

案例评析

本案争议的焦点主要有：一是本案被告人的行为是否构成犯罪？二是本案被告人的行为如果不构成犯罪，应否承担民事赔偿责任？

我国《刑法》第20条规定，为了使国家、公共利益、本人或者他人的人身、财产和其他权利免受正在进行的不法侵害，而采取的制止不法侵害的行为，对不法侵害人造成损害的，属于正当防卫，不负刑事责任。正当防卫明显超过必要限度造成重大损害的，应当负刑事责任，但是应当减轻或者免除处罚。对正在进行行凶、杀人、抢劫、强奸、绑架以及其他严重危及人身安全的暴力犯罪，采取防卫行为，造成不法侵害人伤亡的，不属于防卫过当，不负刑事责任。由此可见，正当防卫必须具备五个条件：（1）必须是为了保卫国家利益、公共利益、本人或者他人的人身、财产和其他权利；（2）必须是针对现实的不法侵害行为；（3）必须是针对正在进行的不法侵害行为；（4）必须是针对实施不法侵害行为的人；（5）防卫不能明显超过必要限度造成重大损害。五个条件必须同时具备，缺少其中任何一项，都不能构成正当防卫。

在本案中，王某盗得张某的摩托车后离开现场，行至兴化市丰收南路五里转盘，被张某追上去推倒致轻伤。王某的盗窃行为已经完成，不属于“正在进行的不法侵害”，所以张某的行为已经不具备“必须是针对正在进行的不法侵害行为”的正当防卫条件，属防卫不适当，故被告人的行为不是正当防卫。但这并不是说盗窃行为人放弃所窃财物逃跑时，财物所有人就不能追赶、阻止、抓获、扭送盗窃行为人，张某在自己财物被盗的情况下，仍然可以实施正当行为中的自救行为。但是自救行为需要满足以下条件：一是法益已经受到了违法侵害，不需考虑该侵害是刚刚结束还是经过了一定时间；二是通过法律程序、依靠国家机关不可能或者明显难以恢复受侵害的法益；三是救济行为的手段具有适当性，所造成的侵害与救济的法益具有相当性。本案自诉人王某在凌晨4时许窃取被告人张某的摩托车，被告人的合法权益显然已经受到不法侵害，且来不及请求有关部门介入进行公力救济，其得悉自诉人盗走自己的摩托车后立即追赶实施自力救济，应属正常的自救行为。在追赶上自诉人后，自诉人虽然已将摩托车放弃，但未就此承认错误并表示接受处理，被告人为了阻止自诉人逃跑，可以对自诉人的人身进行必要的限制，但推倒行为导致王某轻伤，属于自救行为过限而不属于故意伤害，所以无需承担刑事责任，仅需承担侵权赔偿责任。

关于自助行为，全国人大法工委主持起草的《民法典（草案）》第八编第 3 章第 23 条规定，在自己的合法权益受到不法侵害，来不及请求有关部门介入的情况下，如果不采取措施以后就难以维护自己的合法权益的，权利人可以采取合理的自助措施，对侵权人的人身进行必要的限制或者对侵权人的财产进行扣留，但应当及时通知有关部门。错误实施自助行为或者采取自助措施不当造成损害的，应当承担侵权责任。我国《民法通则》第 131 条规定，受害人对于损害的发生也有过错的，可以减轻侵害人的民事责任。因此，二审法院通过调解，由被告人张某承担王某 50%的伤害损失。

第三章

犯罪停止形态

行为人在故意犯罪的过程中，从预备行为开始到完成犯罪，会经历一个发展的过程。在故意犯罪发展过程中，行为人的行为可能会顺利地完成犯罪，也可能会受到各种因素的影响与制约，并不一定能完成犯罪，而可能在故意犯罪发生的某个过程中停止下来。根据故意犯罪是否已经完成为标准，可以分为犯罪的完成形态和犯罪的未完成形态。犯罪的完成形态就是犯罪既遂；犯罪的未完成形态根据犯罪停止的阶段和影响因素，可以分为犯罪预备、犯罪未遂和犯罪中止。犯罪停止形态的研究有利于对犯罪嫌疑人正确地定罪量刑，也有利于解决具体罪名的适用难题。

一、将公款从企业账户转至私人账户的形态认定

——褚某等贪污、巨额财产来源不明案

公诉机关：云南省人民检察院

被告人：褚某

被告人：罗某

被告人：乔某

案情简介

1993 年至 1994 年，玉溪卷烟厂在下属的香港华玉贸易发展有限公司（简称华玉公司）存放销售卷烟收入款（也称浮价款）和新加坡卷烟加工利润留成收入款共计 28570748.5 美元。褚某指使罗某将该款截留到玉溪卷烟厂和华玉公司的账外存放，并规定由其签字授权后才能动用。1995 年 6 月，褚某与罗某、乔某先后两次策划将这笔款先拿出 300 万美元进行私分。褚某决定自己要 100 多万美元，给罗某、乔某每人 60 万~70 万美元，华玉公司总经理盛某（在逃）、华玉公司副总经理刘某（另案处理）也分一点，并把钱存放在新加坡商人钟某的账户上。1995 年 7 月 15 日，罗某身带褚某签字的四份授权委托书到达深圳，向盛某、刘某转达了褚某的指意，盛、刘亦同意。罗某在授权委托书上填上转款数额，褚某为 174 万美元，罗某 681061 美元，乔某 68 万美元，盛某和刘某 45 万美元。罗将填好转款数额的授权委托书和向钟某要的收款银行账号交给盛某，叫盛某立即办理。7 月 19 日，盛某将 3551061 美元转到钟某的账户上。罗某返回玉溪卷烟厂后，

将办理情况报告了褚某、乔某。上述款项案发后已追回。

1995年8月至1998年7月，河南省洛阳市公安局和云南省人民检察院在对本案侦查过程中，先后在云南省昆明市，玉溪市和河南省偃师市等地，扣押、冻结了褚某的货币、黄金制品、房屋以及其他贵重物品等财产，共折合人民币521万元，港币62万元。对此，褚某能说明其合法收入来源并经查证属实的仅为人民币118万元。其余财产计人民币403万元，港币62万元，褚某不能说明其合法来源。

1998年9月23日至25日，云南省高级人民法院公开开庭审理此案。经审理认为：被告人褚某、罗某、乔某利用职务之便，私分公款355.1061万美元，折合人民币2870万元，其行为均已构成贪污罪，且数额特别巨大，情节特别严重。被告人褚某在共同犯罪中起决定、组织作用，系主犯，应对全部犯罪事实负责，论罪应依法判处死刑。但鉴于其有自首和重大立功表现，以及赃款全部追回，经济损失已被挽回和其他情节，依法应当减轻处罚。被告人褚某同时犯有巨额财产来源不明罪，依法应当数罪并罚。被告人罗某积极参与犯罪，具体实施了转款行为，在共同犯罪中作用明显；但鉴于其系从犯，案发后如实供述犯罪事实，并检举他人的违法事实，认罪态度较好等情节，依法可以减轻处罚。被告人乔某应邀参与犯罪活动，在共同犯罪中情节较轻，系从犯，案发后如实供述犯罪事实，认罪态度较好，依法可以减轻处罚。依照我国《刑法》第12条、第382条第1款、第383条第1款第1项、第26条第1款和第4款、第27条、第57条第1款、第67条、第68条、第69条和全国人大常委会《关于惩治贪污罪贿赂罪的补充规定》第11条第1款之规定，云南省高级人民法院于1999年1月9日作出一审判决：1. 被告人褚某犯贪污罪，判处无期徒刑，剥夺政治权利终身，并处没收财产人民币20万元；犯巨额财产来源不明罪，判处有期徒刑五年；数罪并罚，决定执行无期徒刑，剥夺政治权利终身，并处没收财产人民币20万元。2. 被告人褚某巨额财产中明显超过合法收入的差额部分，价值人民币403万元，港币62万元的财产依法没收。3. 被告人罗某犯贪污罪，判处有期徒刑14年，并处没收财产人民币13万元。4. 被告人乔某犯贪污罪，判处有期徒刑5年，并处没收财产人民币5万元。一审判决后，3名被告人认罪服刑，没有上诉。

（最高人民法院刑事审判一至五庭主编：《刑事审判参考（总第1期）》，法律出版社1999年版。）

案例评析

本案的争议焦点主要有：国有企业的主要领导利用职务便利私分公款的行为构成私分国有资产罪还是贪污罪？国有企业领导私自将公款从企业账户转至他人私人账户，案发后该款项被全部转回的，属于贪污罪的既遂、未遂还是犯罪预备？

我国《刑法》第382条规定，国家工作人员利用职务上的便利，侵吞、窃取、骗取或者以其他手段非法占有公共财物的，是贪污罪。我国《刑法》第396条规定，国家机关、国有公司、企业、事业单位、人民团体，违反国家规定，以单位名义将国有资产集体私分给个人，数额较大的，对其直接负责的主管人员和其他直接责任人员，处3年以下有期徒刑或者拘役，并处或者单处罚金。在贪污罪的犯罪主体是多人共同犯罪时，贪污罪和私分国有资产罪之间有相似之处。在主观方面，都是以非法占有公共财物为目的；在客观方面，都可能采取侵吞、窃取、骗取或者其他手段非法占有公共财物的行为。

但是，两者还存在一些区别。私分国有资产罪的犯罪主体是国家机关、国有公司、企业、事业单位、人民团体；客观方面表现为由单位负责人决定，或者单位决策机构集体讨论决定，分给单位所有职工或者多数人。如果不是由单位集体决策，也不是分给所有职工或者多数人，而是几个负责人采用秘密的方式私分，则不符合私分国有资产罪的犯罪构成，不构成私分国有资产罪。贪污罪的共同犯罪贪污行为也会出现有职务上便利的国家工作人员共同贪污公共财物并私分的情况，但私分公共财物的主体是少数几个人，不是全体职工或者多数人。因此，如果国有企业的主要领导利用职务便利私分公款的，应构成贪污罪。本案中，褚某等人的行为应当构成贪污罪的共同犯罪。

另外，将公款从企业账户转至他人私人账户，案发后该款项被全部转回的，属于既遂、未遂还是犯罪预备？

我国犯罪停止形态可以分为犯罪既遂、犯罪未遂、犯罪预备和犯罪中止。犯罪既遂即故意犯罪的完成形态，是指行为人所实施的犯罪行为已经具备了刑法分则所规定的某一犯罪的全部构成要件。犯罪预备是指为了犯罪，准备工具、制造条件的行为。犯罪未遂是指行为人已经着手实行犯罪，由于犯罪分子意志以外的原因而未得逞的行为。

贪污罪是一种以非法占有为目的的占有公共财物的职务犯罪。贪污罪侵犯的法益是公共财物所有权，只要公共财物所有权收到侵犯该犯罪就实现了既遂。所以，判断贪污罪是否既遂，应以公共财物的所有人、持有人失去对该财物的控制为标准，而不管是否将财物转移到了行为人的手中。国有企业领导褚某等人私自将公款从企业账户转至他人私人账户后，原单位对该款项已经失去了占有和控制，其行为已经着手实行了犯罪，而且已经达到了既遂标准，属于贪污罪既遂。

二、居间介绍他人买卖毒品交易时被抓获的形态认定

——马某等贩卖毒品案

公诉机关：宾阳县人民检察院

被告人：马某

被告人：罗某

被告人：胡某

案情简介

家在广西的被告人马某在云南文山县经营液化气站时认识了当地居民被告人罗某后，常与罗某谈论贩卖毒品牟利之事。2001年4月中旬，罗某结识王某（系公安特情），提及此事，王某表示自己能提供毒品海洛因。罗某遂将此情况告知马某，要马某联系毒品买主。马某即通知住在广西宾阳的被告人胡某帮助寻找买主。后罗某与王某到达南宁市后，通知马某赶到南宁市。4月24日，胡某与其联系的毒品买主“亚龙”（在逃）从宾阳县赶到隆安县和已在此等候的马某、罗某、王某会面。“亚龙”与王某商定毒品海洛因交易价格为每千克13万元，由“亚龙”向王某先支付1万元定金，等“亚龙”回宾阳筹齐钱

后再在南宁市进行“现货”交易。28日，“亚龙”在宾阳县交给胡某人民币5万元，让其前往南宁进行毒品交易，并将毒品带回宾阳县由其验货。当日，胡某与马某、罗某一同从宾阳县赶到南宁时即被公安人员抓获，并从罗某身上搜获用于购毒的资金人民币5万元。

南宁市中级人民法院依照我国《刑法》第347条第2款第（1）项、第55条第1款、第56条第1款、第25条第1款、第27条之规定，于2002年3月27日判决：被告人马某犯贩卖毒品罪，判处有期徒刑11年，剥夺政治权利1年；并处罚金人民币1万元。被告人罗某犯贩卖毒品罪，判处有期徒刑11年，剥夺政治权利1年；并处罚金人民币1万元。被告人胡某犯贩卖毒品罪，判处有期徒刑10年，剥夺政治权利1年；并处罚金人民币1万元。

一审宣判后，马某、罗某、胡某均不服，分别提出上诉。广西壮族自治区高级人民法院经审理后认为：原判认定的事实清楚，证据确实。原判定罪准确，量刑适当。审判程序合法。依照我国《刑事诉讼法》第189条第（1）项之规定，于2002年3月27日裁定：驳回上诉，维持原判。

（最高人民法院刑事审判一至五庭主编：《刑事审判参考（总第32期）》，法律出版社2004年版。）

案例评析

本案的争议焦点主要是：行为人居间介绍他人买卖毒品，携带毒资欲交易时被抓获，致使交易未完成的行为应当如何论处？

贩卖毒品罪中的“贩卖”，应理解为一种有偿转让，将毒品买入后又转手卖出，从中牟利的行为。在本案中，被告人马某、罗某、胡某虽然也参与到了毒品交易过程中，但是他们并不是出于自己买入毒品再出卖的贩卖目的，而是在明知他人进行毒品海洛因买卖的情况下，积极从中介绍、联系并协助进行交易，其行为不能构成贩卖毒品罪的实行犯，而均构成贩卖毒品罪的帮助犯，根据我国《刑法》第347条的规定，应以贩卖毒品罪论处。

另外，贩卖毒品罪属于行为犯，只要实施了贩卖毒品的行为即构成贩卖毒品罪的既遂，具体而言，只要实施了购买毒品的行为或者购买毒品之后又出卖了毒品，就可以构成贩卖毒品罪的既遂。但是，被告人马某、罗某、胡某并没有直接实施贩卖毒品的行为，而是居间介绍、帮助贩卖毒品，属于贩卖毒品罪的帮助犯，其犯罪停止形态应该从属于实行行为而定。被告人马某、罗某、胡某在协助他人贩卖毒品的过程中就被抓获，其行为并没有促使交易完成，贩卖毒品罪的实行行为并没有既遂，因此马某、罗某、胡某的行为应当以犯罪未遂论。

三、因“害怕”而停止的形态认定

——程某抢劫案

公诉机关：宁波市北仑区人民检察院

被告人：程某

案情简介

2013年1月15日8时许，被告人程某携带绳子、手套等作案工具至浙江省宁波市北仑区小港街道某小区被害人王某的暂住房，先假借楼下漏水为由进入屋内，采取暴力手段控制被害人，并用绳子将其捆住，向其索要钱财。期间，被告人程某穿上被害人的运动鞋清理了作案现场。10时28分许，被告人程某胁迫被害人王某打电话给被害人之父王某某，让其想办法筹钱，王某某遂向公安机关报案。公安机关电话联系被害人后，被告人程某心生“害怕”，遂强迫被害人与其达成“和解”，携带作案工具并穿着被害人的运动鞋逃离现场。案发后，被告人程某的家属代为赔偿被害人损失2000元，被害人对被告人表示谅解。浙江省宁波市北仑区人民法院经审理认为，被告人程某以非法占有为目的，采取暴力、胁迫手段，入户强行劫取他人财物，其行为构成抢劫罪，依法应予惩处。程某在其犯罪行为被公安机关发现后畏罪潜逃，系出于意志以外的原因，期间虽与被害人达成“和解”，但系胁迫被害人而成，故被告人程某的行为不能认定为犯罪中止。被告人程某畏罪潜逃时虽带走被害人的鞋子，且在案证据无法证实被告人还劫得被害人其他财物，而带走被害人的鞋子系为隐匿证据，并非出于非法占有的目的，且其在抢劫过程中也未对被害人造成严重伤害（轻伤以上）。结合其未完成犯罪系意志以外的原因，故被告人程某的行为属犯罪未遂，依法可以比照既遂犯减轻处罚。被告人程某在公安机关已基本掌握其主要犯罪事实的情况下，前两次供述仍作无罪辩解，故不能认定为坦白，但其当庭自愿认罪，酌情予以从轻处罚。被告人程某的家属代为赔偿被害人间接损失，并取得被害人谅解，又酌情予以从轻处罚。法院以抢劫罪判处被告人程某有期徒刑八年，并处罚金8000元。被告人不服一审判决，提起上诉。浙江省宁波市中级人民法院经审理认为，程某以非法占有为目的，采取暴力、胁迫手段入户强行劫取他人财物，其行为已构成抢劫罪。程某系犯罪未遂，依法予以减轻处罚。原判定罪和适用法律正确，量刑适当，审判程序合法。法院裁定：驳回上诉，维持原判。

（李瑛、曾建东：《因“害怕”而停止的犯罪形态认定——浙江宁波中院裁定程小强抢劫案》，载于《人民法院报》2013年11月14日版。）

案例评析

本案的争议焦点为：行为人在被公安机关发现其罪行后，胁迫被害人与其达成和解并逃跑，其行为属于犯罪未遂还是犯罪中止？

本案中法院认为，被告人程某在被公安机关发现其罪行后畏罪潜逃系出于意志以外的原因，其与被害人达成的“和解”属于胁迫而成，因此其行为不能认定为犯罪中止，应当认定为犯罪未遂。在司法实践中，抢劫罪的犯罪停止形态认定需注意以下问题。

首先，依据《刑法》规定区别犯罪未遂与犯罪中止。我国《刑法》第23条规定，已经着手实行犯罪，由于犯罪分子意志以外的原因而未得逞的，是犯罪未遂。根据《刑法》第24条规定，在犯罪过程中，自动放弃犯罪或者自动有效防止犯罪结果发生的，是犯罪中止。犯罪中止存在两种情况：一是在犯罪预备阶段或者在实行行为还没有实行终了的情况下，自动放弃犯罪；二是在实行行为实行终了的情况下，自动有效地防止犯罪结果的发生。犯罪未遂与犯罪实行以后的中止都是在被告人已经着手实施犯罪之后产生的停止形态，两者区别的核心是行为人未完成犯罪的原因是否属于自动放弃。犯罪未遂是由于意志以外的原因而未得逞，犯罪中止则是自愿放弃犯罪或者自动有效防止犯罪结果发生，两者的区别要从影响行为发展的主、客观因素进行分析判断。当行为人遇到了对完成犯罪有轻微不利的客观因素，同时又有悔悟、怜悯等某种因素的影响时候，需要判断哪种因素对行为人没有完成犯罪起到了决定性作用。虽然有客观不利因素的影响，但行为人自认为还可以完成犯罪而由于主观因素不愿意继续实施犯罪时，就属于犯罪中止。具体而言，当行为人因“害怕”而停止犯罪时，需分析判断犯罪人的“害怕”是否对犯罪人继续实施犯罪造成客观阻却影响，如果“害怕”仅仅是一种心理状态，还没有达到阻却犯罪的程度，则构成犯罪未遂；如果“害怕”来自于一些可以阻却犯罪的客观因素，如被人发现，害怕被抓等，促使犯罪人被迫停止犯罪的，则构成未遂。

其次，抢劫罪的既遂标准也较为特殊，需予以关注。根据《最高人民法院关于抢劫、抢夺刑事案件适用法律若干问题的意见》的规定，抢劫罪侵犯的是复杂客体，其既遂标准为劫取财物或者造成他人轻伤以上后果。因此，如果行为人抢劫了财物，则构成既遂；如果没有劫取财物但是造成他人轻伤以上后果，也构成既遂。但是，本案中被告人为清理现场、隐匿罪证而穿上被害人的鞋子逃离现场的情况是否属于既遂呢？本案中被告人虽然穿走了被害人的鞋子，但不具有非法占有鞋子的目的，不能认为被告人穿走了被害人的鞋子就等同于劫取了财物，抢劫罪的既遂标准还需要以非法占有为目的为前提。

四、强奸过程中遇到被害人反抗而停止犯罪的形态认定

——陈某强奸案

公诉机关：浙江省武义县人民检察院

被告人：陈某

案情简介

被告人陈某与被害人方某系同厂职工，属一般朋友关系。2003 年 7 月 28 日晚上 11 时，被告人陈某从其居住的三楼寝室到四楼平台乘凉时，经过方某的房间，即产生欲与其发生性关系的念头，但考虑到时间尚早，怕人听见，故未进去。被告人乘凉一直到次日凌晨 1 时许，下楼就直接到四楼方某的房间外边走廊，因窗户未关，被告人就伸手进去从里面将房门打开，悄悄地进入方某的房间，并关上房门。走到方某的床边，先将其盖的被子轻轻掀掉，又掀上其背心，然后用手从其腹部向上抚摸。当摸至胸部时，方某醒来，从床上起来想去开灯，被告人伸手将其拉住，并整个人扑到方某身上，用双手将其双手按住，又担心方某呼叫，用嘴巴堵住其嘴巴，方某用牙齿咬了被告人上嘴唇，并说：“你干什么，放开我。”被告人就用手去堵其嘴，要其小声点。方某挣扎，被告人松手后，方某哭起来，被告人遂从房间里逃出。之后，方某与其姑姑方某某一起到被告人寝室骂其不该这

样做。当日上午，方某家属请求厂里领导调解，要求被告人拿一个月工资800元赔偿给方某。但是厂里领导要被告人作出书面道歉，认为被告人在外打工也不容易，要其赔偿一个月工资太多，坚持由被告人赔偿被害人200元。因此调解未果。方某及亲属遂到公安机关报案。

浙江省武义县人民法院根据上述事实和证据认为：被告人陈某违背妇女意志，采用暴力手段，欲强行与妇女发生性关系，其行为已构成了强奸罪，公诉机关指控犯罪成立，本院予以支持。被告人陈某在实施犯罪过程中，主动放弃犯罪，系犯罪中止，并且没有造成损害，应当免除处罚。被告人陈某系初犯，犯罪后能如实交代自己的犯罪行为，有悔罪表示，故辩护人提出对被告人陈某免予刑事处罚的辩护意见，本院予以采纳。浙江省武义县人民法院依据我国《刑法》第236条第1款、第24条之规定，作出如下判决：被告人陈某犯强奸罪（中止），免予刑事处罚。

（国家法官学院、中国人民大学法学院编：《中国审判案例要览（2004年刑事审判案例卷）》，人民法院出版社、中国人民大学出版社2005年版。）

案例评析

本案的争议焦点主要为：在强奸过程中遇到被害人反抗而停止犯罪的行为属于犯罪中止还是犯罪未遂？中止犯的损害后果如何评价？

本案中，行为人在遇到被害人挣扎之后停止暴力行为，在看到被害人哭之后逃离了现场。法院认为，被告人的行为属于强奸罪的中止形态，免予刑事处罚。在刑法理论上，犯罪未遂、犯罪中止都属于犯罪的未完成形态，两者有着不同的认定标准。但在司法实践中，有些客观事实并不能清楚地反映行为人的停止形态。在强奸罪的认定过程中，犯罪嫌疑人未完成强奸行为的原因经常是多种因素造成的，如何认定犯罪嫌疑人犯罪停止形态，需要认真分析。

我国《刑法》第23条规定，已经着手实行犯罪，由于犯罪分子意志以外的原因而未得逞的，是犯罪未遂。犯罪未遂需具备如下条件：（1）已经着手实行犯罪；（2）犯罪未得逞；（3）犯罪未得逞是由于犯罪分子意志以外原因。我国《刑法》第24条第1款规定，在犯罪过程中，自动中止犯罪或自动有效地防止犯罪发生的，是犯罪中止。构成犯罪中止，必须具备如下条件：（1）时空性，即必须在犯罪过程中停止犯罪；（2）自动性，即必须出于本人意志自动放弃犯罪或自动地防止犯罪结果发生；（3）彻底性，即必须彻底地停止犯罪或自动有效地防止犯罪结果的发生。由此可见，犯罪未遂与犯罪中止的主要区别就是通过客观要素的判断，犯罪嫌疑人未完成犯罪的真正原因是否出于犯罪分子意志以外的原因，是否属于犯罪分子自愿主动放弃。

所谓犯罪分子意志以外的原因，即违背犯罪分子本意，使其客观上不能完成或主观上感到不能完成犯罪的原因。常见的原因主要有：客观障碍，如被害人的反抗、第三人的阻止、自然力的阻碍等；行为人本身能力欠缺，如体力不济、经验不足等；行为人对客观事实的认识错误，如认为危害结果已经发生而离开现场，实际上危害结果并未发生等。所谓自动地中止犯罪，就是行为人出于自己的意志停止自认为可以继续进行的犯罪活动。它表现为：真诚悔悟，认识到犯罪的危害性；出于对被害人的同情、怜悯，不忍加害被害人；

害怕将来一旦破案，要受到法律制裁；遇到了对完成犯罪有轻微不利的客观因素，同时有上述主观放弃的因素等。在本案中，犯罪嫌疑人陈某在实施强奸过程中，因受到被害人的反抗这种不利的客观因素影响，在可以继续实施的情况下主动放弃了犯罪，属于犯罪中止的情形。

因为我国《刑法》第24条第2款规定，对于中止犯，没有造成损害的，应当免除处罚，造成损害的，应当减轻处罚。因此，如何正确理解中止犯罪中的损害，对行为人的定罪量刑而言就具有重要意义。本案一审法院认定犯罪人陈某的强奸中止行为未造成损害，也就是把精神受到的惊吓排除在损害范围之外了。所以，在司法实践中应当注意，强奸案件中被害人的精神如果受到惊吓，没有达到病理性程度，则不宜认定为刑法中的损害结果。

五、被教唆人犯罪被发现而停止时教唆犯的形态认定

——张某以危险方法危害公共安全案

公诉机关：河南省宜阳县人民检察院

被告人：张某

案情简介

被告人张某与本村村民张某某两家因宅基地纠纷长期存在矛盾。2011年下半年，被告人产生了要整治张某某的想法。2012年1月中旬，被告人购买了一瓶5公斤的液化石油气（俗称液化气），并准备了导气管、竹竿等，打算将液化气通过导气管释放到张某某家卧室内。被告人不敢实施，1月23日晚，他找到与张某某也有矛盾的本村村民张某甲，唆使他实施，并许诺给他500元钱。被告人还教他先用竹竿顶着导气管的一端塞到张某某家卧室的透气窗内，然后再打开液化气的阀门，并让其作案时去取其存于别处的作案工具。张某甲答应后因害怕也没有实施。1月24日和25日，被告人两次催促张某甲；1月27日中午，他见到张某甲催问情况，张某甲谎称26日晚上去过了，刚放了一点儿气就被发现，自己跑了。被告人同日向张某甲的银行卡上打了500元。张某甲因害怕事情闹大，当晚将此情况告诉了张某某。张某某随即报警，被告人被抓获。张某某家的住宅属农村连排独居院，后为农田，右为空地，前方和左面均有其他住户宅院。其卧室层高3.5米，面积为17.82平方米，体积为62立方米，屋内有煤火炉，全家5口人均在此居住。对这些情况，被告人是知道的。

河南省宜阳县人民法院经审理认为，被告人张某为报复张某某，唆使他人向被害人卧室内释放液化气，不仅会危害张某某本人，同时也足以危害与张某某同居一室的家人及其周边居住群众的生命、健康及财产安全，该行为足以危害公共安全，构成以危险方法危害公共安全罪。张某属犯罪未遂，可比照既遂犯从轻处罚。法院依法以危险方法危害公共安全罪判处被告人张某有期徒刑四年。一审宣判后，被告人张某不服，以自己构成故意伤害罪、不构成以危险方法危害公共安全罪且属于犯罪预备为由，向河南省洛阳市中级人民法

院提起上诉。二审法院裁定：驳回上诉，维持原判。

（邢利红、杨顺渠：《教唆犯构成犯罪未遂的条件——洛阳中院裁定张纪召以危险方法危害公共安全罪案》，载于《人民法院报》2012年11月29日版。）

案例评析

本案的争议焦点主要有：被告人的行为构成何罪？被告人的犯罪形态如何认定，属于犯罪预备还是犯罪未遂？

本案中，被告人虽然意图对张某某实施报复，打算将液化气通过导气管释放到张某某家卧室内，对张某某实施伤害行为，其行为可能会触及投毒罪、投放危险物质罪、以危险方法危害公共安全罪、故意伤害罪等多个罪名，需要司法者在其行为和刑法罪名之间找到契合点。

首先，行为人的行为应当不构成爆炸罪、投放危险物质罪。一方面，投放危险物质罪中的“毒害性物质”是指含基于化学作用，能够导致有机体死亡或者伤害的有机物或者无机物的总称，如砒霜、剧毒农药等，而液化气虽然对人身也有害，但并不是因为包含有毒物质而成为毒害性物质，不属于“毒害性物质”的范畴。另一方面，液化气尽管属于易燃易爆物品，但它并不属于爆炸物的范畴。所以，不能构成爆炸罪、投放危险物质罪。

其次，被告人虽然有伤害张某某的故意，但由于5公斤液化气的爆炸极限为1.7%～10%，在此范围内遇明火会发生爆炸，继而会引起室内物品发生燃烧，危害其他人的生命财产安全。因此，从张某教唆被教唆人的客观行为来看，被告人张某意图实施的行为是其不能控制的可能危及不特定多数人的生命、健康和重大公私财产安全的行为，而不仅仅是针对个人的伤害行为，其行为就构成了故意伤害罪和以危险方法危害公共安全罪的想象竞合犯罪，依据从一重罪处罚原则，应认定为以危险方法危害公共安全罪，即我国《刑法》第114条规定，以危险方法危害公共安全罪是指故意使用放火、决水、爆炸、投放毒害性、放射性、传染病病原体等危险物质以外的其他危险方法危害公共安全，尚未造成严重后果的行为。

另外，被告人的犯罪形态如何认定，属于犯罪预备还是犯罪未遂？犯罪预备是由于行为人意志以外的原因在预备阶段停顿下来，未能着手实行犯罪。犯罪未遂是已经着手实行犯罪，由于犯罪分子意志以外的原因而未得逞。犯罪未遂与犯罪预备区别的主要标志是是否实行“着手”行为，但这种区分是就实行犯而言的。由于本案中的被告人在实施了犯罪准备行为之后，并没有停留在犯罪预备阶段，又教唆张某甲去具体实施犯罪，被告人同时也构成了以危险方法危害公共安全罪的教唆犯。

在我国刑法理论中，对于教唆犯的定位较为复杂。目前我国刑法学界主流观点认为，教唆犯同时具有独立性与从属性。一方面，教唆犯在定罪量刑等方面从属于被教唆者；另一方面，教唆犯自身的教唆行为也具有独立的严重社会危害性。教唆犯的“着手”以其是否开始实施教唆行为为标准，只要教唆犯开始以言词或者其他方法进行教唆，就视为教唆犯已经着手实施犯罪。无论被教唆者是否接受教唆并实施犯罪，教唆犯的教唆行为本身都构成犯罪，教唆行为没有引起被教唆者的犯意或者被教唆者产生犯意后没有实施所教唆的犯罪，都是教唆犯意志意外的因素导致的，都成立犯罪未遂。

第四章

共同犯罪形态

犯罪的表现形态十分多样，既有单独犯罪的形态，也有共同犯罪的形态。“共同犯罪”在刑法理论和实务中是一个十分复杂的问题，被视为刑法理论中的“绝望之章”。通过司法判例来分析共同犯罪的疑难问题，有利于厘清刑法理论中的理论争议，也可以为司法实务提供借鉴经验。

在我国，共同犯罪是指二人以上共同故意犯罪。共同犯罪的成立需具备以下条件：一是行为人必须是两个以上达到刑事责任年龄、具备刑事责任能力的人或者单位；二是必须二人以上具有共同的犯罪行为；三是二人以上具有共同的犯罪故意。二人以上共同过失犯罪，不以共同犯罪论处。应当负刑事责任的，按照他们所犯的罪分别处罚。

一、轮奸情节的认定

——张某等强奸案

公诉机关：天津市西青区人民检察院

被告人：张某，17岁

被告人：刘某，17岁

案情简介

2008年5月27日凌晨，张某、刘某、周某甲、周某乙等人预谋强奸马某某。周某甲提出其可以将马某某骗至天津市西青区大寺镇青凝侯村“吉利”砂锅店，灌醉酒后，由四人对马某某进行奸淫，其他三人表示同意。此后，周某甲用刘某的手机联系马某某来吃饭，马某某同意。周某甲、周某乙、张某乘车到附近购买了避孕套并将马某某接到砂锅店，刘某在店内等候。四人在和马某某吃饭时，轮流对马某某敬酒并趁马某某上厕所之机商定了强奸马某某的先后顺序。凌晨2时许，周某甲先行与马某某发生性关系（马某某承认自愿），后周某乙强行与被害人马某某发生性关系，随后张某欲与被害人马某某发生性关系时，被害人马某某报警，因马某某讲不清具体地点，民警无法到达案发地，张某与刘某也未再与马某某发生性关系。四人离开后，被害人于5月27日上午再次报警，张某、刘某于2008年5月27日被抓获归案，周某甲、周某乙在逃。天津市西青区人民法院依照我国《刑法》第236条、第25条第1款、第27条、第17条第1和第3款之规定，判决：

被告人张某犯强奸罪，判处有期徒刑 1 年 6 个月。被告人刘某犯强奸罪，判处有期徒刑 10 个月。

（最高人民法院、中国应用法学研究所编：《人民法院案例选（2009 年第 4 辑）》，人民法院出版社 2010 年版。）

案例评析

本案的争议焦点主要在于：多人合意共同强奸妇女但仅有一人强奸得逞，其余人未实际实施强奸行为，此种情况应认定为强奸罪的共犯还是轮奸？

根据我国《刑法》第 236 条规定，以暴力、胁迫或者其他手段强奸妇女的，处 3 年以上 10 年以下有期徒刑。二人以上轮奸的，处 10 年以上有期徒刑、无期徒刑或者死刑。可见，轮奸是强奸罪中的加重处罚情节。我国《刑法》第 25 条规定，共同犯罪，是指二人以上共同故意犯罪。对于共同犯罪，一人犯罪既遂，全体共同犯罪人均成立犯罪既遂。换言之，在普通强奸罪中，如果共同犯罪人一人既遂，其他帮助犯、教唆犯、实行犯也构成犯罪既遂。但是，轮奸作为加重处罚情节，又称为集体强奸，是指二人以上违背受害者意愿，强行发生的性行为。轮奸是属于强奸罪的范畴，附属于强奸罪。根据共同犯罪理论，轮奸必定属于共同强奸犯罪的一种形式。但它又区别于其他共同强奸犯罪，轮奸必须存在两个以上的亲自实施了强奸行为的实行犯，而一般共同犯罪则无需这种要求。因此，多人合意共同强奸妇女，但仅有一人强奸得逞，其余人未实际实施强奸行为的，应认定为共同强奸犯罪。另外，也不能成立轮奸的未遂形态。因为，轮奸本身仅仅是一个加重处罚情节，并不是独立的犯罪构成要件。如果加重处罚情节出现，就依照法律规定加重处罚，如果不存在该情节，则依照基本处罚情节处罚即可，无需考虑其停止形态问题。

首先，本案中，张某、刘某、周某甲、周某乙四人预谋由周某甲将被害人马某某骗出，通过灌酒的方式达到对其奸淫的目的，四人具有强奸的共同故意，构成强奸罪的共同犯罪。四人在犯罪过程中，按照分工，由周某甲将马某某骗出，周某甲、周某乙、张某乘车到附近购买了避孕套，在吃饭时四人轮流对马某某敬酒，并在此期间商定了强奸马某某的先后顺序。虽然周某甲先行与马某某自愿发生性关系，周某乙强行与被害人马某某发生性关系，而张某和刘某最终因故未能与马某某发生性关系。但是，由于刘某和张某在整个犯罪的过程中二人都积极参与，起到了帮助和辅助的作用，因此，张某、刘某、周某甲、周某乙四人构成强奸罪的共同犯罪，并且周某、张某和刘某也构成强奸罪既遂，而不是无罪、未遂或者中止，应当按照强奸既遂对其进行处罚。

其次，本案中虽然四人都构成强奸罪的既遂，并且有周某甲和周某乙已经和马某某发生了性关系，但是由于周某甲和马某某发生性关系时是马某某自愿，而张某和刘某最终并未强行与马某某发生性关系，只有周某乙一人实施了强奸行为，所以四人对马某某实施的强奸犯罪并不能构成轮奸情节，也不能依据轮奸的未遂情节进行处罚。在本案中，需要特别说明的是，虽然周某甲具有强奸马某某的故意，但是由于马某某本身具有自愿发生性关系的意图，所以不能认为周某甲的行为是强奸行为。这一点在理论上虽然有争议，有观点认为周某甲有强奸的故意，也发生了关系，就应当构成强奸既遂，但我国司法实践还是采用了不构成强奸的观点，这在司法实践中值得被借鉴。

综上，本案是一起一般共同强奸犯罪，而不构成轮奸。本案中，只有周某乙一人亲自实施完成了强奸行为，在只有周某乙一人实施了强奸行为的情况下，轮奸情节不成立，但仍然构成共同强奸犯罪，且四名被告人均构成强奸罪既遂。

二、实行过限的认定

——吴某故意伤害案

公诉机关：瑞昌市人民检察院

被告人：吴某

案情简介

2001 年 1 月上旬，被告人吴某应朋友李某（另案处理）的要求，雇请无业青年胡某、方某（均不满 18 周岁）欲重伤李某某，并带领胡某、方某指认李某某，并告之李某某回家的必经路线。当月 12 日晚，胡某、方某等人携带钢管在李某某回家的路上守候。晚 10 时许，李某某骑自行车路过，胡某、方某等人即持凶器上前殴打李某某，把李某某连人带车打翻在路边田地里，并从李某某身上劫走人民币 580 元。事后，吴某给付胡某等人“酬金”人民币 600 元。经法医鉴定，李某某的伤情为轻微伤甲级。被告人吴某辩解其没有雇佣胡某等人进行抢劫，只是雇佣他们伤害被害人。

瑞昌市人民法院根据我国《刑法》第 234 条第 1 款、第 25 条第 1 款、第 29 条第 1 款和第 2 款的规定，于 2002 年 5 月 16 日判决：被告人吴某犯故意伤害罪（教唆未遂），判处有期徒刑 6 个月。一审宣判后，在法定期限内，被告人吴某没有上诉，瑞昌市人民检察院也没有提出抗诉，判决已发生法律效力。

（最高人民法院刑事审判一至五庭主编：《刑事审判参考（总第 28 期）》，法律出版社 2003 年版。）

案例评析

本案的争议焦点主要为：行为人教唆他人实施犯罪行为，被教唆人超过了教唆范围实施的行为，教唆人应否承担刑事责任？

本案的争议焦点在理论上被称为实行过限问题，是指共同犯罪中的实行犯实施了超出共同犯罪故意的行为。本案中，被告人吴某雇请胡某、方某等人故意伤害被害人李某某，导致其轻微伤甲级，其行为已构成教唆故意伤害罪未遂。在本案中，被雇佣人胡某、方某超过被告人吴某的教唆范围而实施的抢劫行为，就属于实行过限。

我国《刑法》第 29 条规定，教唆他人犯罪的，应当按照他在共同犯罪中所起的作用处罚。教唆不满 18 周岁的人犯罪的，应当从重处罚。如果被教唆的人没有犯被教唆的罪，对于教唆犯，可以从轻或者减轻处罚。根据《刑法》规定的罪责自负原则，教唆人教唆他人实施犯罪行为，如果被教唆人实施了教唆范围以外的行为，根据主客观相一致和罪责刑相适应原则，教唆人不必对被教唆人实施的教唆范围外的行为承担刑事责任，教唆人只需在其教唆范围内对其教唆的犯罪负刑事责任，而被教唆人实行的过限行为应由其自行负责。另外，鉴于吴某教唆胡某、方某两个未满 18 周岁的人实施故意伤害犯罪，应当从重处罚。此外，对于行为人实施教唆但是被教唆人没有实施的犯罪行为，对教唆人可以从轻或减轻处罚。

三、聚众犯罪首要分子的认定

——莫某聚众斗殴案

公诉机关：无锡市人民检察院

被告人：莫某

案情简介

被告人莫某经常外出赌博，2004年4月起认识曹某（另案处理）等人，后曹某等人充当其保镖，莫某从某工地拿回长柄斧5把，供曹某等人使用，曹某等人另自行准备了砍刀。5月初，莫某带领曹某等人，在常州市横林镇赌博与裴某（另案处理）等人发生矛盾。5月31日下午2时许，莫某带领曹某等人，携带长柄斧、砍刀乘汽车外出寻找赌博场所，途中，曹某发现裴某等人后立即告知莫某，莫某当即表示如果对方来就和对方斗殴。此后不久，莫某到无锡市惠山区玉祁镇新大中饭店二楼赌博，曹某等人在楼下路边汽车内等候。曹某等人看见裴某、胡某等人持刀向饭店走来，即持械下车与对方互殴。斗殴过程中，曹某用长柄斧砍中胡某头部，致胡某当场死亡。莫某跑到隔壁房间从窗户向下张望，看到曹某等人与裴某等互殴，但见胡某已被曹某劈倒在地，遂跳楼逃离。江苏省无锡市中级人民法院审理认为，被告人莫某为首纠集多人并指使他人持械聚众斗殴，造成致1人死亡的后果，其行为符合聚众斗殴转化为故意杀人罪的构成要件，已构成故意杀人罪，属罪行特别严重，应予严惩。被告人莫某曾因犯罪被判处有期徒刑，在假释期满后5年内重新故意犯罪，系累犯，应从重处罚。被告人莫某能自愿赔偿被害人亲属的部分经济损失，有一定的悔罪表现，其认罪、悔罪态度较好，但根据其犯罪情节尚不足以对其从轻处罚。据此，于2005年4月7日作出〔2005〕锡刑初字第8号刑事判决，以故意杀人罪判处莫某死刑，剥夺政治权利终身。一审宣判后，莫某不服，提起上诉。江苏省高级人民法院经二审审理认为，上诉人莫某为首纠集多人并指使他人持械聚众斗殴，造成1人死亡的后果，其行为已构成故意杀人罪。其曾因犯罪被判处有期徒刑，在假释期满后5年内重新故意犯罪，系累犯，依法应从重处罚。鉴于上诉人莫某毕竟没有直接参与斗殴致他人死亡，对所造成的极其严重后果也没有直接明确的犯意，且已积极赔偿被害人亲属的部分经济损失，有一定的悔罪表现，对其判处死刑，可不立即执行。据此，依照我国《刑事诉讼法》第189条第（2）项、《刑法》第292条第2款、第232条、第65条、第57条第1款之规定，以故意杀人罪改判上诉人莫某死刑，缓期2年执行，剥夺政治权利终身。

（最高人民法院、中国应用法学研究所编：《人民法院案例选（2006年第4辑）》，人民法院出版社2007年版。）

案例评析

本案争议的焦点主要是：莫某没有直接实施致使被害人死亡的斗殴行为，能否被认定为聚众斗殴的首要分子？聚众斗殴中的首要分子的刑事责任范围如何认定？

本案中，一审、二审法院认为，被告人莫某为首纠集多人并指使他人持械聚众斗殴，造成致1人死亡的后果，其行为符合聚众斗殴转化为故意杀人罪的构成要件，已构成故意杀人罪。根据法院判决，被告人莫某被认定为聚众斗殴罪中的首要分子。

在司法实践中，未直接实施斗殴行为的行为人能否被认定为首要分子，应当依据法律和事实进行分析。根据我国《刑法》第97条规定，首要分子是指在犯罪集团或者聚众犯罪中起组织、策划、指挥作用的犯罪分子。具体而言，在聚众斗殴中起组织、协调、指挥作用的犯罪分子属于首要分子。首先，在主观方面，行为人对自己组织、指挥他人进行聚众斗殴的行为有明确认识；在客观方面，行为人实施了组织、指挥他人聚众斗殴的行为。聚众犯罪首要分子的成立，并不要求直接参与实施聚众犯罪，只要行为人具备了主客观方面要件，就可成立首要分子。本案中，莫某虽然没有直接参与斗殴行为，但由于莫某在斗殴之前已经表示如果对方来就和对方斗殴，对斗殴行为起到了指挥、策划作用，所以莫某应当被认定为首要分子。

其次，根据我国《刑法》第292条第2款规定，聚众斗殴，致人重伤、死亡的，依照本法第234条、第232条的规定定罪处罚。但如果聚众斗殴犯罪的首要分子本身就是致人重伤或死亡的直接实施者，认定其故意伤害罪或故意杀人罪是明确和肯定的，但首要分子没有直接实施斗殴行为的，应如何定罪，也需要明确。本案中，莫某虽然对斗殴行为起到了指挥、策划作用，但是莫某对曹某故意杀人的行为并不知情，莫某能否转化为故意杀人罪呢？

聚众斗殴首要分子是否应当为转化的罪名负责，应当从主客观相统一的归责原则出发，分析首要分子是否应当承担转化后较重的罪责。由于聚众斗殴是一种社会危害很大、影响很广的犯罪，在聚众的情形下，参与人之间形成强烈的亲近感，参与者容易激动，实施极端暴力行为。因此，聚众斗殴的组织者的组织故意应当是概括性的故意，不要求有明确的故意。具体而言，聚众斗殴的首要分子只要明知其他积极参加者携带了足以致人重伤或者死亡的器械而仍然决意“组织、指挥”他人进行聚众斗殴，无论其自己是否直接实施了斗殴行为，其组织、指挥的行为就有可能产生对方重伤、死亡，对首要分子和直接致人重伤或者死亡的实施者均应按聚众斗殴的转化犯处理；如果没有明确强调斗殴方式、程度，也没有明确约定避免造成对方重伤和死亡后果的，其行为仍然属于其概括故意之下，首要分子亦应一起转化，对死亡或者重伤的后果承担责任；但是对于聚众斗殴的首要分子在事前明确作出斗殴的工具、行为方式、程度等方面的限制，要求避免人员伤亡的，如果其他参加者在聚众斗殴过程中实施了故意伤害或故意杀人的，应属于其他参加者的实行过限行为，对首要分子不应转化定罪。江苏省公检法三家苏公厅〔2000〕399号《关于办理聚众斗殴等几类犯罪案件适用法律若干问题的讨论纪要》也持上述观点，即认为聚众斗殴中致人重伤、死亡，对首要分子和明确的直接责任人，应以故意伤害罪或故意杀人罪定罪处罚。江苏省公检法三家苏高法〔2002〕331号《关于办理涉枪涉爆、聚众斗殴案件具体应用法律若干问题的意见》指出，对于首要分子在组织指挥犯罪过程中明确要求其他积极参加者不能造成他人伤亡的，对首要分子可不以其他积极参加者致人重伤、死亡的后果进行转化定罪，而以聚众斗殴罪从重处罚。

本案中，由于莫某明知自己向曹某等人提供了长柄斧和砍刀等管制刀具，并在曹某等向莫某请示时，表示了对方来了就和他们打的指示，没有明确限制打的程度、方式等。因此，莫某组织的斗殴行为应该说是一种概括故意，应当对被组织者实施的行为负责，应被认定为故意杀人罪。因此，一审、二审法院的判决是正确的。

四、共同过失危害公共安全的犯罪形态认定

——冯某等非法生产乙炔爆炸案

公诉机关：陇南市武都区人民检察院

被告人：冯某

被告人：李某

案情简介

2008年年初，被告人冯某开始在武都区东江镇从事氧气乙炔销售生意。2010年11月时，与被告人李某因送货而熟识。后被告人冯某、李某商议私自生产乙炔，由冯某提供原料、负责销售，李某负责生产及运输，并租用李某的房子作为乙炔生产的场地，租金一年2000元，雇用李某妻子从事生产工作。后二被告将生产设备运到李某家中，请来技术人员进行安装，并对李某及妻子进行了培训，2010年12月下旬，在未经任何审批的情况下投入生产。

2012年7月22日18时许，被告人李某在生产乙炔时，由于储存乙炔的气囊破裂发生爆炸引起火灾，致使李某外甥女宁某烧伤，李某家两间房屋被毁，周围邻居房屋不同程度受损。经武都区公安局司法鉴定中心鉴定：宁某全身多处烧伤为重伤。案发后，被告人冯某主动将受害人宁某送往医院救治，并支付医疗费3万余元。宁某出院后，经双方协商，再一次性支付宁某经济损失3万元。

法院认为，被告人冯某、李某非法生产乙炔引发爆炸，造成一人重伤，多间房屋受损，其行为构成过失以危险方法危害公共安全罪。陇南市武都区人民检察院指控被告人冯某、李某犯过失以危险方法危害公共安全罪的犯罪事实清楚，证据确实、充分，罪名成立，予以支持。案发后，被告人李某自动投案，如实供述自己的罪行，可从轻处罚。被告人冯某、李某自愿真诚悔罪，通过向受害人赔偿损失获得受害人谅解，被害人自愿和解，双方当事人达成了和解协议，故依法对被告人冯某、李某从轻处罚。二被告人当庭自愿认罪，依法从轻处罚。依照我国《刑法》第115条第2款、第67条第3款、第25条、第72条之规定，判决如下：1. 被告人冯某犯过失以危险方法危害公共安全罪，判处有期徒刑1年，缓刑2年（缓刑考验期从判决确定之日起计算）；2. 被告人李某犯过失以危险方法危害公共安全罪，判处有期徒刑1年，缓刑2年（缓刑考验期从判决确定之日起计算）。

（参见陇南市中级人民法院网，http：//www. chinagscourt. gov. cn/zyDetail. htm？ id＝907826，访问于2015年4月10日。）

案例评析

本案的争议焦点为：冯某和李某基于共同的犯罪故意生产乙炔并造成危害结果的行为

是否构成共同犯罪？

在本案中，行为人冯某和李某在居民住宅中非法生产乙炔导致爆炸危害结果的行为构成了过失以危险方法危害公共安全罪。我国《刑法》第115条第2款规定的过失以危险方法危害公共安全罪，是指行为人过失地以与放火、决水、爆炸、投放危险物质等危害性相当的其他危险方法，导致重伤、死亡或者公私财产的重大损失，危害公共安全的行为。本罪的客观方面主要表现为实施了与放火、决水、爆炸、投放危险物质等危害性相当的其他危险行为，造成了重伤、死亡或者公私财产损害等危害公共安全的严重后果。本罪的主观方面表现为过失，这也是本案疑难问题的关键。由于本罪当事人的主观方面都是过失，而本案当事人冯某和李某是在共同故意之下实施的乙炔生产行为，所以两者之间的行为是否构成共同犯罪就是本案的争议焦点。

根据我国《刑法》第25条规定，共同犯罪是二人以上共同故意犯罪。二人以上共同过失犯罪，不以共同犯罪论处；应当负刑事责任的，按照他们所犯的罪分别处罚。据此规定，本案中的行为人冯某和李某虽然是在共同故意之下去实施的生产乙炔行为，但是却不能认定为共同犯罪，只能被确定为共同过失犯罪，不以共同犯罪论处，而是按照他们所犯的罪分别定罪处罚。

笔者认为，这一问题的产生，一方面是因为我国共同犯罪的概念将共同犯罪界定为共同故意的主观方面，而将共同过失排除在共同犯罪之外；另一方面的原因在于我国《刑法》中“故意”的概念。我国《刑法》第14条规定，明知自己的行为会发生危害社会的结果，并且希望或者放任这种结果发生，因而构成犯罪的，是故意犯罪。故意犯罪，应当负刑事责任。我国犯罪故意的成立，要求行为人不但要认识到自己的行为和结果，而且要对行为和结果分别存在主观意志判断。换言之，我国《刑法》中的故意和过失的判断还需要依据行为人的行为危害结果进行，而不仅仅是危害行为。如果行为人仅仅认识到自己的行为而没有认识到行为的结果，对行为本身也具有希望或放任的意志追求时，就不能认定为故意。本案中的行为人冯某和李某虽然对自己的行为的违法性和危害性存在认识，也具有希望的主观意志。但是，冯某和李某虽然对自己行为可能会产生的危害结果，但对这种结果不具有希望或者放任的主观意志，而是轻信能够避免的。因此，冯某和李某的行为不能被认定为故意犯罪，而是过失犯罪。进而，两者虽然共同故意实施了整个生产行为，但仍然不能认定为共同犯罪。

综上，在司法实践中，共同犯罪的判断需要依据行为人所涉及的具体罪名的构成要件，结合行为人的客观行为和主观方面进行。同时，理论上要解决我国共同犯罪与共同过失犯罪的矛盾问题时，不但应从共同犯罪概念着手分析，还需要从故意和过失的概念和认定标准着手。

五、共谋犯罪后未参与实行的行为认定

——徐某等绑架案

抗诉机关：湖北省人民检察院

被告人：徐某

被告人：凡某
被告人：刘某
被告人：孙某

案情简介

2011年11月中旬的一天，被告人凡某、徐某、刘某在老河口市凯富特宾馆商议想弄到一笔启动资金做生意，就预谋绑架人质索要赎金。徐某给凡某提供了建筑老板的儿子被害人的车号（鄂F×××××0）供凡某等人跟踪。3人邀约被告人孙某驾驶其面包车（车号鄂F×××××）参与。凡某准备了口罩、胶带、帽子、枪支（系射钉器，无致伤力）等作案工具。由孙某开车载凡某、刘某跟踪被害人10天左右。2011年11月28日晚8时许，被害人从老河口市绿洲宾馆餐厅出来到自己的车上，被守候多时的凡某、刘某蒙住脸部、封住嘴后带到孙某的车上。被告人徐某多次与凡某、孙某电话联系商议转移被害人隐藏地点。因找不到安全藏匿地点，3人将被害人控制在面包车上，载至河南省邓州市玉皇镇、老河口市区、袁冲乡、孟楼镇等地停留。期间凡某多次打电话给被害人亲属常某要赎金200万元。2011年11月29日晚10时许，凡某、刘某、孙某在老河口宾馆附近等收赎金的过程中，被侦查人员发现。公安人员当场抓获刘某、孙某，并解救了被害人。湖北省高院再审认为，在共同犯罪过程中，徐某与凡某起主要作用，系主犯，依法应当从重处罚；刘某、孙某起次要作用，系从犯，依法可以从轻或者减轻处罚。

老河口市人民法院依照我国《刑法》第239条第1款、第25条第1款、第86条第1款、第71条、第69条、第64条的规定，判决：一、被告人徐某犯绑架罪，判处有期徒刑9年，并处罚金10000元。二、被告人凡某犯绑架罪，判处有期徒刑9年，并处罚金10000元；三、被告人刘某犯绑架罪，判处有期徒刑7年，并处罚金10000元；四、被告人孙某犯绑架罪，判处有期徒刑6年，并处罚金10000元；五、作案工具口罩、帽子、黑色头套、胶带、折叠刀、单管散弹枪、首悦手机一部、N0KIA手机两部和五菱之光灰色面包车（车牌号鄂F×××××）予以没收。湖北省襄阳市中级人民法院依照我国1996年《刑事诉讼法》第189条第（1）项的规定，裁定驳回上诉，维持原判。

湖北省人民检察院抗诉认为，原审被告人徐某、凡某、刘某、孙某为实施绑架犯罪，经过预谋，准备作案工具，采取暴力手段非法控制被害人，并索要巨额赎金，其犯罪情节严重，应当判处10年以上有期徒刑；二审裁定对原审四被告人的量刑畸轻。经湖北省襄阳市中级人民法院审判委员会讨论决定，依照我国《刑法》第239条第1款、第25条第1款、第26条第1款、第27条第1和第2款、第86条第1款、第71条、第69条、第64条，《刑事诉讼法》第245条，《最高人民法院关于适用〈中华人民共和国刑事诉讼法〉的解释》第384条第2款、第389条第1款第（3）项之规定，判决如下：

一、撤销湖北省襄阳市中级人民法院（2012）鄂襄阳中刑终字第00126号刑事裁定，以及老河口市人民法院（2012）鄂老河口刑初字第00060号刑事判决第一、二、三、四项中对原审上诉人徐某、凡某、刘某及原审被告人孙某的量刑部分；

二、维持老河口市人民法院（2012）鄂老河口刑初字第00060号刑事判决第一、二、三、四项中对原审上诉人徐某、凡某、刘某及原审被告人孙某的定罪部分和第五项，即，原审上诉人徐某、凡某、刘某及原审被告人孙某犯绑架罪；作案工具口罩、帽子、黑色头套、胶带、折叠刀、单管散弹枪、首悦手机一部、N0KIA手机两部和五菱之光灰色面包车（车牌号鄂××××××）予以没收；

三、原审上诉人徐某犯绑架罪，判处有期徒刑13年，并处罚金10000元；

四、原审上诉人凡某犯绑架罪，判处有期徒刑12年，并处罚金10000元，剥夺政治权利2年；

五、原审上诉人刘某犯绑架罪，判处有期徒刑8年，并处罚金10000元；

六、被告人孙某犯绑架罪，判处有期徒刑7年，并处罚金10000元。本判决为终审判决。

（中国裁判文书网，http：//www. court. gov. cn/zgcpwsw/hub/xs/201404/t20140425_ 883015. htm，访问于2015年3月2日。）

案例评析

本案的争议焦点主要为：被告人徐某在共同商议绑架之后没有参与实行的行为如何认定？

在共同犯罪的司法实践中，会出现共同犯罪人在一起谋划之后，一部分行为人实行了犯罪行为，一部分行为人没有实行犯罪行为的情况，在这种情况下，如何认定未参与实行行为的人在共同犯罪中的地位及刑事责任，是司法实践中的一个难题。

首先，从共同犯罪的成立条件来看，多个行为人共同谋划实施犯罪的行为本身就构成了共同犯罪的预备行为。当部分行为人实施了犯罪实行行为并既遂之后，根据我国共同犯罪停止形态的认定原则，部分既遂即全部既遂，未参与实行行为的行为人也必须承担既遂的责任。本案中，徐某虽然在共同商议之后并没有参与实施绑架行为，但其仍然构成了绑架罪的既遂形态。

其次，对于谋而未行的行为人在共同犯罪中地位认定，在司法实践中争议较大。根据我国《刑法》中共同犯罪人的作用分工，谋而未行的行为人应当根据其在共同犯罪中的地位确定其是主犯还是从犯。如果行为人在共同犯罪中起了实质重要作用的，应当认定为主犯；如果在共同犯罪中起了次要作用的，则应当认定为从犯。按照其在共同犯罪中分工，如果行为人在共同犯罪中是犯罪意图的造意者，教唆其他共同犯罪人去实施犯罪的，则属于主犯中的教唆犯；如果其在共同犯罪中是个其他犯罪人共同商议犯罪计划的，则应当属于主犯中的实行犯；如果谋而未行的行为人在共谋过程中只是随声附和，听别人指挥，又没有参与实行的，则应当认定为从犯中的帮助犯。在本案的共同犯罪过程中，徐某与凡某起了主要作用，应当被认定为主犯，由于徐某主动提供被害人的信息，并在绑架中多次与凡某、孙某电话联系商议转移被害人隐藏地点，应当认定为主犯中的实行犯，应当从重处罚。

六、身份犯的共犯是否需要特定身份

——王某等遗弃案

公诉机关：淮安市清浦区人民检察院

被告人：王某
被告人：武某

案情简介

1998年左右，被告人武某与王某甲在没有进行结婚登记的情况下以夫妻名义开始同居。2007年3月18日上午9时许，被告人武某将因发烧住淮安市第二人民医院治病一天尚未痊愈的王某甲扶至该医院门口，见被告人王某驾驶一牌号为苏HO7928富康出租车在医院门口等客，被告人武某即扶王某甲上前对王某说："师傅，你把她带撂得了，我给你30元钱。"王某先没有同意，后当武某给其70元人民币时，王某便接过该款，武某遂将王某甲扶进王某出租车的后排座位上，自己便回医院结账。被告人王某独自载着王某甲寻找丢弃的地点，当其由南向北行驶至淮安市清浦区境内二河河堆处见路上无人，即停车把后门打开，将王某甲往车下拖。此时，王某甲讲要小便，王某在帮王某甲拎裤子时顿起奸淫歹念，便将王某甲推倒在车内后排座位。强行与王某甲发生了性关系。后被告人王某驾车带着王某甲沿二河河堆继续向北行驶至清浦区武墩境内二河堆无人处，将王某甲抛弃于路旁，自己驾车逃离现场，致使被害人王某甲因两肺粟粒性结核致呼吸循环衰竭而死亡。淮安市清浦区人民法院依照我国《刑法》第261条、第236条第1款、第25条第1款、第69条第1款，判决如下：王某犯遗弃罪，判处有期徒刑6个月，犯强奸罪，判处有期徒刑6年，决定执行有期徒刑6年。武某犯遗弃罪，判处有期徒刑6个月。

（国家法官学院、中国人民大学法学院编：《中国审判案例要览（2008年刑事审判案例卷）》，人民法院出版社、中国人民大学出版社2009年版。）

案例评析

本案的争议焦点主要为：遗弃罪的犯罪主体身份如何认定？被告人王某构成遗弃罪是否需要具备特殊身份？

在本案中，法院虽然认为被告人王某和武某的行为都构成遗弃罪，但是在理论和司法实践中，遗弃罪的犯罪主体认定，以及身份犯的共犯是否需要具备特定身份也需要分析。

我国《刑法》第261条规定，遗弃罪是指对于年老、年幼、患病或者其他没有独立生活能力的人，负有扶养义务而拒绝扶养，情节恶劣的行为。按照本条规定，遗弃罪的犯罪对象是年老、年幼、患病或者其他没有独立生活能力的人；犯罪的客观方面表现为行为人在负有法定抚养义务的前提下有抚养能力却拒不履行这种义务，这种行为方式可以是作为也可以是不作为；犯罪主体是特殊主体，即对于年老、年幼、患病或者其他没有独立生活能力的人负有扶养义务的人；主观方面是故意犯罪，即行为人明知自己不履行扶养义务会给被扶养人带来一定的危害，仍拒绝履行法定扶养义务。

首先，本罪犯罪主体的成立需要行为人对被害人具有扶养义务。而理论上对于扶养义务的认定有两种观点，一种是构成遗弃罪的犯罪主体必须是负有法定扶养义务的家庭成员；另一种是遗弃罪的犯罪主体只需要具有扶养义务即可，包括但不限于家庭成员。

笔者认为，由于我国的遗弃罪在刑法分则中的体系地位已经从妨害婚姻家庭罪移到侵犯公民人身权利、民主权利罪中，这就表明遗弃罪所侵犯的客体不应当局限于婚姻家庭关系，犯罪主体也不应当局限于家庭成员。本案中武某和本案被害人在没有结婚而一直同居多年的情况下是否具有扶养义务，也需要澄清。根据最高人民法院《关于适用〈中华人民共和国婚姻法〉若干问题的解释（一）》第5条的有关规定，1994年2月1日以后未办理结婚登记而以夫妻名义共同生活的男女，不构成事实婚姻。但是，刑法理论中对于婚姻关系的认定不同于婚姻法。我国刑法理论认为，婚姻关系并不要求一定经过法定程序取得了结婚证明，只要当事人以夫妻名义同居生活就可以认定为婚姻关系。行为人的事实婚姻也可以构成重婚罪。因此，本案中行为人与被害人以夫妻名义同居近10年，当地群众均认为他们是夫妻，故应从实质意义上认定双方存在婚姻关系，属于家庭成员。因此，行为人武某可以构成遗弃罪的犯罪主体。

其次，被告人王某作为出租车司机与乘客之间是否具有扶养义务呢？王某作为出租车司机与乘客之间因为搭乘行为而产生救助义务，但是这种救助义务并不属于扶养义务。虽然当前理论上对于遗弃罪主体的扶养义务的理解倾向于扩大解释，不但包括家庭成员之间，还包括其他具有职业、职务行为等行为所引发的扶养义务。但是由于王某作为出租车司机与乘客之间属于临时产生的法律关系，不具有长期的扶养行为，所以不能产生扶养义务。王某本人不属于遗弃罪的犯罪主体，王某自己单独的行为并不能构成遗弃罪，但王某单独实施的抛弃行为仍然可能构成故意伤害罪。

在刑法理论和司法实践中，身份犯仅仅是针对单独实行犯而言的，对于身份犯的共同犯罪人则并不要求具有特殊身份。但在共同犯罪中有身份的行为人和无身份的行为人分别构成不同犯罪的情况下，共同犯罪人的罪名需要依据主犯的罪名进行认定。本案中，武某为了遗弃被害人而教唆王某将被害人拉到无人地方遗弃，武某是共同犯罪中的主犯，武某和王某的行为应依武某的行为认定为遗弃罪。

第五章

罪数形态

罪数，是指一人所犯罪的数量。罪数可以分为一罪与数罪，一般情况下，行为人的行为可能是典型的一罪或者典型的不同种数罪，但在特殊情况下，被告人的行为究竟是构成一罪还是数罪也难以区分，所以罪数形态也是犯罪论的基本理论问题之一。罪数形态问题主要关注行为人的行为究竟构成一罪还是数罪，罪数形态问题的研究有利于对被告人准确定罪量刑。

一、罪数的认定

——李某冒充法官招摇撞骗案

公诉机关：西安市碑林区人民检察院

被告人：李某

案情简介

1999年4月，被告人李某经人介绍认识了居住在西安市冶金厂家属区的郭某，李某谎称自己是省法院处级审判员，可将郭某的两个儿子安排到省法院汽车队和保卫处工作，取得了郭某的信任，不久二人非法同居几个月。期间，李某还身着法官制服，将郭某带到省法院及渭南市的公、检、法机关，谎称办案，使郭某对李某深信不疑。1999年7月初，被告人李某认识了某法院干部（已亡两年）的遗孀周某，李某谎称自己是省法院刑庭庭长，因吸烟烧毁了法官制服，遂从周某处骗取法官制服2件及肩章、帽徽。随后李某因租房认识了房东邵某，李某身着法官制服，自称是省法院刑一庭庭长并谎称和省交通厅厅长关系密切，答应将邵某的女儿调进省交通厅工作，骗取了邵某的4000元。1999年8月，青年妇女王某因问路结识了身着法官制服的被告人李某，李某自称是省法院刑一庭庭长，可帮王某的表兄申诉经济案件，得到王某的信任，遂与王某非法同居。1999年9月18日，被告人李某身着法官制服到陕西省蓝田县马楼镇玉器交易中心，因躲雨与该中心经理郭某闲聊，李某自称是省法院刑一庭庭长，得到郭某的信任，答应可帮郭某的妹夫申诉经济案件，骗取了郭某的玉枕一个、项链一条（共价值240元）。1999年9月22日，与李某非法同居的王某到省法院询问李某的情况，得知李某骗人的真相，遂向公安机关报案并协助公安机关将李某抓获。西安市碑林区人民法院经公开审理认为，被告人李某身为无业游民，冒充人民法院法官，骗取法官制服，并身着法官制服，多次冒充省法院刑一庭庭长，骗得他人钱财和非法利益，情节严重，其行为已构成招摇撞骗罪。被告人李某多次冒充国家工作人员，以一种行为骗取他人钱财及与妇女非法同居，是一个行为触犯了《刑法》规定的两个法条，属法条竞合，应从一重罪处罚。因被告人李某骗取的财物数额相对较少，以诈骗罪名定罪处刑较轻，故应以招摇撞骗罪一罪进行处罚而不适用数罪并罚。被告人李某曾因犯诈骗罪、招摇撞骗罪被判处有期徒刑，刑满释放后五年内又犯应判处有期徒刑刑罚之罪，属累犯，应从重处罚。据此，该院依照我国《刑法》第279条、第65条的规定，于2000年1月14日作出刑事判决如下：被告人李某犯招摇撞骗罪，判处有期徒刑4年。

（最高人民法院刑事审判一至五庭主编：《刑事审判参考（总第24期）》，法律出版社2003年版。）

案例评析

本案的主要争议焦点是：被告人李某的行为的罪数如何判断？

本案中，被告人李某多次冒充国家工作人员，通过欺骗手段骗取他人钱财及与妇女非法同居，这种行为如何构成诈骗罪还是招摇撞骗罪？罪数形态如何判断？

诈骗罪是指以非法占有为目的，使用虚构事实或者隐瞒真相的方法，骗取数额较大的公私财物的行为。招摇撞骗罪是指冒充国家机关工作人员进行招摇撞骗，以谋取非法利益的行为。这里的非法利益范围较广泛，包括爱情、职位、荣誉、资格以及财物等。本案被告人李某冒充法官多次进行招摇撞骗，其中有些行为是骗取了他人的财物，有些行为是骗取了财物以外的非法利益。对于其骗取非法利益的行为，应当而且只能定招摇撞骗罪。对于其骗取他人财物的行为，由于既符合招摇撞骗罪的犯罪构成，又符合诈骗罪的犯罪构成，就需要对两罪的关系进行厘定。

诈骗罪与招摇撞骗罪之间的关系是法条竞合的关系，依据特别法优于普通法、重法优于轻法的原则进行处理。当行为人为了骗取公私财物而实施诈骗行为时，因为招摇撞骗罪的构成要求行为人冒充国家机关工作人员进行招摇撞骗，所以诈骗罪的法条是普通法，招摇撞骗罪的法条是特别法。当特别法轻于普通法时，则依据重法优于轻法的原则进行补充。在本案中，被告人李某骗取他人财物共计4240元，属于数额较大的量刑档次。依据诈骗罪和招摇撞骗罪的立法规定，两罪的量刑范围都在3年以下有期徒刑、拘役、管制或者剥夺政治权利的档次之内。因此，应当依据特别法优于普通法的原则，论处招摇撞骗罪。这样，被告人的两部分行为都构成招摇撞骗罪，在刑法理论上属于同种数罪。对于同种数罪应否实行并罚，虽然法学界有过争议，但在审判实践中普遍认为，同种数罪实际上只是一罪，不实行并罚。因此，法院以招摇撞骗罪对被告人定罪判刑是适当的。

二、结果加重犯的认定

——朱某转化型入户抢劫案

公诉机关：广州市白云区人民检察院

被告人：朱某

案情简介

2007年1月26日晨9时许，被告人朱某窜至广州市白云区石井街鸦岗村庆民街15巷12号被害人李某及其兄长家人共同租住的一处二层民房，撬锁进入该房内进行盗窃。当朱某进入该房二楼李某租住房内盗窃时，被下班回来的李某发现，李某即上前抓捕朱某，朱某以拳打脚踢等暴力反抗抓捕，后被李某及随后赶来的群众、治安人员制服。案发后，被害人李某的伤情未作鉴定。广州市白云区人民法院经审理认为：被告人朱某盗窃公民财物，为抗拒抓捕而当场使用暴力，其行为构成抢劫罪。被告人朱某抢劫未遂，依法可从轻处罚。依照我国《刑法》第269条、第263条等规定判处：1. 被告人朱某犯抢劫罪，判处有期徒刑4年，并处罚金1000元；2. 缴获的钢筋等作案工具，予以没收。被告人朱某不服一审判决，向广州市中级人民法院提出上诉称，一审法院判决量刑过重。公诉机关未提出抗诉。广州市中级人民法院经审理认为：被告人朱某入户实施盗窃被发现，为抗拒抓捕而当场使用暴力，其行为已构成抢劫罪。但因其所实施暴力行为情节较轻，尚未造成严重后果，故不认定其行为属刑法所规定的入户抢劫。

（最高人民法院、中国应用法学研究所编：《人民法院案例选（2007年第4辑）》，人民法院出版社2008年版。）

案例评析

本案的争议焦点主要为：被告人朱某的行为属于一般抢劫罪，还是属《刑法》第263条规定加重处罚情节“入户抢劫”？被告人的行为是否属于抢劫未遂？

对于本案中被告人朱某的行为是否属于抢劫罪中的“入户抢劫”，一审法院与二审法院的认定存在分歧。本案中被告人朱某的行为是否属“入户抢劫”，首要需要明确的问题是被告人朱某行窃的场所是否属刑法所指的“户”。根据最高人民法院2000年11月22日《关于审理抢劫案件具体应用法律若干问题的解释》（下简称《解释》）第1条规定，《刑法》第263条第（1）项规定的“入户抢劫”，是指为实施抢劫行为而进入他人生活的与外界相对隔离的住所，包括封闭的院落、牧民的帐篷、渔民作为家庭生活场所的渔船、为生活租用的房屋等进行抢劫的行为。对于入户盗窃，因被发现而当场使用暴力或者以暴力相威胁的行为，应当认定为入户抢劫。2005年6月8日《关于审理抢劫、抢夺刑事案件适用法律若干问题的意见》（下简称《意见》）第1条规定，“户”在这里是指住所，其特征表现为供他人家庭生活和与外界相对隔离两个方面，前者为功能特征，后者为场所特征。一般情况下，集体宿舍、旅店宾馆、临时搭建工棚等不应认定为“户”，但在特定情况下，如果确实具有上述两个特征的，也可以认定为“户”。本案中，朱某行窃的场所是李某两兄弟所租住的二层民房，是李某兄弟生活居住的主要场所，符合“家庭生活”及“与外界相对隔离”两个特征，属于上述《解释》及《意见》所指的“户”。

其次，对于被告人的行为能否被认定为入户抢劫，虽然我国《刑法》第269条规定，犯盗窃、诈骗、抢夺罪，为窝藏赃物、抗拒抓捕或者毁灭罪证而当场使用暴力或者以暴力相威胁的，按照抢劫罪的规定定罪处罚。2000年11月22日《解释》第1条规定，对于入户盗窃，因被发现而当场使用暴力或者以暴力相威胁的行为，应当认定为入户抢劫。但是2005年6月8日《意见》第1条规定，入户实施盗窃被发现，行为人为窝藏赃物、抗拒抓捕或者毁灭罪证而当场使用暴力或者以暴力相威胁的，如果暴力或者暴力胁迫行为发生在户内，可以认定为“入户抢劫”；如果发生在户外，则不能认定为“入户抢劫”。根据司法解释的规定，立法者认为行为人为窝藏赃物、抗拒抓捕或者毁灭罪证而在户内当场使用暴力或者以暴力相威胁的行为是否可以认定为“入户抢劫”，不能一致认为可以转化为“入户抢劫”，还需依据事实与法律进行综合分析。

根据我国《刑法》第263条抢劫罪的规定，以暴力、胁迫或者其他方法抢劫公私财物的，处3年以上10年以下有期徒刑，并处罚金；符合“入户抢劫”等加重处罚情节的，处10年以上有期徒刑、无期徒刑或者死刑。“入户抢劫”的法定刑明显重于基本型抢劫犯。由于犯盗窃、诈骗、抢夺罪，为窝藏赃物、抗拒抓捕或者毁灭罪证而当场使用暴力或者以暴力相威胁的行为，按照抢劫罪的规定定罪处罚的情形，本身就是对盗窃、诈骗、抢夺行为的量刑档次的提升。如果对在户内当场实施暴力或者以暴力相威胁的行为直接提升为“入户抢劫”的加重处罚情形，就直接将盗窃、诈骗、抢夺行为的量刑提升了两个档次，有刑罚过度之嫌，因此，对转化型“入户抢劫”的认定加以限制是有必要的。上述《意见》第5点关于“转化抢劫的认定”也印证了此点，指出行为人实施盗窃、诈骗、抢夺行为未达到数额较大标准，为窝藏赃物、抗拒抓捕或者毁灭罪证当场使用暴力或者以暴力相威胁，情节较轻，危害不大的，一般不以犯罪论处；具有下列情节之一的，可按抢劫罪定罪处罚：（1）盗窃、诈骗、抢夺接近“数额较大”标准的；（2）入户或者在交通工具上盗窃、诈骗、抢夺后，在户外或交通工具外实施上述行为的；（3）使用暴力致人轻微伤以上后果的；（4）使用凶器或以凶器相威胁的；（5）具有其他严重情节的。

综上，本案二审法院认为被告人朱某入户行窃，在尚未窃取财物情况下被发现，为抗拒抓捕当场使用暴力，在侦查机关未对被害人伤情作出鉴定的前提下，从有利于被告人的角度出发认定其犯罪情节较轻，不应当在转化为抢劫的前提下，再适用“入户抢劫”这一较高量刑档次。如此进行，则涉嫌重复评价量刑情节，违反法律基本原则。

那么，被告人朱某的行为是否属于抢劫未遂呢？抢劫罪的既遂标准一直是理论界和实务界争论不休的问题。有人认为，抢劫罪应以行为人是否占有了他人的财物为标准；有人认为，应以行为是否侵害了他人的人身权利为标准；有人认为，抢劫罪的基本犯以是否占有了他人财物为标准，抢劫致人重伤、死亡的，即使没有占有他人财物，也是既遂。由于抢劫罪属于侵犯财产罪的一种，其侵害的主要法益是公私财产所有权，因此应当以行为人是否实际取得财物为既遂的标准。但由于我国《刑法》第263条规定了8种加重处罚情形，并且最高人民法院《意见》第10条指出，具备劫取财物或者造成他人轻伤以上后果两者之一的，均属抢劫既遂。所以在司法实践中，抢劫罪的既遂标准主要是依据劫取财物或者造成他人轻伤以上后果来进行判断。

对于我国《刑法》第263条规定的8种加重处罚情形，不能简单认为只要着手实行就成立抢劫既遂，还需依据上述《意见》的标准进行判断。就“入户抢劫”而言，行为人即使实施了入户抢劫，但如果没有取得被害人财物，也没有造成被害人轻伤以上人身损害后果的，应当成立抢劫罪未遂。本案中一审法院认为，朱某入户盗窃，虽然在被发现后为抗拒抓捕而实施了一定程度的暴力，但其未取得财物，且未造成被害人轻伤以上人身损害后果的行为属于抢劫未遂，是符合事实和法律规定的。

三、牵连犯的认定

——王某敲诈勒索案

公诉机关：上海市杨浦区人民检察院

被告人（上诉人）：王某

案情简介

2010年2月16日（农历正月初三）13时29分16秒、13时33分34秒，被告人王某使用自己移动电话先后两次拨打欧尚超市长阳店的总机，声称其在欧尚超市长阳店内放置了2根雷管。该超市立即报警。警方接报后，启动防爆预案，先后出动刑侦、治安、交警、消防、刑技等各警种警察百余名以及警犬5条、排爆车5辆至现场，疏散顾客、超市工作人员和商户；当日16时，该超市停止营业，16时30分至18时30分许，警方进行搜爆，经仔细搜查，欧尚超市长阳店未发现疑似爆炸物品。根据欧尚超市长阳店提供的营业额明细表，该超市2010年2月14日、15日、17日、18日16时至18时30分的营业额分别为43万余元、46.9万余元、40万余元、36.3万余元，2010年2月16日同时段营业额为14.3万余元。被告人王某于2010年2月16日15时52分、15时53分、16时09分，先后向其曾在欧尚超市长阳店一广告牌上见到的移动电话号码1391635×××发送3条信息，内容主要是：已在超市内放置3根雷管，超市必须在当日17时前将2.5万元汇入王某账户，否则引爆雷管。2010年2月21日，王某在本市霍山路1058号天霞宾馆桑拿大堂被抓获，其用于作案的移动电话等被查获。公诉机关指控：被告人王某故意编造在大型超市放置雷管的虚假信息，向超市勒索钱财，造成公安机关出动大量警力进行人员疏散，并造成超市经济损失，严重扰乱社会秩序，且造成严重后果，其行为已构成编造虚假恐怖信息罪。被告人王某及其辩护人辩称：对起诉书指控的事实无异议，但对起诉书指控被告人王某犯编造虚假恐怖信息罪有异议，认为被告人王某以非法占有为目的，采用编造虚假恐怖信息的方法敲诈钱财，符合敲诈勒索罪的犯罪构成，应确认被告人王某的行为构成敲诈勒索罪。因王某敲诈未得逞，且在警方的及时处置下，并未给欧尚超市长阳店造成巨大经济损失，控制了事态的后果，故不应认定被告人王某的行为“造成严重后果”。杨浦区人民法院经审理认为：(1) 被告人王某虽然仅实施了编造爆炸威胁的恐怖信息一个行为，但是该行为具有多重属性，分别触犯编造虚假恐怖信息罪和敲诈勒索罪，应按该行为所触犯的罪名中法定刑最重的处罚，而编造虚假恐怖信息罪的法定刑重于敲诈勒索罪，故本案应以编造虚假恐怖信息罪定罪处罚。辩护人关于被告人王某的行为构成敲诈勒索罪的辩护意见于法无据，不予采纳。(2) 评判以爆炸威胁敲诈勒索的行为是否“造成严重后果”，被害单位的经济损失仅是其中一方面。被告人王某在农历春节大型超市人员密集之时，编造爆炸威胁恐怖信息敲诈勒索，其行为不仅致使超市无法正常营业，还导致公安机关实施人员疏散行动，正常工作秩序被严重干扰，并耗费大量人力、物力，其行为具有更大的社会危害性，造成了严重后果。辩护人关于被告人王某的行为尚未造成严重后果的辩护意见有失偏颇，不予采纳。综上，被告人王某编造爆炸威胁等恐怖信息，向大型超市勒索钱财，公安机关为此出动大量人力、物力进行人员疏散，超市因此停止营业并造成经济损失，被告人王某的行为严重扰乱社会秩序，造成严重后果，构成编造虚假恐怖信息罪。公诉机关指控的罪名成立，对被告人王某依法应予惩处。被告人王某到案后交代态度较好，酌情从轻处罚。据此，为严肃国法，维护社会管理秩序，依照我国《刑法》第291条之一、第64条规定，判决：一、被告人王某犯编造虚假恐怖信息罪，判处有期徒刑5年6个月；二、犯罪工具索尼爱立信J230C型移动电话一部予以没收。一审判决后，公诉机关未抗诉，被告人王某不服，提出上诉。上海市第二中级人民法院经审理查明的事实、证据与原审判决相同，并认为原审法院对被告人王某定罪和适用法律正确，量刑恰当，审判程序合法。据此，依照我国《刑事诉讼法》第189条第（1）项之规定，裁定如下：驳回上诉，维持原判。

（国家法官学院、中国人民大学法学院编：《中国审判案例要览（2011年刑事审判案例卷）》，人民法院出版社、中国人民大学出版社2012年版。）

案例评析

本案的争议焦点主要为：行为人故意编造在大型超市放置雷管的虚假信息并向超市勒索钱财的行为究竟构成编造虚假恐怖信息罪还是敲诈勒索罪？

从本案判决来看，法院认为本案中被告人王某为了向超市实施勒索行为，故意编造在大型超市放置雷管的虚假信息，同时触犯了编造虚假恐怖信息罪和敲诈勒索罪，属于牵连犯，按照牵连犯“从一重罪”的处罚原则定编造虚假恐怖信息罪。在司法实践中，牵连犯成立的主要判断依据是牵连犯的牵连关系是否存在，如果存在牵连关系，则构成处断的一罪；如果不存在，则构成数罪。

牵连犯是指行为人在实施犯罪的过程中，犯罪的手段行为或结果行为，与目的行为或原因行为分别触犯了不同罪名的犯罪形态。据此可知，牵连犯应当具有三个特征：（1）必须出于一个犯罪目的，如果行为人主观上具有多个犯罪目的，则不构成牵连犯；（2）必须是其手段行为或结果行为又触犯了其他罪名；（3）数行为之间存在手段行为与目的行为、原因行为与结果行为的牵连关系。这种牵连关系主要有两种表现形式：手段行为与目的行为之间的牵连犯，原因行为与结果行为之间的牵连犯。对于牵连犯的牵连关系的判断，应当从主、客观方面进行综合判断，行为人在主观上既要有牵连的意思，在客观上也要具有通常的方法或结果关系。如果行为人实施的行为在手段与目的、原因与结果之间并不是通常的方法或结果，就不能认定为牵连犯。

本案中，被告人王某为向超市勒索钱财，故意编造在大型超市放置雷管的虚假信息，其目的行为是向超市勒索钱财，该行为触犯了敲诈勒索罪；其手段行为是故意编造在大型超市放置雷管的虚假信息，该行为触犯了编造虚假恐怖信息罪，手段行为与目的行为之间存在着牵连关系，故应以牵连犯一罪论处。刑法理论上一致认为，对牵连犯实行从一重罪处罚或者从一重从重处罚原则。根据上海市高级人民法院、上海市人民检察院、上海市公安局、上海市司法局《关于本市办理部分刑事犯罪案件标准的意见》（沪检发〔2000〕122号）第65条规定，敲诈勒索3000元以上不满3万元，属于“数额较大”的起点标准。本案被告人向超市勒索人民币2.5万元未遂，根据《刑法》第274条对敲诈勒索罪的规定，应处3年以下有期徒刑、拘役或者管制。根据《刑法》第291条之一的规定，明知是编造的恐怖信息而故意传播，严重扰乱社会秩序的，处5年以下有期徒刑、拘役或者管制；造成严重后果的，处5年以上有期徒刑。本案中，法院对司法实践中“严重后果”的认定也具有借鉴意义，“严重后果”不应仅仅从物质损害结果来进行判断，还可能包括社会秩序等非物质性的社会危害性。因此，从立法情况来看，编造虚假恐怖信息罪的法定最高刑要高于敲诈勒索罪，且本案中被告人敲诈勒索罪系未遂，故按照牵连犯从一重处罚的原则，应以编造虚假恐怖信息罪定罪处罚。

四、法条竞合的认定

——王某等生产、销售伪劣产品案

公诉机关：西安市人民检察院

被告人：王某

被告人：徐某

被告人：于某

被告人：张某

案情简介

2004年5月，被告人王某与其妻任某注册成立了陕西新世纪医药科技有限公司，王某任法定代表人兼总经理。经营范围主要包括医药产品等的技术开发、咨询以及医疗器械的销售等。2007年9月，公司名称变更为陕西伟达药品电子商务有限公司（以下简称“伟达公司”），经营范围增加了互联网药品信息服务。公司自成立起，未取得国家药品经营许可和药品质量管理规范认证资质。2009年4月，王某通过互联网与在北京专门经营假冒进口品牌抗肿瘤类药品的被告人徐某取得联系，在明知徐某没有从事药品经营资质，不能提供进口药品检验报告和进口药品注册证，且所提供进口抗肿瘤药品来源不清的情况下，向徐某购买进口抗肿瘤类药品。徐某将自制及部分来源不明的进口品牌抗肿瘤类药品销售给王某。2009年4月17日至2011年1月26日，王某通过银行卡转账向徐某支付货款共计人民币1907660元。2009年9月，王某通过被告人于某在互联网上发布的信息与其取得联系，从于某处购买没有进口药品检验报告和进口药品注册证的进口品牌抗肿瘤药品。2009年9月14日至2010年1月20日，王某通过银行卡转账向于某支付货款共计人民币480440元。王某通过伟达公司网站宣传，假冒恒宇公司抗肿瘤药销售中心的名义对外销售抗肿瘤药品。被告人张某明知伟达公司没有销售药品的资质，其亦非恒宇公司的工作人员，仍帮助王某提取和安排发送药品。从伟达公司库房现场查获的进口品牌抗肿瘤药品经检验均被认定为假药。

西安市中级人民法院判决、陕西省高级人民法院裁定认为，被告人王某、徐某、于某、张某为谋取非法利益，违反国家药品质量管理制度，置患者生命、健康于不顾，生产、销售假冒的进口抗肿瘤药品，其中，被告人王某销售假药，金额达238.8万元，被告人张某帮助王某销售假药，其行为均已构成销售假药罪；被告人徐某、于某实施生产、销售假药行为，其中徐某销售假药金额达190.76万元，于某销售假药金额达48万余元，其行为均已构成生产、销售假药罪。各被告人所售药品均为抗肿瘤药品，主要以癌症患者为使用对象，大多数药品为注射剂药品、处方药足以严重危害人体健康，犯罪情节恶劣。被告人王某、张某的行为同时又构成销售伪劣产品罪；被告人徐某、于某的行为同时又构成生产、销售伪劣产品罪，依法应以处罚较重的罪名定罪处罚。张某系从犯，依法对其减轻处罚。法院依法判决：被告人王某犯销售伪劣产品罪，判处有期徒刑15年，并处罚金人民币300万元；被告人徐某犯生产、销售伪劣产品罪，判处有期徒刑11年零8个月，并处罚金人民币200万元；被告人于某犯生产、销售伪劣产品罪，判处有期徒刑6年，并处罚金人民币50万元；被告人张某犯销售伪劣产品罪，判处有期徒刑1年零6个月，并处罚金人民币15万元；各被告人违法所得依法追缴，上缴国库；查扣的药品依法予以没收销毁。对本案各被告人的裁定已于2011年7月12日发生法律效力。

（新华网，《最高人民法院公布十起危害食品、药品安全犯罪典型案例》，2012年7月31日。）

案例评析

本案的争议焦点主要是：行为人一个行为同时侵犯数个犯罪客体，如何处罚？

本案中，虽然王某等人实施的是销售假药的行为，但法院最终判决为生产、销售假冒伪劣产品罪，这是因为被告人的行为属于刑法理论中的法条竞合。

法条竞合是指一个行为同时符合了数个法条规定的犯罪构成要件，但从数个法条之间的逻辑关系来看，只能适用其中一个法条，当然，排除适用其他法条的情况。我国刑法学家张明楷教授认为，从法条竞合的形成原因来看，法条竞合主要产生于以下情况：一是因为主体形成的法条竞合；二是因为行为对象形成的法条竞合；三是因为行为手段形成的法条竞合；四是因为危害结果形成的法条竞合；五是因为犯罪目的形成的法条竞合。① 在我国司法实践中，当一个行为同时触犯同一法律的普通条款与特别条款时，在通常情况下，应依照特别法条优于普通法条的原则论处，但在特殊情况下，应当适用重法优于轻法的原则处理，即适用法定刑最重的法条。根据我国《刑法》第140条生产、销售伪劣产品罪规定，生产者、销售者在产品中掺杂、掺假，以假充真，以次充好或者以不合格产品冒充合格产品，销售金额5万元以上不满20万元的，处2年以下有期徒刑或者拘役，并处或者单处销售金额50%以上2倍以下罚金；销售金额20万元以上不满50万元的，处2年以上7年以下有期徒刑，并处销售金额50%以上2倍以下罚金；销售金额50万元以上不满200万元的，处7年以上有期徒刑，并处销售金额50%以上2倍以下罚金；销售金额200万元以上的，处15年有期徒刑或者无期徒刑，并处销售金额50%以上2倍以下罚金或者没收财产。而根据刑法第141条生产、销售假药罪规定，生产、销售假药的，处3年以下有期徒刑或者拘役，并处罚金；对人体健康造成严重危害或者有其他严重情节的，处3年以上10年以下有期徒刑，并处罚金；致人死亡或者有其他特别严重情节的，处10年以上有期徒刑、无期徒刑或者死刑，并处罚金或者没收财产。根据法律规定和案件事实，本案

① 张明楷：《刑法学（第三版）》，法律出版社2008年版，第369页。

中行为人的行为所适用的生产、销售伪劣产品罪的法定量刑档次高于生产、销售假药罪，所以应当适用于生产、销售伪劣产品罪。

但在刑法理论中，想象竞合犯与法条竞合都属于竞合情况，较易混淆，但处理原则不同。想象竞合犯是指行为人实施一个犯罪行为，同时侵犯数个犯罪客体，触犯数个罪名的情况。犯罪客体是受刑法保护而为犯罪行为所侵犯的社会关系。行为人实施的危害行为，无论是作为还是不作为；犯罪心理是故意还是过失，抑或故意与过失混合，均不影响想象竞合犯的成立。想象竞合犯的处罚原则是择一重罪处罚。在择一重罪处罚的原则之下，无论犯罪人主观意图指向何结果，均必须承受基于该罪过所实施行为而导致较严重后果的惩罚，且无论犯罪人的行为触犯几个罪名，最终对其只按一罪处罚。因此，择一重罪处罚的处罚原则能够达到对想象竞合犯的犯罪行为的合理评价，刑罚轻重控制适度。在确定重罪之前，应对各罪按其情节分别评价，归入各罪中该行为应处的量刑档次，在此基础之上，对各罪的法定刑进行比较，确定重刑。

五、漏罪审理期间原判刑罚执行完毕的数罪并罚问题

——李某抢劫、强奸案

公诉机关：北京市人民检察院第一分院

被告人：李某

案情简介

1998 年 4 月，李某因犯盗窃罪被判处有期徒刑 2 年，缓刑 3 年，并处罚金人民币 1000 元。1998 年 12 月 17 日 20 时许，被告人李某与纪某、杨某某、康某某（女）等人（均另案处理）预谋，携带尖刀、胶带等作案工具，闯入北京市昌平区东小口镇北京市北郊肿瘤医院宿舍一居民楼内，采取持刀威胁、殴打、捆绑等手段，抢得刘某某（女）、肖某某（女）、冷某某、孙某某的人民币 7400 余元、存折（内存 55000 元，被强行取走 54999 元）及海信牌 25 英寸彩色电视机 1 台，黄金、白金首饰、手表、衣服等物品，所抢财物共计价值人民币 74000 余元。在抢劫过程中，被告人李某将肖某某强奸，刘某某被他人强奸。

2000 年 3 月，李某因犯抢夺罪、强奸罪、脱逃罪被黑龙江省鸡西市城子河区法院判处有期徒刑 8 年，并处罚金人民币 1000 元（因前罪宣告缓刑前羁押的时间折抵刑期，故 2005 年 1 月 20 日有期徒刑刑满）。在刑罚执行期间，北京市公安机关发现李某系 1998 年 12 月 17 日抢劫案件的犯罪嫌疑人，于 2003 年 12 月将李某从黑龙江鸡西市第一监狱押解回京；2005 年 1 月 20 日，李某因涉嫌犯抢劫罪、强奸罪被北京市第一中级人民法院批准逮捕。2004 年 12 月 29 日，北京市人民检察院第一分院指控被告人李某犯抢劫罪、强奸罪，向北京市第一中级人民法院提起公诉。北京市第一中级人民法院经审理认为，被告人李某伙同他人以非法占有为目的，采取暴力手段当场劫取公民财物，其行为已构成抢劫罪，且系入户抢劫，抢劫数额巨大，依法应予惩处。被告人李某在抢劫过程中强奸妇女，

其行为又构成强奸罪，应与其所犯抢劫罪并罚。鉴于李某在交代抢劫罪行的同时，如实供述了公安机关尚未掌握的本人强奸罪行，对李某所犯强奸罪可以自首论，依法予以从轻处罚。据此，依照《中华人民共和国刑法》第263条第（一）项和第（四）项、第236条、第67条、第69条、第64条的规定，判决如下：一、被告人李某犯抢劫罪，判处有期徒刑15年，剥夺政治权利3年，并处罚金人民币3万元；犯强奸罪，判处有期徒刑3年。决定执行有期徒刑17年，剥夺政治权利三年，并处罚金人民币3万元；二、向被告人李某追缴抢劫犯罪所得，分别发还各被害人。

一审宣判后，被告人李某不服，向北京市高级人民法院提出上诉。李某上诉称，一审判决未将其此次所处刑罚与前罪刑罚合并执行，属适用法律不当。北京市高级人民法院认为，上诉人李某伙同他人以非法占有为目的，采取暴力手段当场劫取公民财物，其行为已构成抢劫罪，并系入户抢劫，且数额巨大，依法应予惩处。李某在抢劫过程中违背妇女意志，强行与妇女发生性交，其行为又构成强奸罪，应与其所犯抢劫罪并罚。一审法院根据李某犯罪的事实、性质、情节及对于社会的危害程度所作的判决，事实清楚，证据确实、充分，定罪正确，审判程序合法，唯适用法律有误及罚金刑不当，予以纠正。李某在服刑期间，刑罚尚未执行完毕，被发现其在判决宣告以前还有其他罪没有判决，依法应对新发现的漏罪作出判决，把前后两个判决所判处的刑罚实行数罪并罚。依照我国《刑事诉讼法》第189条第（1）项、第（2）项，及我国《刑法》第263条第（1）项和第（4）项、第236条第1款、第70条、第69条、第67条第2款、第64条的规定，判决如下：1. 维持一审法院判决主文第二项，即：向被告人李某追缴抢劫犯罪所得，分别发还各被害人。二2. 撤销一审法院判决主文第一项，即：被告人李某犯抢劫罪，判处有期徒刑15年，剥夺政治权利3年，并处罚金人民币3万元；犯强奸罪，判处有期徒刑3年。决定执行有期徒刑17年，剥夺政治权利3年，并处罚金人民币3万元；3. 上诉人李某犯抢劫罪，判处有期徒刑15年，剥夺政治权利3年，并处罚金人民币2万9千元；犯强奸罪，判处有期徒刑3年。决定执行有期徒刑17年，剥夺政治权利3年，并处罚金人民币2万9千元，与黑龙江省鸡西市城子河区人民法院（2000）城刑初字第20号刑事判决书主文第二项对被告人李某所判刑罚实行并罚，即：被告人李某犯抢夺罪，判处有期徒刑1年；犯强奸罪，判处有期徒刑6年；犯脱逃罪（未遂），判处拘役6个月；原判盗窃罪有期徒刑2年，并处罚金人民币1000元；数罪并罚决定执行有期徒刑8年，并处罚金人民币1000元并罚，决定执行有期徒刑17年，剥夺政治权利3年，并处罚金人民币3万元。

（周军：《李某抢劫、强奸案——漏罪审理期间原判刑罚执行完毕的数罪并罚问题》，载于《人民司法（案例）》2007年第6期。）

案例评析

本案的争议焦点主要为：被告人在前罪刑罚执行过程中被发现还有漏罪，人民法院审理漏罪期间前罪主刑又已执行完毕，在此情况下应当如何适用刑罚？

本案审理中，被告人李某与一审法院就刑罚执行过程中发现漏罪，而在审理漏罪期间前罪主刑又已执行完毕，是否需要实行数罪并罚存在争议。二审法院认为，被告人在前罪刑罚执行过程中被发现还有漏罪，人民法院审理漏罪期间前罪主刑又已执行完毕的，也应当根据《刑法》第70条的处罚原则进行量刑，所以对一审判决进行了改判。《刑法》第70条规定，判决宣告以后，刑罚执行完毕以前，发现被判刑的犯罪分子在判决宣告以前还有其他罪没有判决的，应当对新发现的罪作出判决，把前后两个判决所判处的刑罚，依照本法第69条的规定，决定执行的刑罚。已经执行的刑期，应当计算在新判决决定的刑期以内。在量刑过程中，对于该条的适用需注意以下问题：

首先，该条规定适用的前提条件为“判决宣告以后，刑罚执行完毕以前，发现被判刑的犯罪分子在判决宣告以前还有其他罪没有判决”。具体而言，该前提条件是对司法机关发现漏罪的时限规定，而不要求人民法院必须在前罪刑罚执行完毕以前对漏罪作出生效判决。基于这种认为，本案中虽然对被告人作出漏罪判决时其前罪刑罚已执行完毕，但因被告人的漏罪是在前罪刑罚执行过程中被司法机关发现的，所以仍然应当依法对被告人所犯漏罪与前罪实行数罪并罚，故二审法院的依据《刑法》第70条的规定作出的改判是正确的。

其次，对于《刑法》第70条规定的“判决宣告以后，刑罚执行完毕以前，发现被判刑的犯罪分子在判决宣告以前还有其他罪没有判决”的情况中的前罪和漏罪，无论是否属于同种罪，都应当依照《刑法》规定，实行数罪并罚。1993年最高人民法院《关于判决宣告后又发现被判刑的犯罪分子的同种漏罪是否实行数罪并罚问题的批复》对此作出了明确规定，即：人民法院的判决宣告并已发生法律效力之后，刑罚还没有执行完毕以前，发现被判刑的犯罪分子在判决宣告以前还有其他罪没有判决的，不论新发现的罪与原判决的罪是否属于同种罪，都应当依照刑法的规定实行数罪并罚。

再次，漏罪与前罪进行数罪并罚时，附加刑仍需要执行。附加刑的执行办法应当根据附加刑种类的不同，分别采用并科、合并和分别执行原则进行。并科是指数罪中除了主刑外还判处有附加刑的，附加刑仍需执行；合并是指当数罪中的附加刑有数个且附加刑种类相同的，合并执行；分别执行是指当数罪中的附加刑有数个但附加刑种类不同的，分别执行。本案中，被告人李某的前罪和漏罪判决中都有罚金刑，二审法院采用了合并执行原则，判决罚金人民币3万元。

第六章

刑罚制度

刑罚是刑法规定的由国家审判机关依法对犯罪人适用的限制或剥夺其某种权益的最严厉的强制性制裁方法，是国家对犯罪行为的否定评价与谴责。刑罚权包括刑罚创制权、刑罚裁量权和刑罚执行权。我国已经建立了较为完善的刑罚体系，制定了专门的刑罚裁量制度和刑罚执行制度，并且针对刑罚制度的具体运用，还制定了许多司法解释。但在复杂的司法实践中，刑罚制度的实施还会产生许多分歧，通过生效的司法判例的分析，可以为司法疑难问题的解决提供现实依据。

一、自首的认定

——曾某故意伤害案

公诉机关：四川省成都市人民检察院

被告人：曾某

案情简介

被告人曾某与庞某之间因琐事发生矛盾，并相互埋怨。2003 年 11 月 21 日中午 2 时许，被告人曾某来到华兴村 2 组狮子山铁路桥下的露天茶铺，见被害人庞某正在下象棋。被告人曾某走上前扬言看不惯被害人庞某，双方发生口角。后被告人曾某将庞某推倒在地，当被害人庞某从地上站起来时，被告人曾某掏出随身携带的猎刀，向庞某左腹股沟处捅了一刀后离去。被害人庞某因左侧股动脉、静脉断裂导致失血性休克，当场死亡。作案后，被告人曾某潜逃至贵阳、昆明等地。2004 年 1 月，被告人曾某潜逃回家躲藏，其妻贾某及侄女曾某某劝其投案，但其存在顾虑。1 月 8 日，贾某和曾某某将此情况告诉公安机关，并带领公安人员前往其住处。被告人曾某见公安人员后躲进卧室，并持枪对着自己，在公安人员劝解下，被告人曾某交出枪支，被公安人员抓获。

成都市中级人民法院依照我国《刑法》第 234 条、第 128 条第 1 款、第 69 条第 1 款、第 65 条第 1 款、第 57 条第 1 款之规定判决如下：（1）被告人曾某故意伤害罪，判处死刑，剥夺政治权利终身；犯非法持有枪支罪，判处有期徒刑一年；决定执行死刑，剥夺政治权利终身。（2）依照我国《刑法》第 36 条第 1 款、《民法通则》第 119 条之规定，被告人曾某赔偿附带民事诉讼原告人庞某、严某经济损失人民币 21613 元。宣判后，被告人不服，在法定期限内提起上诉。

四川省高级人民法院依照我国《刑事诉讼法》第189条第（二）项和《中华人民共和国刑法》第234条、第128条第1款、第48条、第69条、第65条第1款、第57条第1款、第67条第1款及最高人民法院《关于处理自首和立功具体应用法律若干问题的解释》的规定，判决如下：1. 撤销成都市中级人民法院（2004）成刑初字第113号刑事附带民事判决的刑事部分。2. 上诉人曾某犯故意伤害罪，判处死刑，缓期二年执行，剥夺政治权利终身，犯非法持有枪支罪，判处有期徒刑一年，决定执行死刑，缓期二年执行，剥夺政治权利终身。

（国家法官学院、中国人民大学法学院编：《中国审判案例要览（2005年刑事审判案例卷）》，人民法院出版社、中国人民大学出版社2006年版。）

案例评析

本案的争议焦点主要是：犯罪嫌疑人作案后虽未自动投案，但其在亲友主动带公安人员抓捕其时接受亲友规劝投案的，能否视为自首？

我国《刑法》第67条规定，犯罪以后自动投案，如实供述自己的罪行的，是自首。根据最高人民法院《关于处理自首和立功具体应用法律若干问题的解释》的规定，自动投案，是指犯罪事实或者犯罪嫌疑人未被司法机关发觉，或者虽被发觉，但犯罪嫌疑人尚未受到讯问、未被采取强制措施时，主动、直接向公安机关、人民检察院或者人民法院投案。并非出于犯罪嫌疑人主动，而是经亲友规劝、陪同投案的；公安机关通知犯罪嫌疑人的亲友，或者亲友主动报案后，将犯罪嫌疑人送去投案的，也应当视为自动投案。故作案后虽未自动投案，但其在亲属主动带公安人员抓捕其时接受亲友规劝投案的，也应视为自首。

四川省成都市中级人民法院认为，被告人曾某潜回家中后，虽有投案的意思，但没有主动投案或委托家属代为投案的行为，在公安人员来到时，反而躲进房间，持枪指着自己，企图逃避抓捕，后在公安人员劝说下才弃枪，其行为不完全具备法律所规定的自首要件。但四川省高级人民法院认为，曾某作案后虽未主动投案，但其在亲属主动带公安人员抓捕其时接受亲属的规劝，弃械投案，依法可视为自首。

事实上，本案中被告人曾某弃枪投案的行为虽然不完全符合司法解释中“视为自首的情形”，但是在亲友提供线索并带领公安人员来到犯罪嫌疑人的处所，与公安人员一道耐心规劝犯罪嫌疑人投案，最终促使犯罪嫌疑人自动弃枪投案的情况下，这与司法解释中所列举的可以“视为”自动投案的情形在本质上是相符合的，都符合亲友主动报案和本人自愿归案的事实条件。

二、追诉期限的认定

——冒某挪用资金案

公诉机关：江苏省如皋市人民检察院

被告人：冒某

案情简介

被告人冒某于1997年3月在担任国营如皋市动力机厂供销员期间，与山东省冠县服务部张某订立工矿产品购销合同，约定由如皋市动力机厂向对方销售柴油机420台，货款总计人民币680595元。在双方履行合同期间，被告人冒某于同年3月23日、5月23日、6月21日，3次收取山东省冠县农机服务部张某支付的货款，共计人民币434520元，将其中41730元未缴本厂财务入账，挪作自己家用。司法机关于2002年8月对其立案查处，案发后，被告人冒某于2002年底退出挪用的全部赃款。2002年12月18日，江苏省如皋市人民检察院以被告人冒某在国营企业任供销员期间，将收取业务单位的货款41730元不缴厂财务科入账，挪作自己家用长达5年之久，构成挪用公款罪，向江苏省如皋市人民法院提起公诉。被告人冒某未提出辩解。江苏省如皋市人民法院经公开审理后认为：被告人冒某利用职务上的便利，挪用资金归个人使用，数额较大，超过3个月未还，其行为触犯刑律，构成挪用资金罪。如皋市人民检察院指控被告人冒某的犯罪事实清楚，证据确实、充分，本院予以采纳；但认定被告人冒某犯挪用公款罪定性不准，应予纠正，被告人冒某挪用资金的行为发生在我国现行《刑法》施行之前，应根据从旧兼从轻的原则定罪处罚。据此，该院依照我国《刑法》第12条第1款和《全国人民代表大会常务委员会关于惩治违反公司法的犯罪的决定》第11条及1979年《刑法》第60条、第67条第1款、第68条第1款和第2款的规定，于2003年1月20日判决如下：一、被告人冒某犯挪用资金罪，判处拘役3个月，缓刑6个月；二、追缴的赃款人民币41730元发还如皋市动力机厂。

（最高人民法院、中国应用法学研究所编：《人民法院案例选（2004年刑事专辑）》，人民法院出版社2005年版。）

案例评析

本案的争议焦点主要为：被告人犯罪的追诉期限从何时计算？是根据新法定为挪用公款罪，还是根据旧法定为挪用资金罪？

本案中，法院认为被告人冒某挪用资金的行为发生在我国现行《刑法》施行之前，应根据从旧兼从轻的原则适用修改前的《刑法》，以挪用资金罪论处。从结论上看，本案的争议主要在于被告人的行为构成挪用公款罪还是挪用资金罪，但因为新旧《刑法》规定不同，因此在认定过程中，首先需要解决的是应当适用新法还是旧法的问题，而在此之前，需要首先明确行为人的行为属于状态犯还是继续犯。

因为修订后的《刑法》与修订前的《全国人民代表大会常务委员会关于惩治违反公司法的犯罪的决定》对国家工作人员的界定标准不同，导致被告人的行为认定存在一定的分歧。修订后的《刑法》把挪用资金型的犯罪设定了两个罪名，一个是挪用公款罪，另一个是挪用资金罪。两罪在客观方面的构成要件相同，但对犯罪主体的规定不同，前者为国家工作人员，后者为非国家工作人员，即公司、企业或者其他单位的工作人员。本案被告人冒某虽然是国营企业如皋市动力机厂的供销员，但修订后的《刑法》认为其在国有企业中从事公务的人员，以国家工作人员论，属于国家工作人员，即以“职能论”为确定标准，其行为可能构成挪用公款罪；但《全国人民代表大会常务委员会关于惩治违反公司法的犯罪的决定》认为，依当时《最高人民法院关于办理违反公司法受贿、侵占、挪用等刑事案件适用法律若干问题的解释》对此所作的司法解释，除要求在国有企业中行使管理职权外，还须具有国家工作人员身份（一般理解为公务员身份或者干部身份）才属于国家工作人员，即以“身份论”为确定标准，其行为可能构成挪用资金罪。

继续犯也称持续犯，是指犯罪行为从着手实行到由于某种原因终了以前，在相当时间内一直处于不间断的持续状态，其特征在于犯罪行为和不法状态在一定的时间内同时存在。继续犯在新《刑法》第89条关于计算追诉期限的规定中有所确立，该法条第一款规定，追诉期限从犯罪之日起计算；犯罪行为有连续或者继续状态的，从犯罪行为终了之日起计算。本条款中的“犯罪之日”，应当理解为“犯罪成立之日”。“犯罪行为终了之日”应当是指继续存在的犯罪行为结束之日。继续犯的追诉期限从继续存在的犯罪行为终了之日起开始计算。状态犯是指犯罪既遂后，其造成的不法状态仍然在持续的一种情形。其特征在于犯罪行为已经结束，但犯罪对象遭受侵害的不法状况仍然在持续。状态犯是犯罪既遂后不法状态的持续，犯罪行为已经成立并且结束，故其追诉期限当然应当从犯罪成立之日起计算。继续犯与状态犯的区别是：继续犯是犯罪行为与不法状态同时持续，而状态犯仅仅是不法状态的持续，不存在犯罪行为的持续。

对被告人行为的不同认识直接决定了被告人应该适用新法还是旧法。如果被告人冒某将其中41730元未缴本厂财务入账、挪作自己家用的行为属于继续犯，其实施的犯罪行为从1997年6月21日最后一次挪用开始持续至2002年底归还，继续犯的追诉期间从犯罪终了之日起开始计算，其行为一直持续到了2002年年底，所以并没有超出追诉期限，因此其行为属于新、旧刑法的效力范围之内。根据《最高人民检察院关于对跨越修订刑法施行日期的继续犯罪、连续犯罪以及其他同种数罪如何具体适用刑法问题的批复》规定，关于开始于1997年9月30日以前，持续到1997年10月1日修订《刑法》（即新法）实施以后终了的继续犯罪，应当适用修订《刑法》一并进行追诉。因此，对被告人冒某的行为应当适用修订《刑法》，故被告人的行为应定挪用公款罪。另外，如果被告人冒某实施的犯罪行为不是继续犯而是状态犯，该行为从1997年6月21日最后一次挪用超过3个月未还的构成犯罪，其犯罪成立之日为1997年9月22日，司法机关于2002年8月对其立案查处，属于在5年以内的追诉期限内，其行为不属于继续犯的跨法犯罪的情形，依从旧兼从轻的原则，应当适用1979年《刑法》（即旧法）中的特别法《全国人民代表大会常务委员会关于惩治违反公司法的犯罪的决定》，其挪用行为成立犯罪之日至2002年底的期间属于状态犯，故被告人的行为应定挪用资金罪。概而言之，被告人冒某的行为如果属于继续犯，则应适用新法，如果属于状态犯，就应适用旧法，构成挪用资金罪。

从最高人民法院于2003年9月22日公布的《关于挪用公款犯罪如何计算追诉期限问题的批复》作出了“挪用公款数额较大、超过3个月未还的，犯罪的追诉期限从挪用公款成立之日起计算”的规定来看，本案被告人冒某挪用本单位销货款41730元归个人使用，数额较大超过3个月未还的行为属于状态犯。也就是说，该款自1997年6月21日被其控制归个人使用开始，至同年9月22日届满3个月为止，其挪用行为具备了我国《刑法》规定的挪用型犯罪的全部构成要件，对其的追诉期限应该自挪用3个月满之日起开始计算。根据被告人冒某实施犯罪行为的性质，其法定最高刑为有期徒刑3年，对于此种法定最高刑为不满5年有期徒刑的情形，《刑法》明确规定了对其的追诉期限为5年。据此，对被告人冒某追诉期限为自1997年9月22日起至2002年9月21日止。司法机关2002年8月对被告人冒某立案查处，未超过5年的追诉时效。所以，对本案被告人冒某的行为就不能依据继续犯的处理原则进行处理，只能依据状态犯的原则按照从旧兼从轻的原则，应当适用1979年《刑法》（即旧法）中的特别法《全国人民代表大会常务委员会关于惩治违反公司法的犯罪的决定》，被告人的挪用行为应定挪用资金罪。如皋市人民法院适用《全国人民代表大会常务委员会关于惩治违反公司法的犯罪的决定》，认定其为非国家工作人员，进而对其以挪用资金罪定罪科刑是正确的。

三、缓刑期间毒品再犯的行为认定

——吴某等运输毒品案

公诉机关：上海市人民检察院

被告人：吴某

案情简介

2007年2月11日，被告人夏某与张某（另案判决）在被告人吴某（曾因犯贩卖毒品罪于2006年3月被云南省大理白族自治州中级人民法院判处有期徒刑3年，缓刑5年）指使下，乘飞机至云南携毒品回沪。2月13日上午，张某在云南省瑞丽市接受一盒内藏毒品的茶叶礼盒，并于当晚由云南省昆明市搭乘MU5815航班返沪。次日凌晨，张某抵达上海虹桥国际机场时被公安人员抓获，公安人员从其携带的茶叶礼盒内查获白色粉末一包，重359.98克，检出海洛因成分，含量为39.9%。2007年3月12日上午，夏某携带装有毒品的洗发水瓶由云南省昆明市搭乘MU5801航班抵达上海虹桥国际机场，后携至本市大统路1080号大统旅社203房间内。同日下午，吴某入住该旅社206房间，后至203房间与夏某会合，被公安人员抓获。公安人员在203房间垃圾桶内查获被剪开的洗发水瓶，在206房间垃圾桶内查获黄色粉末一包，重155.69克，检出海洛因成分。

公诉机关认为，两名被告人的行为构成运输毒品罪。被告人吴某在缓刑期间重新犯罪，系毒品再犯，依法应从重处罚，同时应撤销缓刑，对其新犯的罪作出判决，把前罪和后罪并罚。被告人夏某犯罪时未满18周岁（1989年11月2日出生），依法应从轻或减轻处罚。被告人吴某对起诉书指控其指使张某、夏某去云南携带毒品来沪的事实矢口否认。被告人夏某对起诉书指控其受吴某指使，从云南运输毒品来沪的犯罪事实供认不讳。吴某的辩护人提出，起诉书认定吴某指使张某和夏某运输毒品的证据不足。夏某的指定辩护人提出，夏某在作案时未成年，到案后能如实交代犯罪事实，请求法庭以教育为主、惩罚为辅，对夏某减轻处罚。

上海市第一中级人民法院经审理认为，被告人吴某指使张某、夏某运输毒品海洛因共计515.67克，被告人夏某运输毒品海洛因155.69克，其行为均已触犯我国《刑法》第347条第1款、第2款第（1）项之规定，构成运输毒品罪。被告人吴某利用未成年人运输毒品，依法从重处罚。吴某曾因贩卖毒品被判处有期徒刑，宣告缓刑，在缓刑考验期限内实施运输毒品犯罪，依法还应撤销缓刑，把前后两罪并罚。被告人夏某犯罪时未满18周岁，且系受人指使而参与犯罪，依法予以减轻处罚。公诉机关指控两名被告人犯运输毒品罪的罪名成立，但认定吴某系毒品再犯不当。故判决如下：1. 撤销被告人吴某的缓刑；被告人吴某犯运输毒品罪，判处死刑，缓期2年执行，剥夺政治权利终身，并处没收个人全部财产，连同前罪未执行的有期徒刑3年，并处罚金人民币4万元，决定执行死刑，缓期2年执行，剥夺政治权利终身，并处没收个人全部财产。2. 被告人夏某犯运输毒品罪，判处有期徒刑4年，并处罚金人民币8000元。3. 查获的毒品、手机、假身份证等，予以没收。一审宣判后，两名被告人在法定期限内均未提出上诉，检察机关亦未抗诉。上海市高级人民法院经复核核准对被告人吴某判处死刑，缓期2年执行。

（蒋晓静：《毒品再犯的认定》，载于《人民司法》2008年第10期。）

案例评析

本案主要争议焦点为：被告人因贩卖毒品罪被宣告缓刑，在缓刑考验期限内又犯运输毒品罪的情况，是否还需适用我国《刑法》第356条关于毒品再犯从重处罚的规定？

我国《刑法》第356条规定，因走私、贩卖、运输、制造、非法持有毒品罪被判过刑，又犯本节规定之罪的，从重处罚。本案公诉机关认定被告人吴某系毒品再犯，应适用《刑法》第356条关于毒品再犯的规定从重处罚。而一审法院认为，被告人吴某在缓刑期间犯运输毒品罪，不属于刑罚执行完毕或者赦免以后再犯毒品犯罪的情形，不能认定为毒品再犯，而只能依法撤销缓刑，实行数罪并罚。所以，在司法实践中应当注意处理《刑法》第356条与《刑法》第77条关于缓刑期间再犯规定之间的关系。

根据《刑法》第77条规定，被宣告缓刑的犯罪分子，在缓刑考验期限内犯新罪或者发现判决宣告以前还有其他罪没有判决的，应当撤销缓刑，对新犯的罪或者新发现的罪作出判决，把前罪和后罪所判处的刑罚，依照本法第69条的规定，决定执行的刑罚。据此规定可知，在缓刑期间再犯新罪的情况下不需要适用《刑法》关于累犯从重处罚的规定，而是需要数罪并罚。在缓刑期间又符合《刑法》第356条规定中的“又犯本节规定之罪的”情形时，从形式上看，符合毒品再犯的构成要件，需要从重处罚。但是，不能忽视毒品再犯是累犯的特殊情形。在缓刑期间再犯新罪的情况是不构成累犯的，不能再适用累犯的从重处罚规定。同样，在此情况下对毒品再犯的认定和处理，也要遵循累犯认定的一般规则，不能适用《刑法》第356条规定的关于毒品犯罪再犯从重处罚的规定。如果对被告人吴某在撤销缓刑实施数罪并罚后，又适用再犯条款对其从重处罚，则会导致对被告人双重从重处罚的问题，因为撤销缓刑本身就是从重处罚的一种体现。

四、前罪附加刑未执行完毕又犯新罪的并罚问题

——陈某等抢劫案

公诉机关：北京市房山区人民检察院

被告人：陈某

被告人：沈某

案情简介

被告人陈某因犯抢劫罪于1988年8月22日被判处有期徒刑5年；因犯抢劫罪于1998年12月21日被判处有期徒刑12年，剥夺政治权利3年，并处罚金2000元，2006年6月24日刑满释放；2006年9月26日因犯盗窃罪被采取强制措施，河北省涿州市人民法院于2007年1月19日判处其有期徒刑1年6个月，并处罚金2000元，刑期自2006年9月26日起至2008年3月25日止。

被告人陈某、沈某、刘某（绰号"老管"，在逃）、"思雨"（绰号，在逃）。经预谋后，于2008年6月13日22时许窜至北京市房山区窦店镇白草洼村八部口区五号院王某、孙某夫妇的暂住地，刘某驾车在院外等候，沈某、陈某、"思雨"持刀入室对王某、孙某实施捆绑、威胁，抢走人民币4000元及诺基亚牌7360型、摩托罗拉牌V3型手机各1部。2008年6月18日，被告人陈某被抓获归案。2008年7月5日，被告人沈某被抓获归案。经鉴定，被抢两部手机共计价值人民币1450元。公安机关已扣押陈某人民币20元发还王某。北京市房山区人民法院依照我国《刑法》第263条第（1）项、第25条第1款、第55条第1款、第56条第1款、第65条第1款、第52条、第69条、第71条、第64条，作出如下判决：

1. 陈某犯抢劫罪，判处有期徒刑12年，剥夺政治权利2年，并处罚金人民币24000元；与原犯抢劫罪尚未执行完毕的剥夺政治权利2年6个月零5日、并处罚金2000元，犯盗窃罪尚未执行完毕的并处罚金2000元并罚，决定执行有期徒刑12年，剥夺政治权利4年6个月，并处罚金人民币28000元。

2. 沈某犯抢劫罪，判处有期徒刑12年，剥夺政治权利2年，并处罚金人民币24000元。

3. 责令陈某、沈某退赔被害人王某、孙某人民币5430元。

4. 作案工具胶带一团予以没收。

北京市第一中级人民法院依照我国《刑事诉讼法》第189条第（1）项，作出如下裁定：驳回上诉人沈某的上诉，维持原判。

（国家法官学院、中国人民大学法学院编：《中国审判案例要览（2010年刑事审判案例卷）》，人民法院出版社、中国人民大学出版社2011年版。）

案例评析

本案的争议焦点主要为：审理法院在对新罪进行判决时，是否应对其他法院遗漏的附加刑进行并罚？罪犯在前罪附加刑未执行完毕的情况下又犯新罪，如何并罚？

本案中，行为人陈某的数罪并罚问题较为复杂，也容易出现分歧。被告人陈某因犯抢劫罪于1998年12月21日被判处有期徒刑12年，剥夺政治权利3年，并处罚金2000元。2006年6月24日刑满释放开始，执行3年剥夺政治权利的附加刑，刑期至2009年6月24日。但其2006年9月26日因犯盗窃罪又被羁押，此时尚有剥夺政治权利2年8个月零29天、罚金2000元未执行。但河北省涿州市人民法院于2007年1月19日判处其有期徒刑1年6个月，并处罚金2000元，刑期自2006年9月26日起至2008年3月25日止，遗漏了之前抢劫罪没有执行的附加刑，即剥夺政治权利2年8个月零29天、罚金2000元。2008年6月13日22时，被告人陈某、沈某、刘某（绰号“老管”，在逃）、“思雨”（绰号，在逃）经预谋后，持刀入室对王某、孙某进行了抢劫。在此情况下，对被告人陈某所犯新罪进行定罪量刑时，审理法院是否可以对其他法院遗漏的被告人尚未执行的附加刑进行并罚以及如何并罚？

首先，对于其他法院遗漏并罚的未执行完毕的附加刑进行数罪并罚。根据我国《刑法》第71条规定，判决宣告以后，刑罚执行完毕以前，发现被判刑的犯罪分子又犯新罪的，应当对新犯的罪作出判决，把前罪没有执行的刑罚和后罪所判处的刑罚，依照本法第69条的规定，决定执行的刑罚。而2009年5月25日最高人民法院《关于在执行附加剥夺政治权利期间犯新罪应如何处理的批复》明确规定：一、对判处有期徒刑并处剥夺政治权利的罪犯，主刑已执行完毕，在执行附加刑剥夺政治权利期间又犯新罪，如果所犯新罪无须附加剥夺政治权利的，依照我国《刑法》第71条的规定数罪并罚。二、前罪尚未执行完毕的附加刑剥夺政治权利的刑期从新罪的主刑有期徒刑执行之日起停止计算，并依照我国《刑法》第58条规定从新罪的主刑有期徒刑执行完毕之日或者假释之日起继续计算；附加刑剥夺政治权利的效力适用于新罪的主刑执行期间。三、对判处有期徒刑的罪犯，主刑已执行完毕，在执行附加刑剥夺政治权利期间又犯新罪，如果所犯新罪也剥夺政治权利的，依照我国《刑法》第55条、第57条、第71条的规定并罚。

在本案中，行为人陈某在犯新罪时，前罪所判处的附加刑并未执行完毕，虽然河北省涿州市人民法院在判决时将其遗漏，未执行数罪并罚的规定，但并不意味着原判附加刑的消灭，应当对未执行完毕的刑罚和新罪所判决的刑罚进行数罪并罚。

其次，对附加刑的数罪并罚问题也需要分析。本案中，陈某在并处罚金刑和附加剥夺政治权利还没有执行完毕的情况下，新罪又判决剥夺政治权利和并处罚金。对于判处两个以上罚金如何并罚，最高人民法院《关于适用财产刑若干问题的规定》第3条规定，依法对犯罪分子所犯数罪分别判处罚金的，应当实行并罚，即将数罪所判处的罚金数额相加，执行总和数额。就本案而言，应将原判遗漏并罚的犯抢劫罪所处罚金2000元和犯盗窃罪所处罚金2000元，与新犯抢劫罪所处罚金2.4万元进行相加，并罚执行罚金2.8万元。

关于两个以上附加刑剥夺政治权利的并罚问题，2009年5月25日颁布的最高人民法院《关于在执行附加剥夺政治权利期间犯新罪应如何处理的批复》指出，对判处有期徒刑的罪犯，主刑已执行完毕，在执行附加刑剥夺政治权利期间又犯新罪，如果所犯新罪也剥夺政治权利的，依照我国《刑法》第55条、第57条、第71条的规定并罚。也就是说，对剥夺政治权利均为有期限的，采取限制加重的方法，把前罪未执行完毕的剥夺政治权利的刑期与新罪的剥夺政治权利并罚。这一规定曾经在最高人民法院研究室1986年10月20日《关于数罪中有判处两个以上剥夺政治权利附加刑的应如何并罚问题的电话答复》中明确指出，即“如数罪中有两罪以上都判处有期徒刑并附加剥夺政治权利的，按限制加重的方法，其剥夺政治权利的附加刑，只能在1年以上5年以下决定应执行的刑期，不能超过5年”。这虽然是针对1979年刑法作出的说明，但仍可以从中发现最高人民法院在此问题上的适用原则。

因此，本案中北京市房山区人民法院采取限制加重原则对行为人陈某尚未执行的附加刑剥夺政治权利2年6个月零5天与新判决的剥夺政治权利2年并罚，决定执行剥夺政治权利4年6个月；对原犯抢劫罪尚未执行的罚金2000元、犯盗窃罪尚未执行的罚金2000元并罚、新罪抢劫罪并处的罚金人民币24000元进行合并执行罚金人民币28000元，是适当的。

五、死刑的适用标准问题

——宋某故意杀人案

公诉机关：北京市人民检察院第一分院

被告人：宋某

案情简介

2010年7月10日12时许，被告人宋某在北京市大兴区黄村镇红楼东巷西口路北侧，因琐事与杨某（男，殁年39岁）、陈某（男，殁年47岁）发生争执，并被杨某、陈某二人踢打，宋某被打后离开现场。后宋某携带其购买的两把菜刀及3瓶酒返回现场。宋某让杨某、陈某一起喝酒，杨某、陈某二人未予理睬。后陈某、杨某看到宋某购买的菜刀，陈某即数落宋某，杨某又踢打宋某，宋某遂持菜刀砍击杨某的头面部、颈部及上肢等部位，致杨某因颅脑损伤合并失血性休克死亡；砍击陈某的颈部及左上臂，致陈某右侧颈总动脉及颈内静脉完全破裂，引起失血性休克死亡。被告人宋某作案后被查获归案。北京市第一中级人民法院经审理认为：对于被告人宋某的辩护人提出的两名被害人在案件的起因上负有一定责任的辩护意见，经查，被害人杨某、陈某仅因琐事即对被告人宋某进行殴打，处理纠纷的方法不当，应认定两名被害人在案件的起因上有一定过错，辩护人的此项辩护意见成立，本院予以采纳；对于辩护人提出的宋某的行为属防卫过当，应从轻处罚的辩护意见，经查，缺乏事实和法律依据，本院不予采纳；辩护人提出的宋某认罪态度较好的辩护意见成立，本院予以采纳。

被告人宋某持刀故意非法剥夺他人生命，致二人死亡，其行为已构成故意杀人罪，依法应予惩处。北京市人民检察院第一分院指控被告人宋某犯故意杀人罪的事实清楚，证据确凿，指控罪名成立。被告人宋某犯罪性质极其恶劣，情节、后果特别严重，依法应予严惩。鉴于两名被害人在案件的起因上有一定过错，故对宋某判处死刑，可不立即执行。北京市第一中级人民法院依照我国《刑法》第232条、第48条第1款、第57条第1款、第61条、第36条第1款和《民法通则》第119条以及《最高人民法院关于审理人身损害赔偿案件适用法律若干问题的解释》第17条第3款、第35条，作出如下判决：1. 宋某犯故意杀人罪，判处死刑，缓期2年执行，剥夺政治权利终身。2. 宋某赔偿附带民事诉讼原告人杨某云等丧葬费、死亡赔偿金经济损失共计人民币606667. 50元。3. 被告人宋某赔偿附带民事诉讼原告人段某等丧葬费、死亡赔偿金经济损失共计人民币606667. 50元。

北京市高级人民法院经复核认为：北京市第一中级人民法院根据被告人宋某犯罪的事

实、犯罪的性质、情节及对于社会的危害程度所作出的判决，定罪正确，量刑适当，审判程序合法，应予核准。据此，依照我国《刑法》第232条、第48条、第51条、第57条第1款、第67条第3款、第61条及《刑事诉讼法》第201条，裁定核准北京市第一中级人民法院（2011）一中刑初字第498号以故意杀人罪判处宋某死刑，缓期2年执行，剥夺政治权利终身的刑事判决。

（国家法官学院、中国人民大学法学院编：《中国审判案例要览（2012年刑事审判案例卷）》，人民法院出版社、中国人民大学出版社2014年版。）

案例评析

本案的争议焦点主要为：在司法实践中，故意杀人罪的死刑立即执行适用标准如何判断？

本案的犯罪事实清楚，适用的法律也较为清楚，但本案涉及我国司法实践中暴力犯罪的死刑的适用范围问题。当前，我国死刑的刑事政策是"保留死刑、严格控制死刑"，近年来，我国刑法也是在逐步减少非暴力犯罪的死刑适用范围、限制暴力犯罪的死刑适用。据统计，1979年刑法规定可判处死刑的罪名有27个，经过1982年至1995年多个单行刑法的修改补充，又增加了33种死刑罪名，在1997年修订《刑法》之前，我国刑法中涉及可判处死刑的罪名总共有71个。1997年修订后的刑法适用死刑的罪名略有减少，有68个。到2011年，《刑法修正案（八）》又取消了13项经济性非暴力犯罪的死刑罪名。《刑法修正案（九）》草案又再次提议减少9个非暴力犯罪死刑罪名，如果被审议通过我国死刑罪名将由现有的55个降至46个。

我国《刑法》第48条规定，死刑只适用于罪行极其严重的犯罪分子。对于应当判处死刑的犯罪分子，如果不是必须立即执行的，可以在判处死刑同时宣告缓期二年执行。死刑除依法由最高人民法院判决的以外，都应当报请最高人民法院核准。死刑缓期执行的，可以由高级人民法院判决或者核准。对于该条文所规定的我国死刑立即执行制度，可以从以下方面进行理解：

首先，死刑立即执行制度的原则是死刑的对象必须是罪行极其严重的犯罪分子。所谓罪行极其严重，要从犯罪的性质极其严重、犯罪的情节极其严重、犯罪分子的人身危险性极其严重三方面进行分析。对于罪行极其严重的判断，虽然立法表述只是强调行为的客观危害，但在刑法理论中行为人的"行为"应当是其主观危害的客观表现，所以"罪行极其严重"必须从行为人本身的危险性和行为人的行为危害性的主客观两方面进行判断。

其次，死刑立即执行制度的除外性规定是罪行极其严重的犯罪分子不是必须立即执行的，可以判处死刑同时宣告缓期2年执行。所谓"不是必须立即执行的"，是指犯罪分子在罪行极其严重并且应当判处死刑的前提下，还具有从轻处罚情节的情形，包括犯罪后自首、立功或者有其他法定从轻情节的；在共同犯罪中罪行不是最严重的或者其他在同一或同类犯罪案件中罪行不是最严重的；被害人的过错导致犯罪人激愤犯罪的；犯罪人有令人怜悯之情形的；有其他应当留有余地情况的，等等。

本案中，行为人宋某在故意杀人的故意下实施了杀人行为，并造成二人死亡的极其严重的危害后果，已达到罪行极其严重的死刑适用标准。但在案件起因上，两名被害人有一定过错，且被害人杨某的过错程度要大于被害人。由于被害人的过错激怒了行为人实施杀人行为，表明了宋某的主观恶性、人身危险性不是极深，符合“不是必须立即执行”的标准，应当被判处死刑缓期 2 年执行。

下编　刑法分论判例

刑法分论是对刑法分则的理论解释，对刑法分则进行判例阐释是刑法分论学习和研究的必用方法论。刑法分则规定了我国各种具体的犯罪及其法律后果，并且以犯罪同类客体为标准，将这些具体的犯罪分为十类，依次是危害国家安全罪，危害公共安全罪，破坏社会主义市场经济秩序罪，侵犯公民人身权利、民主权利罪，侵犯财产罪，妨害社会管理秩序罪，危害国防利益罪，贪污贿赂罪，渎职罪，军人违反职责罪。在具体罪名的排列顺利上，主要依据犯罪的罪行轻重以及犯罪之间的内在联系进行安排。

第七章

危害国家安全罪

危害国家安全罪，是指故意危害中华人民共和国的主权、领土完整与安全，颠覆国家政权，推翻社会主义制度的行为。危害国家安全罪在我国刑法分则体系中居于首要地位，此类犯罪侵犯的共同客体是我国的国家安全。危害国家安全罪共有12个条文，包括12个具体罪名，主要分为三类：危害国家、颠覆政权型的犯罪，叛变、叛逃型的犯罪，间谍、资敌型的犯罪。

一、煽动颠覆国家政权并组织反动党派的行为认定

——黄某颠覆国家政权案

公诉机关：江苏省常州市人民检察院

被告人：黄某（又名“清水君”）

案情简介

被告人黄某于2003年1月，在境外“博讯”新闻网站上以“清水君”之名组织、策划成立所谓“中华爱国民主党”，并在互联网上发表由其亲自制定的《中华爱国民主党党章》(征求意见稿)，该党章在总则中确定“中华爱国民主党”的短、中、长期目标是“意志坚决地反对和揭露××独裁集团的黑暗势力和垄断制度”、“深刻批判和反思独裁集团祸国殃民的罪行”、最终“建立大中华民主联盟”。并以“中华爱国民主党”筹委会负责人“清水君”的名义，在“博讯”新闻网上发表由其撰写的《颠覆无罪、民主有理》、《珍惜经济成就，共建伟大中华——CPDP“中华爱国民主党”成立宣言》等大量文章，攻击我国的政治制度是“××独裁政权”，提出“三权分立，双重首长制”，建立“强大的政治替代组织”及“爱民”根据地，最终实现“大中华民主联盟”的政治目标。另外，他在互联网上还发布《中华爱国民主党入党申请书》，招募了多名预备党员，发表了《爱国民主工作指南》、《我们的爱国民主行动纲领》、《关于建立地方机构深化组织工作的通知》等大量文章，具体指导如何开展所谓“中华爱国民主党”工作的方法，唆使他们成立“中华爱国民主党”支部，发展党员，扩大组织，散发传单，以达到其颠覆国家政权、推翻社会主义制度的目的。2003年8月，被告人黄某归国后，先后在昆明、绵竹、连云

港等地上网发表文章或发放印有“中华爱国民主党”创办人“清水君”的名片，宣传“中华爱国民主党”的“思想”，为颠覆国家政权积极进行组织活动。

江苏省常州市中级人民法院依照我国《刑法》第105条第1款、第55条第1款、第56条第1款、第64条之规定，于2004年9月20日判决如下：一、被告人黄某犯颠覆国家政权罪，判处有期徒刑12年，剥夺政治权利4年。二、查获供犯罪使用的名片等物品，予以没收。

宣判后，被告人黄某不服提出上诉。江苏省高级人民法院经二审审理后认为，原判决定性准确，适用法律正确，审判程序合法，遂依据《中华人民共和国刑事诉讼法》第189条第（1）项之规定，于2004年12月9日裁定：驳回上诉，维持原判。

（最高人民法院、中国应用法学研究所编：《人民法院案例选（2005年第2辑）》，人民法院出版社2006年版。）

案例评析

本案的争议焦点主要为：通过互联网攻击我国政治制度，宣传煽动颠覆国家政权，并组织、策划成立反动党派，其行为如何认定？

对于本案中被告人黄某的行为如何认定，有两种不同意见：一种意见认为构成煽动颠覆国家政权罪；另一种意见认为构成颠覆国家政权罪。颠覆国家政权罪是指组织、策划、实施颠覆国家政权、推翻社会主义制度的行为。煽动颠覆国家政权罪是指以造谣、诽谤或者其他方式煽动颠覆国家政权、推翻社会主义制度的行为。颠覆国家政权罪和煽动颠覆国家政权罪在犯罪主体和主观方面均相同，其区别的关键是客观方面不同。颠覆国家政权罪的行为人进行了组织、策划、实施颠覆国家政权、推翻社会主义制度的行为；煽动颠覆国家政权罪的客观方面则表现为造谣、诽谤或者其他方法煽动颠覆国家政权的行为。

本案中，被告人黄某主观上具有颠覆国家政权、推翻社会主义制度的目的，客观上积极实施了组织、策划、煽动颠覆国家政权的行为。被告人于2003年1月，在境外“博讯”新闻网站上以“清水君”之名组织、策划成立所谓“中华爱国民主党”，并在互联网上发表由其亲自制定的《中华爱国民主党党章》（征求意见稿）、《颠覆无罪、民主有理》、《珍惜经济成就，共建伟大中华——CPDP“中华爱国民主党”成立宣言》、《爱国民主工作指南》、《我们的爱国民主行动纲领》、《关于建立地方机构深化组织工作的通知》等大量文章，攻击我国的政治制度是“独裁政权”，提出“三权分立，双重首长制”，建立“强大的政治替代组织”及“爱民”根据地，最终实现“大中华民主联盟”的政治目标。另外在互联网上还发布了《中华爱国民主党入党申请书》，招募了多名预备党员，发表了大量文章，具体指导如何开展“中华爱国民主党”工作的方法，唆使他们成立“中华爱国民主党”支部，发展党员，扩大组织，散发传单，以达到其颠覆国家政权，推翻社会主义制度的目的。从被告人实施的客观行为看，既有组织、策划、实施颠覆国家政权的行为，也有煽动颠覆国家政权的行为，两种行为交织在一起，同时触犯了颠覆国家政权罪和煽动颠覆国家政权罪。由于颠覆国家政权罪和煽动颠覆国家政权罪之间存在法条竞合关系，依据重罪优于轻罪原则，对被告人黄某应以颠覆国家政权罪论处。

另外，按照我国《刑法》规定，颠覆国家政权罪的首要分子或者罪行重大的，处无期徒刑或者10年以上有期徒刑。本案中，被告人是否属于首要分子存在争议。首要分子是指在犯罪集团或者聚众犯罪中起组织、策划、指挥作用的犯罪分子。3人以上为共同实施犯罪而组成的较为固定的犯罪组织，是犯罪集团。在本案中，被告人黄某虽然招募了多名预备党员，指导他们如何开展工作，唆使他们成立支部，发展党员，扩大组织，散发传单，但他们都没有行动，没有形成紧密的、较为固定的犯罪组织，因此不符合犯罪集团的构成。聚众犯罪的本质就是犯罪的成立必须有多人直接参与实施的犯罪活动，颠覆国家政权罪就属于聚众型犯罪。因此，黄某属于颠覆国家政权罪中的首要分子。

二、为境外情报机构窃取、非法提供国家秘密的行为认定

——付某为境外窃取、非法提供国家秘密、情报案

公诉机关：锦州市人民检察院

被告人：付某

案情简介

1997年8月，被告人付某的亲友吕某（另案处理）来锦州时，与付某商量向境外情报机构提供情报以获取报酬，付某考虑后表示同意。为此，吕某给付某规定了化名、交接情报的联络方法和暗语，为付某提供了美能达照相机和数码摄像机各1架、数码录音笔1枝及芯片5张等收集情报工具，并先后8次向付某布置收集我国秘密、情报的任务。在1997年8月至2002年5月期间，付某利用职务的便利，窃取、搜集国家秘密及相关情报。先后21次在不同时间、地点、采取不同方式非法向吕提供涉及我国国家政治、经济、军事等大量国家秘密、情报。其中：绝密级情报1份（未遂），机密级情报7份，秘密级情报26份，属于我国《刑法》第111条规定的其他情报24份。付某为境外情报机构窃取、非法提供国家秘密、情报，境外情报机构给付某每月发放工资及奖金，总计金额60900美元。上述作案工具、赃款和部分国家秘密、情报，案发后被国家安全机关收缴。

辽宁省锦州市中级人民法院经审理后认为：本案事实清楚，证据确实、充分。被告人付某无视国法，为境外情报机构窃取、非法提供国家秘密、情报，危害国家安全，情节特别严重，其行为确已构成为境外窃取、非法提供国家秘密、情报罪。公诉机关指控被告人付某的罪名成立。关于被告人付某及其辩护人所提其认罪态度较好的辩解辩护意见，经查属实，应予采纳。其辩护人提出起诉书指控的付某向外非法提供的国家秘密情报部分证据不足之辩护意见，与庭审查明事实不符，不予采纳。被告人付某为境外窃取、非法提供国家秘密、情报，情节特别严重，但鉴于其认罪态度较好，积极配合国家安全机关查清犯罪事实，所获赃款全部被收缴之情节，可对其从轻处罚。

2003年2月28日，辽宁省锦州市中级人民法院依照我国《刑法》第111条、第56条第1款、第64条之规定，判决如下：1. 被告人付某犯为境外窃取、非法提供国家秘

密、情报罪，判处有期徒刑11年，剥夺政治权利3年；2. 依法没收扣押在锦州市国家安全局的被告人付某作案使用工具美能达照相机1架、数码摄像机1架及芯片5张、数码录音笔1枝、摩托罗拉V998+型手机1部；3. 依法没收扣押在锦州市安全局的被告人付某非法所得美金60900元。一审判决宣判后，被告人付某表示服判，没有提出上诉。

（参见《最高人民检察院公报》2003年第5期。）

案例评析

本案的争议焦点主要为：为境外情报机构窃取、非法提供国家秘密、情报的行为应如何论处？对其违法所得应如何处理？

我国《刑法》第111条规定，为境外的机构、组织、人员窃取、刺探、收买、非法提供国家秘密或者情报的，处5年以上10年以下有期徒刑；情节特别严重的，处10年以上有期徒刑或者无期徒刑；情节较轻的，处5年以下有期徒刑、拘役、管制或者剥夺政治权利。据此，被告人为境外情报机构窃取、非法提供国家秘密、情报的行为，已构成为境外窃取、非法提供国家秘密、情报罪，应依照我国《刑法》的规定处罚。对犯罪物品的处理，依据我国《刑法》第64条关于“犯罪分子违法所得的一切财物，应当予以追缴或者责令退赔；对被害人的合法财产，应当及时返还；违禁品和供犯罪所用的本人财物，应当予以没收。没收的财物和罚金，一律上缴国库，不得挪用和自行处理”的规定处理。

第八章

危害公共安全罪

危害公共安全罪，是指故意或者过失地实施危害不特定或者多数人的生命、健康或者重大公私财产的安全的行为。危害公共安全罪共有27条，包括47个罪名，可以归结为以下几类：用危险方法危害公共安全的犯罪，破坏公共设备、设施危害公共安全的犯罪，实施恐怖活动危害公共安全的犯罪，违反枪支、弹药、爆炸物及核材料管理的犯罪，重大安全事故的犯罪等。

一、携带汽油到单位放火自焚的行为认定

——丁某放火案

公诉机关：福建省厦门市思明区人民检察院

被告人：丁某

案情简介

2008年3月以来，被告人丁某在厦门市先后向招商银行股份有限公司、兴业银行股份有限公司厦门分行等7家商业银行申领信用卡，并使用信用卡进行透支取现、消费，截至2009年12月，经银行两次催收后超过3个月仍未归还的透支本金共计人民币35958.16元。因该行为违反有关规定，厦门市公安局思明分局后勤科拟于年底合同到期时辞退丁某。2009年12月下旬，被告人丁某获知单位不再续聘的决定后，心生不满，于12月23日上午到厦门市滨北加油站加油并购买了一只铁油桶（容积20L)。2009年12月24日10时许，被告人丁某携带该油桶（装了近一桶汽油）以及两只打火机，前往厦门市公安局思明分局办公大楼七楼后勤科机关事务室准备自焚，当丁某进入办公室内把油桶放置于沙发旁的地上时，即被在场民警制服。

福建省厦门市思明区人民法院经审理认为：被告人丁某在获知单位不再续聘时心生不满，并扬言要到单位使用暴力方式泄愤，之后，他特地购买了油桶并加油，被辞退当天即携带该油桶（装了近一桶汽油）以及两只打火机进入厦门市公安局思明分局办公大楼七楼后勤科机关事务室，当其被制服接受质问时，也明确表示携带汽油桶是为了自杀之用，而且其选择办公场所作为燃烧汽油的地点，对公共建筑物的破坏存在现实危险性。由此可见，被告人丁某具有自焚的动机和放火的目的，也实施了准备工具、制造条件的具体行

为，依法应当以危及公共安全的放火罪定罪处罚。被告人丁某及其辩护人的相关辩解和辩护意见与案件事实不符，与法律规定相悖，依法不予采纳。福建省厦门市思明区人民法院依照我国《刑法》第114条、第196条第1款第（4）项、第2款、第22条、第69条、第64条，《全国人民代表大会常务委员会关于〈中华人民共和国刑法〉有关信用卡规定的解释》及《最高人民法院、最高人民检察院关于办理妨害信用卡管理刑事案件具体应用法律若干问题的解释》第6条第1款、第2款，作出如下判决：1. 丁某犯放火罪，判处有期徒刑1年；犯信用卡诈骗罪，判处有期徒刑9个月，并处罚金人民币2万元；数罪并罚，决定执行有期徒刑1年6个月，并处罚金人民币2万元。2. 扣押在案的犯罪工具铁皮桶1只和打火机2只予以没收。

（国家法官学院、中国人民大学法学院编：《中国审判案例要览（2011年刑事审判案例卷）》，人民法院出版社、中国人民大学出版社2012年版。）

案例评析

本案的争议焦点为：行为人的行为构成放火罪还是非法携带危险物品危及公共安全罪？

关于本案的定性问题，存在放火罪与非法携带危险物品危及公共安全罪两种不同的观点。我国《刑法》第114条规定的放火罪，是指故意放火焚烧公私财物，危害公共安全的行为。该罪侵犯的客体是公共安全，即不特定多数人的生命、健康或重大公私财产的安全；在客观方面表现为实施放火焚烧公私财物，危害公共安全的行为。主体为一般主体；在主观方面表现为故意，即明知自己的放火行为会引起火灾，危害公共安全，并且希望或者放任这种结果发生的心理态度。放火罪是危险犯，是以行为人实施的危害行为造成法律规定的发生某种危险状态作为既遂标志的犯罪，这里的危险必须达到对于构成要件的实现具有现实迫切性的程度。行为人携带汽油桶欲在办公场所自焚，其行为对公共建筑物的破坏存在现实危险性；虽被及时制止，但其已具有自焚的动机和放火的目的，也实施了准备工具、制造条件的具体行为，故对其应当以危及公共安全的放火罪定罪处罚。

非法携带危险物品危及公共安全罪，是指非法携带危险物品进入公共场所或者公共交通工具，危及公共安全，情节严重的行为。本罪客观方面中的“携带”，是指在进入公共场所或者公共交通工具时，将危险物品带在身上或者置于身边等现实支配范围之内的行为。在认定非法携带危险物品危及公共安全罪时，无需考察行为人的犯罪动机，只要被告人明知其所携带物品为危险物品即可，并不以造成实际危害后果为构成必要。汽油是一种危险物品，被告人非法携带其进入公安分局机关大楼，该行为已严重威胁到公安机关的办公场所安全，情节严重，即可构成该罪。

本案被告人基于一个故意，实施了一个危害行为，却触犯了两个法条，那么，两者之间是一种想象竞合关系还是一种法条竞合关系？想象竞合犯与法条竞合犯于表现上有着极大的相似性，特别是当法条竞合犯各罪之间为交叉重合关系时更令人难以理解，然而二者毕竟有着根本的区别。法条竞合是指一个行为同时符合了数个法条规定的犯罪构成要件，但从数个法条之间的逻辑关系来看，只能适用其中一个法条，当然排除适用其他法条的情况。想象竞合犯是指行为人实施一个犯罪行为，同时侵犯数个犯罪客体，触犯数个罪名的情况。两者的区别主要为，如果一个行为只产生一个危害结果，但却触犯了两个法条时，属于法条竞合；如果一个行为因为产生了两个危害结果而触犯了两个法条时，则属于想象竞合犯。本案中被告人非法携带汽油进行公安机关办公场所的行为虽然触及了两个条文，但是因为两个罪名之间存在交叉关系所致，并没有产生两个以上危害结果，所以应当属于法条竞合，依据重法优于轻法的处理原则，应以放火罪论处。

二、开车竞逐肇成事故的行为认定
——吴某以危险方法危害公共安全案

公诉机关：江苏省宿迁市宿豫区人民检察院

被告人：吴某等

案情简介

2005年2月13日下午5时许，被告人吴某驾驶苏N01406号中巴客车载7名乘客从沭阳县客车站发车返回宿迁市区，在行驶至沭阳县步行街时，车主王某发现从沭阳提前发车的被告人丁某驾驶的苏N01397号中巴客车，即唆使被告人吴某驾车追赶，后两车互不相让，不顾车上乘客安全并排高速行驶。期间，王某从其乘坐的中巴车副驾驶位置持铁锤将丁某所驾中巴车的左倒车镜砸坏。两车行驶至沭阳收费站时，仍然互不相让，均不顾车上乘客及收费站工作人员等20余人生命安全，高速同时冲入收费车道，被告人吴某驾驶的中巴车撞上收费岗亭，致使该岗亭和苏N01406号中巴车报废，并致苏N01406号中巴车上乘客南方利骨盆及胸部多处损伤、刘彦雷左上肢及脊柱损伤、胡以平面部及肢体多处损伤、施静全身多处损伤，均构成轻伤。经宿迁市宿豫区价格认证中心鉴定，岗亭损失为131464元，苏N01406号中巴车损失为26485元。宿迁市宿豫区人民检察院以被告人吴某、王某、丁某犯以危险方法危害公共安全罪向宿豫区人民法院提起公诉。

3名被告人对公诉机关指控的事实和罪名均未提出异议。被告人吴某的辩护人提出：被告人吴某主观上没有危害公共安全的故意，其行为不构成以危险方法危害公共安全罪，应以交通肇事罪论处。宿豫区人民法院经审理认为，被告人吴某、王某、丁某驾驶公共交通运输工具时，不顾公共安全，在公路上高速行驶，互相追逐，致多人轻伤，并致公私财产遭受损失，其行为均已构成以危险方法危害公共安全罪。公诉机关指控3名被告人犯以危险方法危害公共安全罪的罪名成立。对被告人吴某的辩护人提出吴某的行为属交通肇事罪的辩护意见，经查，被告人吴某受王某的唆使，明知车内有大量乘客仍高速行驶，并与被告人丁某驾车互相追赶，在进入收费站之前，明知仅允许一辆车通过，仍然与丁某的车并排行驶，同时高速冲入收费站，其行为已对不特定多数人的生命、财产及交通安全造成威胁；被告人吴某对其行为可能造成的后果放任发生，属间接故意。故吴某的行为危害了公共安全，构成以危险方法危害公共安全罪，其辩护意见不成立，不予采纳。鉴于3名被告人当庭自愿认罪，积极赔偿被害人经济损失，酌情予以从轻处罚。据此，依照我国《刑法》第114条、第25条第1款，以及最高人民法院、最高人民检察院、司法部《关于适用普通程序审理“被告人认罪案件”的若干意见》（试行）第9条之规定，于2005

年11月24日作出〔2005〕宿豫刑初字第209号判决：被告人吴某犯以危险方法危害公共安全罪，判处有期徒刑4年。被告人王某犯以危险方法危害公共安全罪，判处有期徒刑4年。被告人丁某犯以危险方法危害公共安全罪，判处有期徒刑3年6个月。宣判后，被告人王某不服，以其犯罪情节较轻，应判处缓刑为由向宿迁市中级人民法院提出上诉，后在二审审理期间申请撤回上诉。宿迁中院经审查认为，一审判决认定事实清楚，证据确实充分，量刑适当，审判程序合法。

（最高人民法院、中国应用法学研究所编：《人民法院案例选（2005年第3辑）》，人民法院出版社2006年版。）

案例评析

本案的争议焦点为：行为人驾驶公共汽车在公路上并排高速行驶，相互追逐，在进入仅容一车通行的收费道时仍不减速，致使多人受伤和公私财产遭受重大损失危害公共安全的行为如何定性？

近年来，各种危害公共安全的恶性犯罪有上升趋势，私设电网、向高速公路扔掷石块、为报复社会而将传染病病原体传染给不特定多数人等各种新的犯罪手段、方法不断出现，如何对法律没有规定的这些犯罪手段进行评价，关系到公共安全的维护。

本案事实清楚，但法律适用还存在争议。控辩双方的异议主要围绕两个问题：一是以危险方法危害公共安全罪罪状中的“其他危险方法”如何界定？二是以危险方法危害公共安全罪与交通肇事罪如何区分？

根据我国《刑法》规定，将放火等四种常见方法以外的其他危害公共安全的方法概括为“其他危险方法”，这样可以防止惩治相关犯罪时无法可依，有利于利用刑法来打击危害公共安全犯罪，但如何准确确定“其他危险方法”的内涵与外延，则是司法实践中我们必须解决好的一个重要问题。笔者以为，对“其他危险方法”的界定必须严格按照文义解释和同类解释规则进行，以一般社会大众对危害程度的一般理解为其外延，以危害公共安全的现实可能性为其内涵。根据我国《刑法》第114条的语境，依文义解释规则，“危险方法”是指危害公共安全的危险行为，即行为客观上必须对不特定多数人的生命、健康或重大公私财产的安全产生了威胁，具有发生危险后果的现实可能性。没有这种现实可能性的，就不是危险行为。这是“危险方法”的内涵。在文义解释的基础上，还要按照同类规则来进行限制解释，即“其他危险方法”不是指任何具有危害公共安全可能性的方法，而是在危险程度上与放火、爆炸、投放危险物质、决水等行为相当或超过上述行为危险性的方法。这是对“危险方法”的外延限制。因此，那些虽然对公共安全有一定的危险，但还未危及不特定多数人的生命、健康或重大公私财产安全的行为，不宜认定为本罪。

另外，还要将以危险方法危害公共安全罪与交通肇事罪区分。以危险方法危害公共安全罪是指用与放火、爆炸、决水、投放危险物质等危害性相当的其他破坏方法，危害公共安全的行为。交通肇事罪则是指违反交通运输管理法规，因而发生重大事故，致人重伤、死亡或者使公私财产遭受重大损失的行为。二者的区别在于：（1）侵犯的客体不同。以危险方法危害公共安全罪侵犯的是不特定多数人的生命、健康和重大公私财产的安全；交通肇事罪的侵犯客体则是国家正常的道路交通运输管理秩序。（2）主观方面有所不同。以危险方法危害公共安全罪行为人的主观是故意，即其作出行为系出于故意，对其行为给公共安全带来的危险是明知并希望或至少是放任危害结果的发生；交通肇事罪行为人的主观状态是过失，行为人作出违章行为时虽然可能是故意，但对致人重伤、死亡或者使公私财产遭受重大损失的危害结果却并不希望发生，持过失态度。（3）二者在客观行为方面也有一定的差别。以危险方法危害公共安全罪的危险方法种类比较多，且多为故意，如传播散布病毒、破坏放射性装置、在公共场所驾驶机动车撞人、破坏矿井通风设备、非法架设电网等；交通肇事行为则一般限定于行为人违反交通法规的行为。但二者在行为方式上有时也存在重合，如驾车在公共场所撞人，表面看也符合交通肇事罪的客观表现。在客观表现重合的时候，就要依据对行为人主观心理状态的分析来确定行为性质了。

从本案被告人的主观故意来分析，有意见认为，本案中被告的根本目的是争抢客源，都不可能希望己方车辆撞到收费亭，从而主观上有可能属于已经预见到危险结果可能发生，而过于自信能够避免的过失形态。但从本案当时的情况来看，被告在驶进收费道后，明知收费亭出口仅能容一辆车通过，但仍然高速并排行驶，其对进入收费亭的后果是明知的，即至少有一辆车要撞到收费亭，从而会对车上的顾客和收费站人员的人身和财产安全产生危害后果。而且，虽然被告并不希望己方车辆危险结果的发生，但至少对对方车辆会造成危险的结果是放任的，从而对整个犯罪的结果至少是持放任态度的，因而被告主观上不是过于自信的过失，而构成了放任的间接故意。从客观方面来看，被告人吴某、王某、丁某驾驶载有乘客的公共汽车，在公路上并排高速行驶，相互追逐。并且王某用铁锤将丁某驾驶的中巴车的左倒车镜砸坏。在进入仅能容一车通行的收费道时仍不减速，致多人受伤和重大公私财产损失。虽然3名被告人的行为违反了道路交通管理法规，符合交通肇事罪的客观构成要件，但我们更应注意的是，其行为也随时可能造成重大人员伤亡和公私财产损失，给公共安全造成的危险并不小于放火、爆炸等行为，已经直接危害了车上乘客及路人等不特定多数人的生命、健康及公私财产安全。因此，上述3名被告人的行为更符合以危险方法危害公共安全罪的构成要件。如果以交通肇事罪来定罪量刑，则违背了罪刑相适应原则。

三、盗窃正在使用中的电力设备的行为认定

——党某破坏电力设备案

公诉机关：北京市昌平区人民检察院

被告人：党某

案情简介

2009年4月22日2时许，被告人党某伙同张某（另案处理）在北京市昌平区马池口镇香江别墅工地内，盗剪正在使用中的VV-0.6/lkV-3×120+2×70平方毫米电缆线76.25米，被值班人员发现后，2人将剪断的电缆线丢弃在现场逃跑，后被查获。经鉴定所窃物品价值人民币11590元。公诉机关认为被告人党某的行为触犯了我国《刑法》第118条之

规定，应当以破坏电力设备罪追究其刑事责任，提请依法惩处。其辩护人的辩护意见为：对破坏电力设备罪的罪名有异议，本案证据不足以证实被告人党某盗剪电缆线足以危害公共安全，应当定盗窃罪，且系未遂，被告人党某系从犯，认罪态度较好，请求法庭对被告人党某从轻、减轻处罚。

北京市昌平区人民法院经审理认为：被告人党某盗窃正在使用中的电力设备，危害公共安全，尚未造成严重后果，其行为构成破坏电力设备罪，依法应予惩处。依照我国《刑法》第118条，最高人民法院《关于审理破坏电力设备刑事案件具体应用法律若干问题的解释》第3条、第4条，作出如下判决：党某犯破坏电力设备罪，判处有期徒刑3年。

（国家法官学院、中国人民大学法学院编：《中国审判案例要览（2010年刑事审判案例卷）》，人民法院出版社、中国人民大学出版社2011年版。）

案例评析

本案的争议焦点为：行为人盗窃正在使用中的电力设备，危害公共安全，尚未造成严重后果的，应如何论处？

我国《刑法》第118条规定，破坏电力设备罪是指故意破坏电力设备，危害公共安全的行为。盗窃罪是指以非法占有为目的，窃取他人占有的数额较大的财物，或者多次盗窃的行为。行为人盗窃正在使用中的电力设备，危害公共安全，尚未造成严重后果的，行为人的一个犯罪行为同时触犯了盗窃罪与破坏电力设备罪两个罪名，属于想象竞合。依据最高人民法院《关于审理破坏电力设备刑事案件具体应用法律若干问题的解释》第3条的规定，盗窃电力设备，危害公共安全，同时构成盗窃罪和破坏电力设备罪的，依照我国《刑法》处罚较重的规定定罪处罚。因此，应当结合案件实际情况，对行为人应以重罪论处。

关于案件的定性是盗窃罪还是破坏电力设备罪，需要厘清以下两个问题：

首先，行为人盗窃的物品是否属于正在使用中的电力设备，是否危害公共安全？2007年8月21日起施行的最高人民法院《关于审理破坏电力设备刑事案件具体应用法律若干问题的解释》第4条明确规定，本解释所称电力设备，是指处于运行、应急等使用中的电力设备；已经通电使用，只是由于枯水季节或者电力不足等原因暂停使用的电力设备；已经交付使用但尚未通电的电力设备。本案被告人党某盗窃的物品是香江别墅工地内正在使用中的电缆线，属于正在使用中的电力设备。

在司法实践中，对破坏电力设备是否危害公共安全，应当根据具体案情，审查电力设备被破坏的手段、部位、行为实施的程度等，实事求是地分析该行为中是否包含了可以引起危害公共安全发生的必然性和原因力。但是这种导致危害结果发生的必然性和原因力，并不意味着要求这种危险是一种现实的、紧迫的、即将转化成现实危害结果的危险。一般认为，如果盗割的是正在使用中的高压输电线路备用线，或者用于医疗、交通、抢险、生产、养殖等领域的正在使用中的电路，往往会危害公共安全；而对于一般的生活用电、景观照明等用电线路，则要视其损害的范围及时间，以及是否造成了严重后果而定。因此，在没有相关证据直接证明对公共安全造成实际损失的情况下，就只能根据盗窃电力设备的地点和用途来判断对于公共安全的危害程度。本案行为人盗窃的电力设备属于别墅工地二期工程正在使用中的电缆线，结合相关证据可以认定危害公共安全。

其次，行为人的一个犯罪行为同时触犯了盗窃罪与破坏电力设备罪两个罪名，应该如何定罪量刑？行为人的一个犯罪行为同时触犯了盗窃罪与破坏电力设备罪两个罪名，属于想象竞合。想象竞合犯作为一行为触犯数罪名的一种犯罪形态，其一行为所侵犯的两个法益并非同一法益，从非典型数罪形态的划分上将其划归实质的数罪、处理上一罪更为合理。在刑法理论上对想象竞合犯“择一重罪处罚”已经没有分歧。最高人民法院《关于审理破坏电力设备刑事案件具体应用法律若干问题的解释》第 3 条规定，盗窃电力设备，危害公共安全，同时构成盗窃罪和破坏电力设备罪的，依照我国《刑法》处罚较重的规定定罪处罚。

在刑事审判实践中，关键应当结合犯罪的具体情节来考虑应该在哪一量刑幅度内对其量刑，进而确定哪一罪为“重罪”，从而选择哪一罪名定性。我国《刑法》第 118 条规定，破坏电力、燃气或者其他易燃易爆设备，危害公共安全，尚未造成严重后果的，处 3 年以上 10 年以下有期徒刑。我国《刑法》第 264 条规定，盗窃公私财物，数额较大的，处 3 年以下有期徒刑、拘役或者管制，并处或者单处罚金；数额巨大或者有其他严重情节的，处 3 年以上 10 年以下有期徒刑，并处罚金；数额特别巨大或者有其他特别严重情节的，处 10 年以上有期徒刑或者无期徒刑，并处罚金或者没收财产。

本案中，行为人党某着手实施了盗剪正在使用中的电缆线的行为，破坏电力设备，危害公共安全，尚未造成严重后果，按照破坏电力设备罪应当处 3 年以上 10 年以下有期徒刑；同时，破坏电力设备罪是行为犯，无论是否存在危害结果，都依法追究刑事责任，故以破坏电力设备罪定罪不存在犯罪未遂的问题。按照 1998 年 6 月 22 日北京市高级人民法院、北京市人民检察院、北京市公安局联合颁发的《关于八种侵犯财产犯罪数额认定标准的通知》的规定，盗窃罪数额较大为 1000 元以上；数额巨大为 1 万元以上；数额特别巨大为 6 万元以上。本案行为人党某盗窃的电缆线经鉴定价值人民币 11590 元，按照盗窃罪属于数额巨大，应当处以 3 年以上 10 年以下有期徒刑，并处罚金；且行为人剪断电缆线后被值班人员发现，行为人将电缆线丢弃在现场后逃跑，按照盗窃罪的构成要件属于犯罪未遂，根据我国《刑法》第 23 条的规定，对于未遂犯，可以比照既遂犯从轻或者减轻处罚。结合本案的实际情况，破坏电力设备罪相对于盗窃罪而言处罚较重，所以法院以破坏电力设备罪对党某定罪量刑是正确的。

四、盗剪铁路专用通信线的行为认定

——王某、郝某破坏公用电信设施案

公诉机关：洛阳铁路运输检察院

被告人：王某

被告人：郝某

案情简介

1998年7月8日至30日，被告人王某、郝某伙同郝某某、姚某（后两人均已被判刑），在焦枝铁路龙门南至商酒务车站区间，盗剪正在使用的铁路行车专用通信线4次，共计2800米，致使铁路通信中断9小时2分，造成直接经济损失12161.61元。其中，王某参与盗剪4次，盗剪专用通信线2800米，中断通信9小时2分，造成直接经济损失12161.61元；郝某参与盗剪1次，盗剪专用通信线400米，中断通信1小时55分，造成直接经济损失2306.22元。洛阳铁路运输法院认为，被告人王某、郝某与他人结伙，盗剪正在使用的铁路专用通信线，致使铁路通信中断，其行为侵犯了公用电信设施的安全，均已构成破坏公用电信设施罪，在共同犯罪中，王某起主要作用，系主犯；郝某起辅助作用，系从犯，应当从轻处罚。被告人郝某归案后能积极退赔损失，有悔罪表现，可以酌情从轻处罚。被告人王某假释期满后5年内重新犯罪，系累犯，依法应当从重处罚。据此，该院依照我国《刑法》第124条第1款、第25条第1款、第26条第1款和第4款、第27条、第65条、第72条和第64条的规定，于2000年10月19日作出刑事判决如下：1. 被告人王某犯破坏公用电信设施罪，判处有期徒刑6年；2. 被告人郝某犯破坏公用电信设施罪，判处有期徒刑3年，缓刑4年；3. 追缴的赃款1600元发还洛阳铁路分局。宣判后，两被告人服判，未提出上诉。

（最高人民法院、中国应用法学研究所编：《人民法院案例选（2001年第4辑）》，人民法院出版社2002年版。）

案例评析

本案的争议焦点主要为：本案中两被告人的行为构成破坏交通设施罪，还是构成破坏公用电信设施罪？

本案之所以存在争议，主要是被告人破坏的铁路专用通信线不但属于公用通信设施，而且可以影响交通运输安全。破坏交通设施罪与破坏公用电信设施罪都属于危害公共安全罪，但两罪的破坏对象等构成要件存在差别。破坏交通设施罪，是指故意破坏轨道、桥梁、隧道、公路、机场、航道、灯塔、标志或者进行其他破坏活动，足以使火车、汽车、电车、船只、航空器发生倾覆、毁坏危险等严重后果，危害公共安全的行为。该罪侵犯的客体是交通运输安全，犯罪对象必须是路基、轨道、信号等与交通安全直接有关的交通设施，破坏的程度必须达到足以使火车、汽车、电车、船只、航空器发生倾覆、毁坏危险等严重后果。破坏公用电信设施罪，是指故意破坏公用电报、电话设备或其他通信设备，危害公共安全的行为。该罪侵犯的客体是通信安全，犯罪对象主要是正在使用中的各种公用通信设施，如电话的交换设备、通信线路等。

本案中，被告人破坏的对象是铁路专用通信线，铁路专用通信线是公用通信设施，虽然可以影响交通运输安全，但铁路行车专用通信线不是直接影响铁路交通安全的交通设施。从现有的技术水平来看，盗剪铁路行车专用通信线，不足以影响铁路交通安全，即使行车专用通信线路被切断，也不足以达到使火车发生倾覆、毁坏的危险，即达不到《刑法》第117条规定的破坏交通设施罪的危害程度。所以，行为人的行为侵犯的主要客体是通信设备的安全，而不是交通运输的安全。因此，盗剪铁路行车专用通信线的行为更符合破坏公用电信设施罪的特征。洛阳铁路运输法院考虑到本案两被告人的行为不足以使火车发生倾覆、毁坏的危险，侵犯的只是通信设备的安全而不是交通运输的安全，认为被告人构成破坏公用电信设施罪是正确的。

五、酒后劫持出租车后发生交通事故的行为认定

——胡某劫持汽车案

公诉机关：江苏省镇江市润州区人民检察院

被告人（上诉人）：胡某

案情简介

2005年4月5日晚9时许，被告人胡某与其妻子陈某及朋友夏某、蒋某4人饮酒后，到本市“金属壳”KTV练歌房222包厢饮酒唱歌。10时许，夏某、蒋某相继离开。后胡某与陈某在包厢内发生争执，并砸坏包厢门玻璃和酒瓶等物品。后被告人胡某手持一空啤酒瓶并用胳膊挟持陈某至“金属壳”KTV练歌房大门口，打开停在门口待客的牌号为苏L—C9301的出租车后门，将陈某推、踢进车内，然后自己上车，让驾驶员王某将车驶离现场。王某正欲驾车离开时，“金属壳”KTV练歌房经理徐俊、王志强上前阻拦并告知已报警，王某遂将车熄火，并下车站在驾驶室门外，并欲拔去出租车钥匙。此时，被告人胡某下车手持空啤酒瓶绕过车头冲向王某，并用啤酒瓶向王某砸去，王某因害怕受伤而退后几步，被告人胡某未砸中王某，其乘机坐进出租车驾驶室，经多次发动后，将车快速驶离现场。后被告人胡某驾车在本市长江路金山小学附近撞上路边大树，致车身从中间一分为二，陈某被甩出车外，当场死亡。苏L-C9301出租车严重毁损，经估价损失为5.9万元。另查明，被害人陈某系附带民事诉讼原告人陈某某、严某的独生女。陈某与被告人胡某已于2005年1月31日在本市京口区婚姻登记处登记结婚，但尚未同居生活，未生育子女。

江苏省镇江市润州区人民法院根据上述事实和证据认为：被告人胡某的行为构成劫持汽车罪，依法应予惩处。公诉机关指控被告人胡某犯劫持汽车罪的事实清楚，证据确实充分，指控的罪名成立，予以采纳。对辩护人的辩护意见不予采纳。对因被告人的犯罪行为给附带民事诉讼原告人造成的损失应当予以赔偿，对于附带民事诉讼原告人陈某某、严某要求被告人胡某赔偿其死亡赔偿金的诉讼请求应当予以支持。对于附带民事诉讼原告人陈某某、严某要求被告人胡某赔偿其被抚养人生活费、赡养费的诉讼请求不予支持。江苏省镇江市润州区人民法院依照我国《刑法》第122条、第36条第1款，《民法通则》第106条第2款、第119条，以及最高人民法院《关于审理人身损害赔偿案件适用法律若干问题的解释》第28条第2款、第29条之规定，作出如下判决：1. 被告人胡某犯劫持汽车罪，判处有期徒刑12年6个月，剥夺政治权利1年。2. 被告人胡某于判决生效后10日内赔偿附带民事诉讼原告人陈某某、严某死亡赔偿金共计人民币13.976万元。3. 驳回附带民事诉讼原告人陈某某、严某的其他诉讼请求。上诉人（原审被告人）胡某上诉称：其行为

不构成劫持汽车罪，而应构成交通肇事罪。辩护人的辩护意见是：（1）上诉人胡某主观上没有劫持汽车的故意；（2）上诉人（原审被告人）胡某客观上没有实施劫持汽车的行为，而是趁司机王某不备，开走汽车；（3）一审判决上诉人（原审被告人）胡某构成劫持汽车罪违反了罪刑相适应原则；（4）本案应定性为交通肇事罪。江苏省镇江市中级人民法院经审理认为：上诉人（原审被告人）胡某酒后闹事，先是在歌舞厅里摔砸酒瓶，后手持一啤酒瓶挟陈某离开歌舞厅，将停在歌舞厅门口的出租车后门打开，殴打陈某，当歌舞厅工作人员以报警为由将出租车拦下后，其手持酒瓶恐吓司机开车，司机被迫下车，其亦下车并手持酒瓶威胁正准备拔汽车钥匙的司机，司机又被迫后退，胡某则自己坐进驾驶室将出租车开走，并造成车毁人亡的严重后果。显然，上诉人胡某的行为不是过失行为，是故意行为，不符合交通肇事罪的特征。上诉人（原审被告人）胡某采用暴力相威胁的方法，以自己的意愿控制正在用于营运的出租车，并改变了汽车的合法用途，高速驾驶，足以危害公共安全，且造成汽车断成两截、陈某死亡的严重后果，其行为符合劫持汽车罪的特征，构成劫持汽车罪。原审判决认定事实清楚，适用法律正确，量刑适当，应予维持。上诉人（原审被告人）胡某的辩解以及辩护人的辩护意见与事实和证据不符，不予采纳。江苏省镇江市中级人民法院依照我国《刑事诉讼法》第189条第（1）项的规定，作出如下裁定：驳回上诉，维持原判。

（国家法官学院、中国人民大学法学院编：《中国审判案例要览（2006年刑事审判案例卷）》，人民法院出版社、中国人民大学出版社2007年版。）

案例评析

本案的争议焦点主要表现为：行为人胡某的行为应当如何定性？

在本案中，被告人胡某抢走了出租车并驾驶离开现场，途中发生交通事故造成一人死亡。这一行为可能会涉及劫持汽车罪、交通肇事罪、抢劫罪等多个罪名，应当注意厘清它们之间的相互关系。劫持汽车罪，是指以暴力、胁迫或者其他方法劫持汽车的行为。本罪的客体是公共安全，主要是指车辆的交通运输安全和不特定多数乘客的生命、健康及财产安全。本罪的侵犯对象是汽车交通工具。本罪的主观方面表现为故意犯罪，但对犯罪目的没有明确要求，不要求行为人具有非法占有财物的目的。本罪的客观方面表现为以暴力、胁迫或者其他方法劫持汽车的行为，暴力，是指对汽车上的人员，特别是驾驶人员、售票人员，实施捆绑、殴打、伤害等行为，迫使汽车改变方向或自己亲自控制。胁迫，是对乘务人员施以精神恐吓和强制，如以车相威胁，使驾驶、操纵人员不敢反抗，听凭其指挥或自己亲自操纵驾驶。其他方法是指上述暴力、胁迫方法以外的任何其他劫持方法，如使用麻醉品将驾驶人员致醉、致昏等，使驾驶人员处于不能反抗或不知反抗的状态，从而达到劫持汽车的目的。抢劫罪，是指以非法占有为目的，以暴力、胁迫或者其他方法，当场强行劫取公私财物的行为。主观方面是直接故意，并且以非法占有公私财物为目的。交通肇事罪，是指违反交通运输管理法规，因而发生重大事故，致人重伤、死亡或者使公私财产遭受重大损失的行为。交通肇事罪的客体是交通运输安全，客观方面表现为违反交通运输管理法规，因而发生重大事故，致人重伤、死亡或者使公私财产遭受重大损失的行为。主观方面表现为过失。

本案中，虽然行为人胡某对出租车驾驶员王某实施了暴力行为，抢走了出租汽车，但是由于胡某非法占有财物的目的无法确定，所以不能认定为抢劫罪。同时，行为人胡某饮酒后驾驶汽车，其违反了我国《道路交通安全法》第22条第2款的规定，导致交通事故的发生，其违法行为是导致事故发生的直接原因，从表面上看，行为人胡某的行为又符合交通肇事罪的构成要件，但由于行为人的行为是在其以暴力方法劫持营运出租车之后的结果，所以应当认定为其劫持汽车行为的加重结果。行为人以暴力方法劫持正在营运的出租汽车，酒后高速驾驶，足以危害公共安全，并造成一人死亡、车辆毁损的严重后果，其行为符合劫持汽车罪的构成要件，构成劫持汽车罪。造成一人死亡、车辆毁损的严重后果，属于劫持汽车罪的结果加重犯。综上，行为人胡某以暴力方法劫持正在营运的出租汽车，酒后高速驾驶，足以危害公共安全，并造成一人死亡、车辆毁损的严重后果，其行为完全符合劫持汽车罪的构成要件，法院最终以劫持汽车罪对行为人胡某定罪处罚是正确的。

六、非法制造、买卖黑火药用于当地风俗活动的行为认定

——李某非法制造、买卖爆炸物案

公诉机关：江苏省溧水县人民检察院

被告人：李某

案情简介

2005年至2010年3、4月份期间，被告人李某多次用硝酸钾、硫黄、木炭按比例非法配制黑火药共22千克，并将上述配制的黑火药销售给了溧水县和凤镇前西瑶村、戏墩村等地的村民，用于村里“出菩萨”放铳。具体分述如下：（1）2008年3、4月份的一天，被告人李某向溧水县和凤镇毛公铺村前西瑶村村民俞三头销售黑火药2千克，用于村里“出菩萨”放铳。（2）2009年3、4月份的一天，被告人李某向溧水县和凤镇毛公铺村前西瑶村村民俞三头销售黑火药2千克，用于村里“出菩萨”放铳。（3）2010年3、4月份的一天，被告人李某向溧水县和凤镇毛公铺村前西瑶村村民俞三头销售黑火药2千克，用于村里“出菩萨”放铳。（4）2010年4月份的一天，被告人李某向溧水县和凤镇双排石戏墩村村民刘育木销售黑火药2千克，用于村里“出菩萨”放铳。（5）2005年至2008年4月份，被告人李某先后3次向溧水县和凤镇双排石戏墩村村民刘文化销售黑火药共6千克，用于村里“出菩萨”放铳。（6）2005年以来，被告人李某向溧水县和凤镇金坑圩村村民徐小芳销售黑火药共8千克，用于村里“出菩萨”放铳。2010年7月27日，被告人李某在家中被公安民警抓获。2010年10月14日，江苏省溧水县人民检察院以非法制造、买卖爆炸物罪对被告人李某提起公诉。江苏省溧水县人民法院经审理认为，被告人李某违反国家关于爆炸物的管理法规，非法制造、买卖黑火药22千克，其行为已构成非法制造、买卖爆炸物罪，应依法追究其刑事责任。公诉机关指控被告人李某犯非法制造、买卖爆炸物罪，事实清楚，证据确实充分，指控罪名成立，本院予以支持。辩护人当庭提出，公诉机关指控被告人非法制造、买卖黑火药22千克证据不足，经查，证人俞三头、

刘育木、刘文化等人在侦查机关陈述了其因村里“出菩萨”需要曾向李某购买过黑火药及购买数量，这些证人证言与李某在侦查机关的供述相互印证，足以证明被告人李某非法制造、买卖黑火药22千克的事实，因此，辩护人的该辩护意见不能成立，本院不予采纳。对于辩护人所提出的李某所制造、买卖的黑火药均用于周边村民“出菩萨”放铳，是一种正常生活需要，因此，不应认定为情节严重的辩护意见，经查，“出菩萨”是一种在高淳县、溧水县等地流传多年的民间风俗活动，是当地居民日常精神生活的重要组成部分，放铳或燃放烟花爆竹乃是该活动仪式的一部分，因此，李某制造、出售黑火药用于“出菩萨”活动应认定为因正常生活需要，虽然数量较大，但不应认定为情节严重，故辩护人该辩护意见成立，本院予以采纳。对于辩护人所提出的被告人李某具有自首情节的辩护意见，经查，公安机关在掌握了被告人李某犯罪事实后，于2010年7月27日将李某带至公安机关讯问，李某如实交代了犯罪事实，被告人的行为不具备投案的主动性，不符合自首的特征，因此，辩护人的辩护意见与事实不符，不能成立，本院不予采纳。鉴于被告人李某的犯罪行为未造成严重社会危害，且当庭自愿认罪，悔罪态度诚恳，故对其予以从轻处罚。

综上，本院依据我国《刑法》第125条第1款，《最高人民法院关于审理非法制造、买卖、运输枪支、弹药、爆炸物等刑事案件具体应用法律若干问题的解释》第9条第1款及第2款，《最高人民法院、最高人民检察院、司法部关于适用普通程序审理“被告人认罪案件”的若干意见（试行）》第9条之规定，判决如下：被告人李某犯非法制造、买卖爆炸物罪，判处有期徒刑3年6个月。一审宣判后，被告人没有上诉，检察机关未抗诉，判决已经发生法律效力。

（最高人民法院、中国应用法学研究所编：《人民法院案例选（2011年第1辑）》，人民法院出版社2012年版。）

案例评析

本案的争议焦点主要为：行为人非法制造、买卖黑火药用于当地的民间风俗活动，未造成严重社会危害的，对其应如何定罪量刑？

非法制造、买卖爆炸物罪，是指行为人违反国家有关枪支、弹药、爆炸物管理的法规，非法制造、买卖爆炸物，危害公共安全的行为。依据我国《刑法》第125条第1款的规定，犯该罪的，处3年以上10年以下有期徒刑；情节严重的，处10年以上有期徒刑、无期徒刑或者死刑。本案中，被告人李某非法制造、买卖黑火药22千克，其数量已经达到情节严重的程度，应当处以10年以上有期徒刑、无期徒刑或者死刑。但根据《最高人民法院关于审理非法制造、买卖、运输枪支、弹药、爆炸物等刑事案件具体应用法律若干问题的解释》第9条第1款及第2款同时规定，因筑路、建房、打井、整修宅基地和土地等正常生产、生活需要，以及因从事合法的生产经营活动而非法制造、买卖爆炸物，没有造成严重社会危害，也可以不认定为我国《刑法》第125条第1款规定的“情节严重”。因此，本案中行为人非法制造、买卖黑火药用于当地的民间风俗活动，未造成严重社会危害的，但数量达到情节严重标准的，是否可以不认定为情节严重，就是本案的关键。

当前，我国在刑事立法和司法实践中采取宽严相济的刑事政策。具体而言，对于枪支、弹药、爆炸物等危险物的管理既要从严，但同时对于一些生产、生活活动中所需要的爆炸物等危险物品的管理要适当从宽。在司法实践中，“情节严重”的理解应当从主客观两个方面进行理解。在主观方面，要根据行为人的主观意图进行判断，其非法制造、买卖危险物品的主观意图是什么，是否存在主观恶性；在客观方面，要考察是否造成严重的社会危害，行为人是否初犯或偶犯等情节。如果根据修改之前的《解释》规定，动辄便因涉案爆炸物数量较大而被认定为“情节严重”，从而根据我国《刑法》第125条规定，可能判处10年以上有期徒刑、无期徒刑或者死刑，明显处罚过重，有违罪责刑相适应原则。因此，在此类犯罪中，应当认真贯彻执行宽严相济刑事政策，对于那些因生产、生活所需而非法制造、买卖、运输爆炸物，没有造成严重社会危害，经教育能够悔改的，即使涉案爆炸物数量较大，不应认定为“情节严重”。

本案中，李某因“出菩萨”民俗活动需要而制造、买卖黑火药，其主观方面恶性较小；客观方面，其制造、买卖的黑火药皆用于民间“出菩萨”活动，方便乡邻，且从未因此造成任何事故或安全隐患，因此社会危害性较小。因此，虽然李某所制造、买卖的爆炸物数量较大，但刑罚裁量不宜按照“情节严重”的量刑标准进行评价。

七、储存合法取得的爆炸物并非法带入公共场所的行为认定

——孔某某非法携带危险物品危及公共安全案

公诉机关：湖南省岳阳市岳阳楼区人民检察院

被告人：孔某某

案情简介

2002年2月，被告人孔某某驾船在湖南省衡南县协助他人进行水下工程施工爆破。工程完工后，被告人孔某某将施工后剩下的20根炸药私自存放在自己的船上。2002年3月5日下午，被告人孔某某驾驶存放有20根炸药的船到岳阳市七里山洞氮肥厂码头装尿素，后为争生意与岳阳市水运公司职工发生纠纷，被告人孔某某即拿出3根炸药相威胁。此时，公安干警闻讯赶到，并当场将被告人孔某某存放在船上的20根炸药予以收缴。经湖南省公安厅刑事技术鉴定，被告人孔某某所存放的炸药共计3.85千克，内含硝酸铵和TNT成分。岳阳市岳阳楼区人民检察院以被告人孔某某犯非法储存爆炸物罪，向岳阳市岳阳楼区人民法院提起公诉，要求依照我国《刑法》第125条的规定，对被告人予以惩处。被告人孔某某对案件事实供认不讳，没有提出辩解意见。其辩护人提出的辩护意见是：(1) 被告人孔某某私自储存的炸药是他人生产过程中未用完的炸药，且没有造成社会后果；(2) 被告人孔某某平时表现好，系偶犯，建议对其免除或从轻处罚。

岳阳市岳阳楼区人民法院经公开审理认为：被告人孔某某违反国家有关法规，非法携带危险物品炸药3千余克进出公共场所，危及公共安全，情节严重，其行为已构成非法携

带危险物品危及公共安全罪，公诉机关指控的事实成立。但根据最高人民法院的司法解释，非法储存是指明知是他人非法制造、买卖、运输、邮寄的枪支、弹药、爆炸物而为其存放的行为，被告人孔某某存放的炸药是他人以合法手续领取的，并非他人非法制造、买卖、运输、邮寄的炸药，不属非法储存，故公诉机关指控被告人孔某某的行为构成非法储存爆炸物罪的罪名不能成立。被告人孔某某的辩护人提出的被告人孔某某私自存放的炸药系他人因工作需要而未用完的炸药，以及被告人孔某某系偶犯、没有造成后果，建议从轻处罚的意见与事实相符，予以采纳，但辩护人提出对被告人孔某某免除处罚的辩护意见，不予采纳。该院依照我国《刑法》第130条的规定，于2002年7月7日作出刑事判决如下：被告人孔某某犯非法携带危险物品危及公共安全罪，判处拘役5个月。宣判后，被告人孔某某没有提出上诉，人民检察院也未提出抗诉。

（最高人民法院刑事审判一至五庭主编：《刑事审判参考（总第47期）》，法律出版社2006年版。）

案例评析

本案的争议焦点为：行为人将他人生产过程中未用完的合法取得的爆炸物进行私自储存，并非法携带进出公共场所，危及公民生命安全的，应以非法储存爆炸物罪还是以非法携带危险物品危害公共安全罪来定罪？

根据我国《刑法》第125条第1款规定，非法储存爆炸物罪，是指违反国家有关规定，未经有关部门批准，私自储存爆炸物的行为。根据最高人民法院2001年5月15日《关于审理非法制造、买卖、运输枪支、弹药、爆炸物等刑事案件具体应用法律若干问题的解释》第8条的规定，我国《刑法》第125条第1款规定的“非法储存”是指明知是他人非法制造、买卖、运输、邮寄的枪支、弹药、爆炸物而为其存放的行为。即行为人所储存的枪支、弹药、爆炸物是经他人非法制造、买卖、运输或邮寄的，并且是为他人存放的行为。既可以藏在家中，又可以存放在他处，不论地点如何，只要属于非法，均不影响该罪成立。在司法实践中，非法储存爆炸物罪的认定前提是，行为人明知是他人非法制造、买卖、运输、邮寄的枪支、弹药、爆炸物而为其存放的行为。而本案中，行为人储存的是他人生产过程中未用完的合法取得的爆炸物，并不属于非法制造、买卖、运输、邮寄的爆炸物，所以不能构成非法制造、买卖、运输、邮寄爆炸物罪。

根据我国《刑法》第130条规定，非法携带枪支、弹药、管制刀具、危险物品危及公共安全罪，是指违反法律、法规，携带枪支、弹药、管制刀具或者危险物品进入公共场所或公共交通工具，危及公共安全，情节严重的行为。依照2001年最高人民法院《关于审理非法制造、买卖、运输枪支、弹药、爆炸物等刑事案件具体应用法律若干问题的解释》第6条第1款第（3）项规定，携带炸药、发射药、黑火药500克以上或者烟火药1000克以上、雷管20枚以上或者导火索、导爆索20米以上的，属于《刑法》第130条规定的“情节严重”的情形。本案被告人非法携带爆炸物进出公共场所的行为已经危及公民生命财产安全，可以构成非法携带危险物品危害公共安全罪。

八、交通肇事后现场指使他人顶替、作伪证的行为定性
——费某交通肇事案

公诉机关：浙江省乐清市人民检察院

被告人：费某

案情简介

2010年12月25日9时30分许，被告人费某在未取得机动车驾驶资格的情况下，驾驶装载石料的皖K5B323解放牌重型自卸货车（核载12405kg，超载35020kg，超载率282%）从乐清市虹桥镇湾底村开往乐清市临港开发区围垦工地。当日9时45分许，车辆途经虹南大道蒲岐镇寨桥村路段时，遇行人钱某（被害人）在车前方突然从道路右侧向左横穿，费某鸣喇叭，向左打方向盘并紧急刹车，但仍避让不及，车头左侧将钱某碰倒，左前轮碾压其胸颈部，致钱某当场死亡。肇事后，费某在现场附近打电话指使黄某顶替，在交警到达事故现场时自称系肇事车主，隐瞒自己为肇事者的事实，并和他人将黄某送至虹桥交警中队，其本人则回家换了肇事时所穿的衣服。经温州市公安局交警支队认定，该交通事故中，费某负主要责任；经法医鉴定，钱某符合遭机动车辆碰撞、碾压致颈部、胸部重度毁损伤而死亡。

浙江省乐清市人民法院综合被告人犯罪事实、情节、危害后果及其认罪、悔罪表现，依照我国《刑法》第133条、第61条，及最高人民法院《关于审理交通肇事刑事案件具体应用法律若干问题的解释》第3条之规定，判决被告人费某犯交通肇事罪，判处有期徒刑3年6个月。

一审宣判后，被告人费某提出上诉。浙江省温州市中级人民法院认为，原判定罪正确，量刑适当，审判程序合法。依照《刑事诉讼法》第189条第（1）项、《刑法》第133条和最高人民法院《关于审理交通肇事刑事案件具体应用法律若干问题的解释》第3条之规定，裁定驳回上诉，维持原判。

（张向东：《交通肇事后现场指使他人顶替、作伪证的定性》，载于《人民司法》2012年第6期。）

案例评析

本案的主要争议问题是：被告人交通肇事后在现场指使他人顶替、作伪证，将被指使人送往交警队后离去，是否符合交通运输肇事后逃逸的情节？行为人交通肇事后，指使他人顶替、作伪证的行为能否独立构成他罪？

首先，根据我国《刑法》第133条交通肇事罪规定“交通肇事后逃逸或者有其他特别恶劣情节的，处3年以上7年以下有期徒刑”，“交通肇事后逃逸”属于交通肇事罪的加重处罚情节。为准确理解与适用该条文，最高人民法院《关于审理交通肇事案件具体应用法律若干问题的解释》（法释〔2000〕33号）第3条规定，交通运输肇事后逃逸是指行为人具有本解释第2条第1款规定和第2条第（1）至（5）项规定的情

形之一，在发生交通事故后，为逃避法律追究而逃跑的行为。所以，交通运输肇事后的“逃逸”情节的理解应从两方面进行：第一，行为人实施了逃跑行为；第二，行为人肇事后逃跑是为了逃避法律追究。关于“逃跑”的认定，有观点认为，逃跑是指逃离事故现场，换言之，行为人逃离了事故现场，即成立逃逸，未逃离事故现场，则不成立逃逸。这是对“逃跑”的形式解释，仅仅从字面上去理解逃跑的含义，并不能完全体现立法者对肇事后逃逸的规定。对逃跑的理解必须结合交通运输肇事后逃逸的立法目的及规范的价值予以把握。该条文的立法目的是促使行为人于肇事后及时救助被害人，防止交通肇事危害后果（被害人的死伤等）的进一步扩大。因此，逃跑行为不应仅限于逃离肇事现场，如果肇事者没有逃跑，但却实施毁灭罪证或者指使他人冒名顶替、作伪证的行为，掩盖自己肇事的事实的，其行为也是为了逃避法律追究，捏造自己不属于犯罪嫌疑人的事实，不去积极救助受害人，与逃逸行为的实质相同，符合交通肇事后逃逸的实质内涵。

本案中，费某肇事后，虽已在现场报警，但其在现场附近打电话指使已离开现场的黄某自认是肇事司机，并在交警到达事故现场时仍隐瞒自己是肇事司机的事实而谎称黄某是肇事司机。这些情况表明费某交通运输肇事后为逃避法律追究而找人顶替，隐瞒自己是肇事司机的行为，属于交通运输肇事后逃逸。

其次，行为人交通肇事后，指使他人顶替、作伪证的行为能否独立构成他罪？在司法实践中，偶有出现行为人交通肇事后找人顶替的情况。对于该问题，有观点认为行为人交通肇事后，指使他人顶替、作伪证，已经侵害了另一种法益，扰乱了司法秩序，可以认定为妨害作证罪，与交通肇事罪数罪并罚；也有观点认为，交通运输肇事后逃逸包含行为人未逃离肇事现场而指使他人顶替、作伪证以逃避法律追究的情形，故对上述情形不宜一概以交通肇事罪、妨害作证罪数罪并罚。事实上，交通肇事发生后，行为人如果未逃离事故现场，而是采取贿买等手段指使他人顶替、作伪证以逃避法律追究的，符合交通运输肇事逃逸的加重处罚情节，不能再单独认定妨害作证罪，否则就会对该情节进行重复评价，违背禁止重复评价原则。

九、交通肇事行为及现场救助行为的性质认定

——胡某交通肇事案

公诉机关：浙江省杭州市西湖区人民检察院

被告人：胡某

案情简介

2009年5月7日晚，被告人胡某驾驶经非法改装的浙A608Z0蓝瑟翼豪陆神牌红色三菱轿车，与另一驾驶另一车辆的同伴从杭州市江干区机场路出发，前往西湖区文二西路西城广场，想看看该广场是否在放映名为《金钱帝国》的电影。在途经文晖路、文三路、古翠路、文二西路路段时，胡某与同伴严重超速行驶并时有互相追赶的情形。当晚20时08分，胡某驾车途经文二西路德加公寓西区大门口人行横道时，未注意观察路面行人动

态，致使车头右前端撞上正在人行横道上由南向北行走的男青年谭某。谭某被撞弹起，落下时头部先撞上该轿车前挡风玻璃，再跌至地面。事发后，胡某立即拨打120急救电话和122交通事故报警电话。谭某经送医院抢救无效，于当晚20时55分因颅脑损伤而死亡。事发路段标明限速为每小时50公里。经鉴定，胡某当时的行车速度在每小时84.1至101.2公里之间，对事故负全部责任。

杭州市西湖区人民法院依照我国《刑法》第133条、第61条和《最高人民法院关于审理交通肇事刑事案件具体应用法律若干问题的解释》第2条第1款第（1）项之规定，判决被告人胡某犯交通肇事罪，判处有期徒刑3年。（刑期从判决执行之日起计算，判决执行以前先行羁押的，羁押一日折抵刑期一日，即自2009年5月8日起至2012年5月7日止）

（最高人民法院刑事审判一至五庭主编：《刑事审判参考（总第71期）》，法律出版社2010年版。）

案例评析

本案在审理过程中，争议的焦点主要集中在以下方面：行为人的行为构成交通肇事罪、以危险方法危害公共安全罪，还是过失以危险方法危害公共安全罪？被告人胡某肇事后报警并在现场等候的行为能否认定为自首？

在司法实践中，行为人在城市道路开车竞逐并引发交通事故的情况时有发生，对于此类行为的认定也存在一定争议。法律界对于本案的定性有三种不同的意见，第一种意见认为，胡某的行为构成交通肇事罪；第二种意见认为，胡某的行为构成以危险方法危害公共安全罪。第三种意见认为，胡某的行为构成过失以危险方法危害公共安全罪。这三种罪名的客体与客观方面存在一定的相同之处，侵犯的客体都是公共安全，客观方面均表现为实施了危害公共安全的行为，但在构成要件方面也存在一定差别。

在主观方面，以危险方法危害公共安全罪中，行为人的主观方面是故意，是希望或者放任危害社会结果的发生；而交通肇事罪与过失以危险方法危害公共安全罪的主观方面是过失，包括过于自信的过失和疏忽大意的过失，即应当预见到自己的行为可能发生危害社会的结果，因为疏忽大意而没有预见或已经预见而轻信能够避免。在本案中，被告人胡某认为凭自己的驾驶技术能够避免事故的发生。案发当晚撞人后立即踩刹车并下车查看谭某的伤势情况，随即拨打了120急救电话及122报警电话，并留在现场等候处理。这表明胡某的主观上并不存在故意的心态，既不希望事故发生，也不放任事故的发生，对被害人谭某的死亡结果是一种过失心理。因此，被告人胡某的主观方面不符合以危险方法危害公共安全罪的主观方面，其行为不构成以危险方法危害公共安全罪。

在客观方面，过失以危险方法危害公共安全罪和交通肇事罪虽然主观心态都是过失，但两者的客观方面存在差异。根据我国《刑法》第115条第2款的规定，过失以危险方法危害公共安全罪的客观方面与故意实施的以危险方法危害公共安全罪相同。以危险方法危害公共安全罪的客观行为是刑法分则没有明确规定的具体危险方法，而行为的社会危害性相当于放火、决水、爆炸、投放危险物质等危害公共安全的行为。因此，过失以危险方法危害公共安全罪的客观行为应该是对不特定多数人实施的危险行为，其危害结果应该是造成了不特定多数人的公共安全受到损害。而交通肇事罪的客观方面是违反了交通运输管理法规，发生重大事故，导致被害人死亡的结果。因此，根据罪刑法定原则，胡某的行为并不是针对不特定多数人实施的，也没有造成不特定多数人受到伤害，因此应该构成交通肇事罪，而不构成过失以危险方法危害公共安全罪。

另外，交通肇事的行为人及时报警并在现场等候的行为是否构成自首？这是个常见的问题，有认为肇事者在交通肇事后保护现场，及时报警等待处理，这是法定的义务，所以肇事后的报案行为不构成自首；并且立法中将逃逸作为加重处罚的情节就表明，在现场等待处理是交通肇事后应尽的义务。另一种意见认为，刑法总则规定的自首应当普遍适用于刑法分则中的各类犯罪。在交通肇事罪中，只要肇事者在现场等候处理，事后如实供述的，都可以认定为自首，因为肇事者的这些行为符合自首的法律规定。

尽管根据我国《道路交通安全法》第 70 条规定，在道路上发生交通事故，车辆驾驶人应当立即停车，保护现场；造成人身伤亡的，车辆驾驶人应当立即抢救受伤人员，并迅速报告执勤的交通警察或者公安机关交通管理部门。因抢救受伤人员变动现场的，应当标明位置。乘车人、过往车辆驾驶人、过往行人应当予以协助。肇事者负有保护现场和报告公安机关的强制性义务，但这种义务与刑事法律制度并不存在冲突，不妨碍刑法的适用。并且，行为人没有履行上述强制性义务则可能构成“逃逸”情节，逃逸情节的认定也要以其强制性义务的违背来进行判断。又因为刑法总则中的自首制度适用于刑法分则中的所有罪名，所以交通肇事罪同样适用自首制度。江苏省高级人民法院、江苏省人民检察院、江苏省公安厅联合制定的《关于办理交通肇事刑事案件适用法律若干问题的意见（试行）》第 14 条规定，交通事故发生后，行为人本人主动报警或委托他人报警，未离开现场，如实供述犯罪事实的，构成自首。因此，胡某肇事后及时报警并在现场等候的行为虽然属于《道路交通安全法》规定的义务，也同样构成自首。

十、将工程交给没有资质的第三人造成人员伤亡的行为认定

——梁某等重大责任事故案

公诉机关：南京市雨花台区人民检察院
被告人：梁某
被告人：邵某
被告人：杨某

案情简介

2010 年 11 月，南京市城市快速内环西线南延工程四标段项目部五联钢箱梁吊装完毕后，被告人梁某、邵某等人为赶工期、施工方便，擅自变更设计要求的施工程序，在钢箱梁支座未注浆锚固、两端压重混凝土未浇筑的情况下，安排施工人员进行桥面防撞墙施工。被告人杨某明知施工单位擅自改变施工程序，未能履行监理职责。2010 年 11 月 26 日 20 时 30 分左右，在对 B17—B18 跨钢箱梁进行桥面防撞墙施工时，该钢箱梁发生倾覆坠落事故，造成正在桥面施工的工人吴某等 7 人死亡、桥下工人林某等 3 人受伤、直接经

济损失700万元的严重后果。经调查认定，事故直接原因为：B17—B18跨钢箱梁吊装完成后，钢箱梁支座未注浆锚固，梁体与桥墩间无有效连接；钢箱梁两端未进行浇筑压重混凝土，钢箱梁梁体处于不稳定状况；当工人在桥面使用振捣浇筑外弦防撞墙混凝土时，产生了不利的偏心荷载，导致钢箱梁整体失衡倾覆。此为一起施工单位违反施工顺序，施工组织混乱，监理单位未认真履职，监督部门监管不到位，设计单位交底不细造成的生产安全责任事故。

江苏省南京市雨花台区人民法院一审判决、南京市中级人民法院二审裁定认为，被告人梁某、邵某、杨某在施工和监理过程中，违反有关安全管理规定，发生重大伤亡事故，情节特别恶劣，其行为均已构成重大责任事故罪。考虑到三被告人事发后第一时间赶到现场，开展施救工作，积极配合调查；有自首情节，认罪、悔罪；事故系多因一果造成，各被告人责任较分散；案发后能积极赔偿被害人亲属的损失和做好安抚工作，部分被害人亲属出具了谅解书，依法以重大责任事故罪判处被告人梁某有期徒刑3年，被告人邵某有期徒刑3年，被告人杨某有期徒刑3年，缓刑4年。

（参见《最高人民法院公报》2012年3号。）

案例评析

本案的争议焦点主要是：工程项目的现场负责人将施工任务交给没有公司机构且不具备资质的第三人组织施工，导致发生楼塌事故人员伤亡的，应如何论处？

我国《刑法》第134条重大责任事故罪规定，在生产、作业中违反有关安全管理的规定，因而发生重大伤亡事故或者造成其他严重后果的，处3年以下有期徒刑或者拘役；情节特别恶劣的，处3年以上7年以下有期徒刑。本罪的主体是自然人，包括对生产、作业负有组织或者管理职责的负责人、管理人员、实际控制人、投资人等人员，以及直接从事生产、作业的人员。至于企业的性质不影响重大责任事故罪的成立，即使没有公司机构和资质的企业，也可以构成重大责任事故罪；本罪侵犯的客体是工厂、矿山、林场、建筑企业等企业、事业单位的生产安全；主观方面表现为过失，既可以是疏忽大意的过失，也可以是过于自信的过失。对于超出行为人预见能力之外发生的事故不能认定为本罪，如由于不能预见或者不能抗拒的自然现象引起的事故，以及技术条件或设备条件的限制而无法避免的事故等；客观方面表现为在生产和作业过程中违反规章制度，导致发生重大伤亡事故，造成严重后果的行为。

据此，本案中工程项目的现场负责人将施工任务交给没有公司机构且不具备资质的第三人组织施工，从而发生楼塌事故造成人员伤亡的行为，构成了重大责任事故罪，应根据我国《刑法》第134条之规定对其定罪量刑。

十一、在重大安全隐患下违章作业导致重大伤亡的行为认定

——林某等重大劳动安全事故案

公诉机关：厦门市海沧区人民检察院

被告人：林某

被告人：洪某

被告人：林某某

案情简介

2001年7月，被告人洪某、林某与证人钟某3人共同出资成立海沧明发石料场，并取得矿产开采许可证，并由被告人林某以经营者的名义向工商部门登记注册。2002年2月左右，上述3名合伙人口头协议将海沧明发石料场分为一、二场，被告人洪某担任一场场长，负责海沧明发石料场一场的生产经营，并于2004年3月15日就此约定签订书面协议。2005年7月左右，被告人洪某聘请被告人林某某为海沧明发石料场一场矿长，与被告人洪某共同负责一场开采管理。

2005年1月1日，被告人林某任法定代表人的厦门明发爆破工程有限公司与海沧明发石料场一场签订《采石场爆破合同》，约定由厦门明发爆破工程有限公司根据明发石料场提供的开采设计方案，共同拟定爆破方案并报公安局审批。同年3月10日，被告人林某在海沧明发石料场不存在开采设计情况下，自行拟定爆破方案并报公安部门审批。

在海沧明发石料场一场2005年度开采期间，海沧区安监部门多次向开采单位明发石料场和爆破单位厦门明发爆破工程有限公司发出书面整改要求：2005年4月14日由海沧区安监局向厦门明发爆破工程有限公司发出的厦海安监管令改字〔2005〕第（21）号整改指令书，2005年12月1日由海沧区安监局向厦门明发爆破工程有限公司发出的厦海安监〔2005〕53号海沧区安全生产监督管理局关于加强爆破安全的通知，2005年12月19日由海沧区安监局向明发石料场发出的厦海安监管令改字〔2005〕第（69）号整改指令书，提出海沧明发石料场开采方法、设施环境存在重大安全隐患：一是从半山腰开采，未自上而下开采；二是未分层开采；三是清理危石不彻底。被告人林某某和洪某收到指令书后，组织人员对部分危石进行了清理，但清理不彻底，甚至在没有设立其他必要安全设施情况下仍组织继续从中下部进行开采。被告人林某收到相关指令、通知后，开会要求爆破人员依照整改要求进行爆破作业，建议被告人洪某等人分层开采，但在明知开会、建议等措施并未生效、明发石料场一场继续违章开采、爆破公司驻石料场人员违章爆破的情况下，没有采取其他有效措施。

2006年1月11日8时许，在被告人林某现场指挥下实施爆破前的风钻作业时，明发石料场一场东侧山脚下作业上方发生边坡滑落，明发石料场风钻工谭德才、杜国良和明发爆破有限公司监炮员颜顺强被土石方掩埋。被告人林某立即向被告人洪某报告，而后被告人洪某、林某某先后来到事故现场，其中被告人林某某还向有关单位报告发生事故。经组织抢救，至当日中午先后挖掘出上述3名被害人尸体。安全监督部门经调查后，认定事故直接原因为：一是矿体本身易崩塌；二是爆破震动；三是未分层开采，上部部分地段高度高，工作坡面大；四是作业时违章作业，上述3名被告人均对事故的发生负直接责任。案发后，3名被告人已和3名被害人家属达成民事赔偿协议。赔偿被害人谭德才家属经济损失人民币21.5万元，赔偿被害人颜顺强家属经济损失人民币36万元，赔偿被害人杜国良家属经济损失人民币20万元。

厦门市海沧区人民法院根据上述事实和证据认为：被告人林某、洪某、林某某分别作为矿山的经营者和安全生产管理人员，经有关部门提出企业劳动安全设施、开采方式不符合国家规定后，对事故隐患仍不采取有效措施，甚至仍继续违章开采、爆破扩大安全隐患，因而发生3人死亡的重大伤亡事故均应负直接责任。其行为均已构成重大劳动安全事故罪。公诉机关的指控可以成立。3名被告人案发后均能主动配合调查、如实交代犯罪事实，具有自首情节，依法可以从轻处罚。案发后，3名被告人能积极采取措施进行抢救并积极赔偿3名被害人家属的经济损失，与3名被害人家属达成民事赔偿协议，具有真诚的悔罪表现，可以酌情从轻处罚并适用缓刑。被告人林某某的辩护人提出被告人林某某具有自首情节、悔罪态度好，建议从轻处罚并适用缓刑的辩护意见，理由充分，可以采纳。被告人洪某的辩护人提出被告人洪某具有自首情节、悔罪态度好，建议从轻处罚并适用缓刑的辩护意见，理由充分，可以采纳。被告人林某的辩护人提出事故发生的主要原因在于采石场，被告人林某已在一定程度上履行了其应有职责，责任轻微。此外，被告人林某具有自首情节，悔罪态度好，建议对被告人林某免予刑事处罚的辩护意见，理由充分，可以采纳。

厦门市海沧区人民法院依照我国《刑法》第135条、第12条、第37条、第67条、第72条、第73条之规定，判决如下：1. 被告人林某某犯重大劳动安全事故罪，判处有期徒刑3年，缓刑4年。2. 被告人洪某犯重大劳动安全事故罪，判处有期徒刑3年，缓刑4年。3. 被告人林某犯重大劳动安全事故罪，免予刑事处罚。

（国家法官学院、中国人民大学法学院编：《中国审判案例要览（2008年刑事审判案例卷）》，人民法院出版社、中国人民大学出版社2009年版。）

案例评析

本案的争议焦点主要为：3名被告人在安全生产条件存在重大隐患的情况下没有按照整改要求实行整改违章实施开采、爆破，导致发生重大伤亡事故，其行为应当如何论处？

本案中法院认为，3名被告人在安全生产监督管理局下达整改通知之后没有按照要求实施整改，在安全生产条件存在重大隐患的情况下仍然继续爆破导致发生事故的行为构成重大劳动安全事故罪。但在司法实践中，重大劳动安全事故罪容易与重大责任事故罪等罪名相混淆。

根据我国《刑法》第134条和第135条的规定，重大责任事故罪是指在生产、作业中违反有关安全管理的规定，因而发生重大伤亡事故或者造成其他严重后果的行为。重大劳动安全事故罪是指安全生产设施或者安全生产条件不符合国家规定，因而发生重大伤亡事故或者造成其他严重后果的行为。

从我国《刑法》规定来看，重大责任事故罪和重大劳动安全事故罪之间存在交叉竞合关系。当行为人在安全生产设施或者安全生产条件不符合要求的情况，又违反安全管理规定冒险作业时，构成法条竞合，重大劳动安全事故罪和重大责任事故罪是特别法条和普通法条之间的关系，应以重大劳动安全事故罪论处。重大劳动安全事故罪的犯罪主体是工厂、矿山、林场、建筑企业或者其他企业、事业单位的直接负责的主管人员和其他直接责任人员。本案中的明发石料场属于3人合伙企业，虽然不属于法人，但属于重大劳动安全事故罪的主体范围。

本案中，安全监督部门经调查后认为事故的直接原因有：一是矿体本身易崩塌；二是爆破震动；三是未分层开采，上部部分地段高度高，工作坡面大；四是作业时违章作业。林某某、洪某分别作为矿山的经营者和安全生产管理人员，林某作为明发石料场、明发爆破公司法定代表人，在海沧区安监局对该公司爆破作业中提出存在隐患后，其对海沧区公安分局的整改要求不采取得力措施认真整改，虽开会要求爆破人员依照整改要求进行爆破作业，建议分层开采，但在明知开会、建议等措施并未发生效力的情形下，反而再三派出工人进场违规作业、违章爆破，对事故发生负有直接责任，3 人行为构成重大劳动安全事故罪。

第九章

破坏社会主义市场秩序罪

破坏社会主义市场秩序罪，是指违反国家经济管理法规，在市场经济运行或经济管理活动中进行非法经济活动，严重破坏社会主义市场经济秩序的行为。破坏社会主义市场经济秩序罪共有92条，包括108个罪名，可以分为以下几类：生产、销售伪劣商品罪，走私罪，妨害对公司、企业的管理秩序罪，破坏金融管理秩序罪，金融诈骗罪，危害税收征管罪，侵犯知识产权罪，扰乱市场秩序罪。

一、销售假狂犬疫苗致人死亡的行为认定

——韦某销售假狂犬疫苗案

公诉机关：来宾市人民检察院

被告人：韦某

案情简介

2009年7月至11月，被告人韦某以广州市沪穗生物药业有限公司的名义，将从他人处购买的批号为20090726等多个批次的假“人用狂犬疫苗”销售给广西壮族自治区来宾市北五乡卫生院、红河卫生院夏至分院、正龙乡卫生院、高安乡卫生院、五山乡卫生院，共计100余人份。2009年10月21日下午，被害人叶某（殁年6岁）被狗咬伤，其父叶某某用肥皂水冲洗伤口后即将其送到来宾市兴宾区正龙乡卫生院治疗。该院于当日至12月3日按正规程序为叶某接种了韦某销售给卫生院的批号为20090726的假“人用狂犬疫苗”。后叶某出现异常反应，于12月9日送南宁市第四人民医院抢救无效死亡。该医院诊断死亡原因为狂犬病。

来宾市中级人民法院、广西壮族自治区高级人民法院判决认为，被告人韦某销售假“人用狂犬疫苗”，足以严重危害人体健康，已构成销售假药罪。韦某对被害人家属自愿补偿，有一定悔罪表现，可酌情从轻处罚。判处被告人韦某有期徒刑15年，并处罚金人民币5万元。

（新华网：《最高人民法院公布十起危害食品、药品安全犯罪典型案例》，2012年7月31日。）

案例评析

本案的争议焦点主要为：行为人销售假狂犬疫苗致人死亡的行为该如何论处？

本案在审理过程中，主要的疑难点在于假狂犬疫苗是否属于假药的范畴。在司法实践中，生产、销售假药罪的认定基础就在于“假药”的范畴如何确定。

根据我国《刑法》第141条规定，生产、销售假药罪是指生产者、销售者违反国家药品管理法规，生产、销售假药，足以危害人体健康的行为。该罪侵犯的客体是复杂客体，既侵犯了国家对药品的管理制度，又侵犯了不特定多数人的身体健康权；客观方面表现为生产者、销售者违反国家的药品管理法律、法规，生产、销售假药，足以严重危害人体健康的行为。销售方式既可以是公开的，也可以是秘密的；既可以是批量销售，也可能是零散销售。犯罪主体为个人和单位，包括假药的生产者和销售者；主观方面表现为故意，明知自己生产、销售假药的行为会发生侵害人体健康的具体危险，并且希望或者放任这种结果的发生，但不要求以获取非法利润为目的，即使低于成本价出售假药，也不影响本罪的成立。该罪构成要件中的“假药”，应当是限于人体使用的假药与按假药处理的药品、非药品，不包括假农药、假兽药等非人体使用的药品。根据我国《药品管理法》的规定，药品主要包括中药材、中药饮片、中成药、化学原料药及其制剂、抗生素、生化药品、放射性药品、血清、疫苗、血液制品、诊断药品等。因此，行为人销售的假狂犬疫苗也属于“假药”的范畴之内，并且被害人叶某死于狂犬病，其死亡与使用韦某销售给正龙乡卫生院的批号为20090726的假“人用狂犬疫苗”有因果关系。因此，被告人韦某的行为已构成销售假药罪。

二、出售药品包装供他人生产假药的行为认定

——饶某生产、销售假药案

公诉机关：杭州市西湖区人民检察院

被告人：饶某

案情简介

2011年5月至11月上旬，被告人饶某利用自己在浙江省立同德医院做保洁工的便利条件，明知他人生产、销售假药，仍从该医院病区配药房的垃圾箱内收集外观完整、整洁的泰能药品药盒，出售给王某（另案处理），共计获利人民币500余元。法院认为，饶某虽然没有实施生产、销售假药的行为，但是在饶某明知他人之实施生产、销售假药的情况下，为了谋取不法利益，违反医院严禁私下出售医疗废弃物的规定，收集药品外包装并出售，为生产、销售假药提供帮助的行为构成了生产、销售假药罪的帮助犯。

杭州市西湖区人民法院判决认为，被告人饶某应当知道他人收购药品包装用于制售假药，其为谋取不法利益，违反医院严禁私下出售医疗废弃物的规定，收集药品外包装并出售，为制售假药者提供帮助，其行为已构成生产、销售假药罪，依法判处被告人饶某有期徒刑十个月，并处罚金人民币1000元；非法所得人民币500元依法予以追缴，上缴国库。

宣判后，被告人未上诉，检察机关未抗诉，本判决已于2012年4月12日发生法律效力。

（参见：新华网，《最高人民法院公布十起危害食品、药品安全犯罪典型案例》，2012年7月31日。）

案例评析

本案的争议焦点是：饶某将收集的药品包装盒出售给明知其生产假药的犯罪嫌疑人的行为，应如何认定？

我国《刑法》第141条规定的生产、销售假药罪，是指生产者、销售者违反国家药品管理法规，生产、销售假药，足以危害人体健康的行为。生产假药的行为表现为一切制造、加工、配制、采集、收集某种物品充当合格或者特定药品的行为。销售假药的行为是指一切有偿提供假药的行为，但不要求以营利为目的，即使低于成本价出售假药，也不影响本罪的成立。在销售领域内必须具有明知是假药而售卖的心理状态，对不知道是假药而销售的，则不构成销售假药罪。

本案中，饶某虽然没有实施生产、销售假药的行为，但是在饶某明知他人实施生产、销售假药的情况下，为了谋取不法利益，违反医院严禁私下出售医疗废弃物的规定，收集药品外包装并出售，为生效、销售假药提供帮助。在司法实践中，刑法分则的适用还需依据刑法总则的规定实施。根据共同犯罪理论，行为人明知他人有生产、销售假药的行为，且会造成危害人体健康的后果，而为他人实施和完成犯罪创造便利条件的，在主观上希望或者放任自己的行为能为他人顺利地完成犯罪提供方便，属于生产、销售假药罪的帮助犯，仍然构成生产、销售假药罪。

三、行为人代理转口业务中低报货物价值的行为认定

——宋某走私普通货物无罪案

公诉机关：北京市人民检察院第二分院

被告人：中海贸经济贸易开发公司

被告人：宋某

案情简介

中油管道物资装备总公司（以下称管道公司）向美国劳雷工业公司（以下称劳雷公司）订购8套“气动管线夹”，货物价值为42.7万美元，用于该公司在苏丹援建石油管道工程建设项目，在1998年5月10日前运抵苏丹。后管道公司委托中海贸经济贸易开发公司（以下称中海贸公司）办理该批货物由美国经中国再运至苏丹的转口手续，并于1998年2月6日与该公司第九经营部经理宋某签订了委托代理合同。当日，宋某又代表中海贸公司与劳雷公司签订了购货合同。合同约定：劳雷公司货运时间为1998年3月23日前，中海贸公司在交付日30日前开具信用证。中海贸公司因经济纠纷致账户被查封冻结，管道公司即于同年2月23日将货款人民币355万元（折合42.7万美元）汇入由宋某

任法定代表人的北京海明洋科贸中心（以下简称海明洋公司）账内。3天后，该款转至中国农业银行北京分行国际结算部，用于开具信用证。后劳雷公司因故推迟至4月上旬交货，宋某遂于同年3月19日向中国农业银行申请将信用证交货时间由3月23日变更为4月5日。期间，宋某在中国海外贸易总公司低报货物价值，办理了价值6.4万美元的机电产品进口审批手续，后又模仿劳雷公司经理签字，伪造了货物价值为6.4万美元的供货合同及发票，并委托华捷国际货运代理有限公司办理报关手续，由该公司负责在北京提货并运至天津新港后再转口到苏丹。在办理报关过程中，宋某使用海明洋公司的资金，按6.4万美元的货物价值缴纳了进口关税、代扣增值税共计人民币24万余元。同年4月3日，北京海关查验货物发现货值不符，即将货物扣留。北京海关对此批货物已于同年6月8日放行，运至苏丹。

北京市人民检察院第二分院以被告单位中海贸经济贸易开发公司、被告人宋某犯走私普通货物罪向北京市第二中级人民法院提起公诉。被告单位辩称，只接到宋某的一个请示电话，其他情况并不清楚。被告单位的辩护人提出，宋某个人接受委托，到上级总公司私下办理机电审批手续，并将货款打入其个人公司，应属宋某冒用本单位名义进行走私的个人行为，不属单位犯罪。

被告人宋某辩称，虚假报关属实，但没有走私的动机，此宗货物本可以办理转口，免缴税款，因时间紧，故采取先进口后出口的办法，当时认为先缴税，以后可以退税，少缴税款也无关紧要；在海关调查取证时，能如实讲清全部事实经过，并带领海关人员提取了全部证据材料，属投案自首，请求对其从轻处罚。其辩护人提出，宋某积极配合海关、公安调查本案，提供全部证据，有自首情节；在案证据证明，宋某必须给中油管道物资装备总公司开具增值税发票，如果进口时不缴纳，开发票时也要缴纳，宋无法偷逃此笔税款，故认定走私数额时应将海关代扣的增值税部分扣除；宋某的犯罪行为较轻，没给国家造成经济损失，建议对宋某从轻处罚。

北京市第二中级人民法院经审理认为，被告人宋某在为中油管道物资装备总公司代理转口业务过程中，虽擅自采用低报货物价值的违法手段，但现有证据不能证明被告单位中海贸公司的法定代表人及其他主要领导参与预谋、指使或允许宋某使用违法手段为单位谋取利益，认定被告单位具有走私普通货物的主观故意和客观行为均证据不足，公诉机关指控被告单位犯走私普通货物罪不能成立。宋某不如实报关的行为属违法行为，但依海关有关规定，货物转口并不产生税赋，且宋某垫缴的24万元税款在货物出口后不产生退税，公诉机关出示的证据材料亦不能证实宋某不如实报关的违法行为可获取非法利益，故指控宋某具有走私犯罪的主观故意并造成偷逃税款77万余元的危害结果均证据不足。被告单位诉讼代表人及辩护人的意见成立，本院予以采纳。被告人宋某的部分辩解及辩护人的部分辩护意见，本院酌予采纳；被告人宋某的辩护人所提宋某的行为构成犯罪的辩护意见，本院不予采纳。据此，依照我国《刑法》第13条、《刑事诉讼法》第162条第（3）项之规定，判决如下：1. 被告单位中海贸经济贸易开发公司无罪；2. 被告人宋某无罪。宣判后，北京市人民检察院第二分院以中海贸公司及宋某在代理进口货物时，采取虚假手段偷逃应缴税款数额巨大，构成走私普通货物罪，向北京市高级人民法院提出抗诉。

被告单位中海贸公司及其辩护人在二审中提出，中海贸公司没有参与组织、策划、指挥以谋取不法利益为目的的走私活动，不具备犯罪的主观故意和《刑法》规定的法人犯罪的要件及特征，中海贸公司无罪。被告人宋某及其辩护人在二审中提出，宋某没有走私的主观故意，其代表中海贸公司实施的行为是由认识上的错误造成的；且中海贸经济贸易开发公司及宋某均未非法获利，没有造成危害结果。原审法院判决宋某无罪是正确的。北京市人民检察院的出庭意见认为：被告单位中海贸公司及被告人宋某在代理进口货物时，采取虚假手段偷逃应缴税款数额巨大，依法应当判决构成走私普通货物罪。原审判决采信矛盾的证据以及片面采信证据认定原审被告人及被告单位无罪，是错误的。被告单位中海贸公司、被告人宋某犯走私普通货物罪的事实清楚，证据确实、充分，足以认定。北京市人民检察院第二分院抗诉成立，应予支持。建议二审法院依法认定宋某犯走私普通货物罪并处以刑罚。

北京市高级人民法院经审理认为：被告人宋某在为中油管道物资装备总公司代理转口业务过程中，擅自采取低报货物价值的违法手段，但现有证据不能证明被告单位中海贸经济贸易开发公司的法定代表人及其他主要领导参与预谋，指使或允许宋某使用违法手段为单位谋取利益。被告人宋某在为他人代理转口业务过程中，低报货物价值，不如实报关的行为属违法行为，依海关有关规定，货物转口对国家不产生税赋，宋某缴纳的税款按有关规定不产生退税，抗诉机关提供的证据亦不能证实宋某不如实报关的违法行为可获取非法利益。原审法院根据本案具体情节，对被告单位中海贸经济贸易开发公司和被告人宋某所作的无罪判决，适用法律正确，审判程序合法，应予维持。故依据我国《刑事诉讼法》第 189 条第（1）项的规定，裁定如下：驳回北京市人民检察院第二分院的抗诉，维持原判。

（最高人民法院刑事审判一至五庭主编：《刑事审判参考（总第 32 期）》，法律出版社 2004 年版。）

案例评析

本案的争议焦点为：行为人在为他人代理转口业务过程中，低报货物价值，不如实报关的行为，是否构成走私普通货物、物品罪？

根据本案判决，行为人在为他人代理转口业务过程中，低报货物价值，不如实报关的行为不构成走私普通货物、物品罪。在司法实践中，应注意走私普通货物、物品罪的认定。

根据我国《刑法》第 153 条规定，走私普通货物、物品罪是指走私本法第 151 条、第 152 条、第 347 条规定以外的货物、物品的，根据情节轻重，分别依照下列规定处罚：（一）走私货物、物品偷逃应缴税额较大或者一年内曾因走私被给予两次行政处罚后又走私的，处 3 年以下有期徒刑或者拘役，并处偷逃应缴税额 1 倍以上 5 倍以下罚金。（二）走私货物、物品偷逃应缴税额巨大或者有其他严重情节的，处 3 年以上 10 年以下有期徒刑，并处偷逃应缴税额 1 倍以上 5 倍以下罚金。（三）走私货物、物品偷逃应缴税额特别巨大或者有其他特别严重情节的，处 10 年以上有期徒刑或者无期徒刑，并处偷逃应缴税额 1 倍以上 5 倍以下罚金或者没收财产。单位犯前款罪的，对单位判处罚金，并对其直接负责的主管人员和其他直接责任人员，处 3 年以下有期徒刑或者拘役；情节严重的，处 3 年以上 10 年以下有期徒刑；情节特别严重的，处 10 年以上有期徒刑。对多次走私未经处理的，按照累计走私货物、物品的偷逃应缴税额处罚。

本罪的认定过程中，可以从以下方面来分析：首先，是以偷逃应缴税额为目的，主观上是通过一系列手段故意偷逃应缴税款；其次，偷逃应缴税额较大或者一年内曾因走私被给予两次行政处罚后又走私的；再次，有其他严重情节的。本案中，行为人在为他人代理转口业务过程中，低报货物价值，不如实报关的行为属违法行为。但因为转口贸易本身并不需要缴纳税款，所以没有证据证明行为人具有偷逃应缴税款的主观意图，故不具有走私普通货物的主观故意。根据主客观相一致的原则，行为人不构成走私普通货物罪。

四、采用少供多报的手段逃避海关监管牟取非法利益的行为认定

——陈某某走私普通货物案

公诉机关：福建省厦门市人民检察院

被告单位：福建省厦门鹭京海台轮物资供应有限公司

诉讼代表人：于某，厦门鹭京海台轮物资供应有限公司董事长

被告人：陈某某

被告人：王某某

案情简介

1998年1月，被告单位厦门鹭京海台轮物资供应有限公司（以下简称鹭京海公司）获准在同安刘某某经营对台轮供应0#保税柴油业务。被告单位总经理陈某某认为，厦门地区存在着走私柴油的情况，如果公司按照正常经营，无法对台轮进行供油，公司的业务也无法开展下去。为了牟取非法利益，陈某某与王某某商议采用少供多报的方法走私柴油。同年2月至4月间，由王某某负责与台轮联系，在台轮来加油时与台轮船长事先串通好，以给其一定的费用为饵，让台轮船长同意在王某某制作的少供油多填报数量的《供油凭证》上签名盖章。在台轮船长同意后，王某某按谈妥的加油数制作《台轮加油申请表》向海关申报批准加油。之后，王某某又制作了有台轮船长签名盖章的多报油数的虚假《供油凭证》，并以虚假的《台轮加油申请表》和《加油凭证》于同年2月至5月间向厦门海关核销0#保税柴油13958吨，其中，虚报供油数8022吨。同时，王某某将每次虚报的供油数报告给陈某某，陈某某于同年2月至11月间将向海关多核销未供台轮的0#保税柴油8022吨分别销售给航安石化公司、海澳石油公司及吴广西等人，偷逃应缴税额人民币3847092.88元。被告单位用所得款购买了一部帕杰罗V33型三菱吉普车（车牌号闽C-69717）借给海关工作人员使用，其余款项用于公司的其他开支。案发后，侦查机关扣押了被告单位人民币1429258.25元、美金44309元、帕杰罗V33型三菱吉普车一辆，扣押航安石化公司参与销售走私柴油的非法所得款人民币30000元。

厦门市中级人民法院认为，被告单位厦门鹭京海公司，为牟取非法利益，采取少供油多核销的手段，逃避海关监管，将虚假核销未供台轮的0#保税柴油8022吨擅自在境内销售，偷逃应缴税额人民币3847092.88元，其行为已构成走私普通货物罪，情节特别严重，

依法应从重处罚。被告人陈某某在接受调查时主动交代侦查机关尚未掌握的被告单位走私犯罪的事实，陈某某是被告单位的主要决策者，其主动交代被告单位犯罪的行为代表了被告单位的意志，系被告单位行为。且该行为符合《关于处理自首和立功具体应用法律若干问题的解释》第1条的规定，属于单位自首。因此，对被告单位可依法减轻处罚。陈某某系被告单位直接负责的主管人员，王某某是被告单位的直接责任人员，两被告人的行为亦均已构成走私普通货物罪，情节特别严重。鉴于陈某某在接受调查时能如实供述司法机关尚未掌握的走私犯罪事实，具有自首情节，且有一定的悔罪表现；王某某受被告单位领导指使参与实施走私犯罪，在走私犯罪中起次要作用，系从犯，因此，对两被告人均可依法予以减轻处罚。依照我国《刑法》第30条、第31条、第154条第（1）项、第153条第2款、第67条第1款、第27条、第72条第1款和第64条的规定，于2001年3月30日判决：1. 被告单位厦门鹭京海台轮物资供应有限公司犯走私普通货物罪，判处罚金人民币100万元；2. 被告人陈某某犯走私普通货物罪，判处有期徒刑3年，缓刑4年；3. 被告人王某某犯走私普通货物罪，判处有期徒刑3年，缓刑3年；4. 扣押于厦门海关走私犯罪侦查分局的被告单位厦门鹭京海台轮物资有限公司走私犯罪非法所得款人民币100万元、赃车1辆予以没收，上缴国库。一审宣判后，被告单位及上述两名被告人均未上诉，检察机关也未提出抗诉，判决已发生法律效力。

（最高人民法院刑事审判一至五庭主编：《刑事审判参考（总第24期）》，法律出版社2003年版。）

案例评析

本案的争议焦点为：为牟取非法利益，逃避海关监管，采用少供多报的手段走私保税柴油，偷逃应缴税款数额巨大的，应如何论处？

根据我国《刑法》第153条规定，走私普通货物、物品罪是指违反海关法规，逃避海关监管，非法运输、携带、邮寄国家禁止进出口的武器、弹药、核材料、假币、珍贵动物及其制品、珍稀植物及其制品、淫秽物品、毒品以及国家禁止出口的文物、金银和其他贵重金属以外的货物、物品进出境，偷逃应缴纳关税额5万元以上的行为。

本案中，行为人为牟取非法利益，逃避海关监管，采用少供多报的手段走私保税柴油，偷逃应缴税款数额巨大，其行为已构成走私普通货物罪，依照我国《刑法》第153条相关规定处罚。在司法实践中，走私普通货物、物品罪的表现行为方式较为多样，对偷逃税款的行为判断需要严格依据走私普通货物、物品罪的构成要件进行。

五、利用中介资金注册公司后又抽资的行为认定

——苏某抽逃出资案

公诉机关：广西壮族自治区南宁市青秀区人民检察院

被告人：苏某

案情简介

2004年5月，被告人苏某与梁某为了从北京晨奥高科技发展有限公司承接“加油站

消防知识宣传栏广告牌工程”，与股东吴某一起决定成立桂华公司。之后，苏某出面找中介，利用中介人员提供的600万元资金验资登记，欺骗工商登记部门并取得了工商营业执照。执照领取后，中介人员便立即将全部600万元注册资金转走。桂华公司登记成立时，吴某任法人代表，苏某、梁某各占30%的股份（应依法认缴180万元的出资额）。2004年8月25日。苏某通过中介代办，将吴某名下股份转让给张某，其他股东不变。2004年11月9日，苏某通过中介将股东变更为张某、梁某某（梁某的弟弟）、陈某（苏某的司机）。2005年3月18日，该公司股东变更为申某、梁某某、陈某。2005年5月16日，该公司股东变更为杜某和孙某。桂华公司虽然股东屡次变更，但一直未补足600万元注册资本。公安机关于2007年6月28日对其立案侦查。苏某及其家属在本案审理过程中，向法院缴纳了18000元罚金。

广西壮族自治区南宁市青秀区人民法院依照我国《刑法》第158条第1款、第53条及最高人民法院《关于自首和立功具体应用法律若干问题的解释》第1条第（1）项之规定，判决如下：被告人苏某犯虚报注册资本罪，判处有期徒刑6个月。

（国家法官学院、中国人民大学法学院编：《中国审判案例要览（2009年刑事审判案例卷）》，人民法院出版社、中国人民大学出版社2010年版。）

案例评析

本案的争议焦点主要为：公司发起人或者股东合谋利用中介组织提供的款项，欺骗工商登记部门并取得工商营业执照，且从不缴纳注册资本的行为应如何认定？

此类案件在现实中较为常见，公司发起人通过中介组织办理公司登记手续时需特别注意有关法律规定。

首先需要明确的是，行为人注册公司需要依据我国《公司法》的规定进行注册登记，我国《刑法》第158条、第159条规定的虚报注册资本罪、虚假出资、抽逃出资罪是以《公司法》为前提和基础的。在2013年《公司法》修改之前，我国有限责任公司实行注册资本实缴制，公司全体股东或者全体发起人的首次出资额不得低于法定的注册资本最低限额，其余部分由股东或者发起人自公司成立之日起两年内缴足。2013年《公司法》修改之后，我国有限责任公司注册资本实行认缴制，有限责任公司的注册资本为在公司登记机关登记的全体股东认缴的出资额。但股东应当按期足额缴纳公司章程中规定的各自所认缴的出资额。股东缴纳出资后，必须经依法设立的验资机构验资并出具证明。2014年4月24日全国人民代表大会常务委员会讨论了《公司法》修改后《刑法》第158条、第159条对实行注册资本实缴登记制、认缴登记制的公司的适用范围问题，解释如下：《刑法》第158条、第159条的规定，只适用于依法实行注册资本实缴登记制的公司。本案中行为人的行为和判决都发生在《公司法》修改之前，只适用旧法，不存在新法和旧法的适用问题。但是，这并不意味着实行公司资本认缴制的公司发起人或者股东不会构成虚假注册资本罪、虚假出资罪、抽逃出资罪。如果股东没有按期足额缴纳公司章程中规定的各自所认缴的出资额，仍然可能构成上述犯罪。

其次，对本案中行为人行为进行认定时，应当注意区分虚报注册资本罪、虚假出资罪和抽逃出资罪。根据《刑法》第158条规定，虚报注册资本罪是指申请公司登记使用虚假证明文件或者采取其他欺诈手段虚报注册资本，欺骗公司登记主管部门，取得公司登记，虚报注册资本数额巨大、后果严重或者有其他严重情节的行为，犯罪对象是公司登记管理部门，而股东或者发起人一般情况下均知情。根据《刑法》第159条规定，虚假注资、抽逃出资罪是指公司发起人、股东违反《公司法》的规定，未交付货币、实物或者未转移财产权，虚假出资，或者在公司成立后又抽逃其出资，数额巨大、后果严重或者有其他严重情节的行为。犯罪对象是本公司的其他股东、发起人，或认股人，虚假出资罪的犯罪手段是应缴付没缴付或少缴付，抽逃出资的犯罪手段是缴付出资取得登记后又抽回出资。

本案中，被告人苏某在其他股东知情的情况下，利用中介人员提供的600万元资金进行虚假验资登记，欺骗公司登记管理部门，其行为构成虚报注册资本罪。

六、村集体留用地的性质认定

——郎某等非国家工作人员受贿案

公诉机关：宁波市江北区人民检察院

被告人：郎某

被告人：应某

被告人：陈某

案情简介

2005年，被告人郎某、应某当选为江北区洪塘街道大郎家村第七届村民委员会委员，被告人陈某当选为该村党支部委员会委员。2006年下半年，大郎家村经村委会、村党支部、村民代表大会讨论、表决，决定将该村一块面积为26.475亩的村集体留用地使用权出让用于发展村集体经济，该土地系大郎家村土地被政府征用后政府按10%的比例返还给村集体的留用地。根据土地政策，该土地只能村集体自用，不能转让，因此该村党支部委员会和村民委员会（以下简称“村两委会”）决定以吸收他人入股的方式转让该土地，以规避法律。董某和吴某先后表示了合作意向。2007年年初的某一天，在大郎家村党支部书记郎某某主持下，村两委会（到场成员有郎某、应某、陈某和邬某等）决定以竞标的方式来确定合作者。董某、吴某均当场出价每亩36万元取得土地使用权，并互不相让，也不再加价，双方进入僵持状态。后董某与吴某出去外面私下商量决定以吴某支付董某人民币30万元作为条件，董某退出竞标，吴某以每亩36万元的价格取得该土地使用权。事后，董某把他与吴某的约定告诉了被告人郎某。2007年3月，在签订土地转让协议当晚，吴某将约定的30万元支付给董某，董某得到钱后于当天把其中的20万元交给被告人郎某，让他与其他村干部分。被告人郎某告知了被告人陈某、应某该20万元的来源，并分别分给应某、陈某各6万元，自己得款8万元。

宁波市江北区人民法院经审理认为：被告人郎某、应某、陈某身为农村基层组织工作人员，利用职务上的便利，非法收受他人财物，为他人谋取利益，数额巨大，其行为均已构成非国家工作人员受贿罪。对被告人郎某、应某、陈某依照我国《刑法》第163条第1

款、第25条第1款、第64条、第67条第1款、第72条、第73条第2款和第3款的规定，作出判决：一、被告人郎某犯非国家工作人员受贿罪，判处有期徒刑5年，并处没收财产人民币3万元；二、被告人应某犯非国家工作人员受贿罪，判处有期徒刑3年，缓刑4年，并处没收财产人民币2万元；三、被告人陈某犯非国家工作人员受贿罪，判处有期徒刑3年，缓刑4年，并处没收财产人民币2万元；四、被告人郎某违法所得人民币8万元、被告人应某违法所得人民币6万元、被告人陈某违法所得人民币6万元，均予以追缴。一审宣判后，被告人未提起上诉，一审判决已经发生法律效力。

（最高人民法院、中国应用法学研究所编：《人民法院案例选（2012年第1辑）》，人民法院出版社2012年版。）

案例评析

本案的争议焦点主要有：1. 本案中农村基层组织工作人员的行为性质该如何认定；2. 事后非法收受他人财物的行为，应如何认定？

本案是一起多名农村基层组织工作人员利用职务便利，收受他人财物的案件，此类案件在司法实践中较为常见。但是在案件审理过程中，3名被告人的行为构成受贿罪还是非国家工作人员受贿罪常存在争议。

非国家工作人员受贿罪，是指公司、企业或者其他单位的工作人员利用职务上的便利，索取他人财物或者非法收受他人财物，为他人谋取利益，数额较大的行为。本罪犯罪主体是公司、企业或者其他单位的工作人员；主观方面表现为故意，即公司、企业、其他单位人员故意利用其职务之便接受或索取贿赂，为他人谋取利益；客观方面是利用职务上的便利，索取他人财物或者非法收受他人财物，为他人谋取利益，数额较大的行为。受贿罪，是指国家工作人员利用职务上的便利，索取他人财物，或者非法收受他人财物，为他人谋取利益的行为。受贿罪的主体是国家工作人员；客观方面表现为索取他人财物的行为，或者非法收受他人财物，为他人谋取利益的行为。

从上述两罪的构成要件来看，3名被告人的行为究竟构成受贿罪还是非国家工作人员受贿罪，主要取决于3名被告人的身份属于国家工作人员还是非国家工作人员。根据我国《刑法》第93条的规定，国家工作人员的范畴包括了“其他依照法律从事公务的人员”。为进一步明确该条文，全国人大常委会制定了《关于〈中华人民共和国刑法〉第九十三条第二款的解释》（以下简称《解释》），按照《解释》规定，“其他依照法律从事公务的人员”包括以下情形：村民委员会等村基层组织人员协助人民政府从事救灾、抢险、防汛、优抚、移民、救济款物的管理；社会捐助公益事业款物的管理；国有土地的经营、管理；土地征用补偿费用的管理；代征、代缴税款；有关计划生育、户籍、征兵工作；协助人民政府从事的其他行政管理工作，等等。

本案中的涉案土地，系大郎家村土地被政府征用后政府按10%的比例返还给村集体的留用地。从土地性质来看，该土地原系村集体土地，在被政府征用后，其所有权随之发生了转移，成为国有土地。但是根据国家土地政策，政府将征用的土地按一定比例返还给被征地的村集体作为村集体留用地用于发展村集体经济后，土地性质虽然系国有，但村集体仍享有该土地的使用权。3名被告人从事的经营管理活动，其目的是为了将村集体留用地转让用于发展村集体经济，无需上缴国家。因此，对该土地的经营管理并非是“协助”人民政府从事管理工作，而纯粹是村集体内部事务。因此，3名被告人不属于“其他依照法律从事公务的人员”的范畴，不能以国家工作人员论，所以3名被告人就可能构成非国家工作人员受贿罪。

另外，事后非法收受他人财物的行为，应如何认定？由于非国家工作人员受贿罪的保护法益是非国家工作人员职务行为的不可收买性，或者说是非国家工作人员职务行为与财物的不可交换性。因此，从行为性质而言，为他人谋取利益，收受财物时，无论是“事前”还是“事后”，都不影响法益受到侵害的性质。只要行为人认识到他人交付的财物是对自己职务行为的不正当报酬，就可以成立非国家工作人员受贿罪。

在本案中，3名被告人在吴某与董某竞标前，没有为董某谋取利益的共同故意，竞标过程中，3名被告人对放任董某与吴某外出商量竞标一事也没有意思联络，更没有积极追求贿赂的意图，因此，属于事先无通谋的情形。但董某将20万元赃款交给郎某时，郎某作为单独受贿人，其受贿犯罪行为已经构成。当郎某决定将20万元与陈某、应某瓜分，并告知二人赃款来源分别分给二人6万元时，其3人已经形成了共同的犯罪故意，构成了共同犯罪。陈某与应某虽然是分别从郎某处取得6万元，其二人并无意思联络，但由于二人知道该赃款的来源和3名被告人都收受该赃款的事实，处于默认的状态没有提出异议，也应构成共同犯罪。3名被告人利用职务上的便利，以其共同的不作为，为行贿人谋取利益，事后共同收受他人财物，对3名被告人应以共同受贿行为认定，均构成非国家工作人员受贿罪。

七、向社会公众销售理财产品的行为认定
——肖某非法吸收公众存款案

公诉机关：北京市朝阳区人民检察院

被告人：肖某

案情简介

中行亚太公司是以酒店管理等项目为经营范围的公司，杨某系法定代表人，肖某系销售部经理。2007年5月至8月期间，中行亚太公司以筹集该单位与中国人民解放军总医院第二附属医院（原309医院）合作开发的玉泉山康复保健中心所需项目资金的名义，私刻了玉泉山康复保健中心公章，通过支付高额利息的手段，非法向社会公众销售健益宝理财产品295份，非法吸收公众存款达人民币1774万元。肖某在杨某的安排下，负责上述理财产品的销售工作，但并没有与单位签订书面的劳动合同手续。肖某对外以中行亚太公司销售部门负责人的身份，组织销售理财产品；对内与公司签订分包销售协议，负责管理销售部人员。

北京市朝阳区人民法院依照我国《刑法》第176条、第25条第1款、第27条、第52条、第53条及第64条之规定，判决如下：一、被告人肖某犯非法吸收公众存款罪，判处有期徒刑1年6个月，并处罚金人民币5万元；二、责令被告人肖某与北京中行亚太

科贸有限公司、杨某共同退赔人民币13036366.31元，分别予以发还。一审宣判后，被告人肖某提出上诉，北京市第二中级人民法院经审理后驳回上诉，维持原判。

（国家法官学院、中国人民大学法学院编：《中国审判案例要览（2011年刑事审判案例卷）》，人民法院出版社、中国人民大学出版社2012年版。）

案例评析

本案的主要争议焦点为：1. 公司为募集项目资金，在经营范围之外以支付高额利息的手段，向社会公众销售理财产品的行为是否构成非法吸收公众存款罪？2. 在单位犯罪中，行为人没有与单位签订书面的劳动合同，能否被认定为单位犯罪中的其他直接责任人员？

首先，公司为募集项目资金，在经营范围之外以支付高额利息的手段，向社会公众销售理财产品的行为是否构成非法吸收公众存款罪？根据我国《刑法》第176条规定，非法吸收公众存款罪是指非法吸收公众存款和变相吸收公众存款，扰乱金融秩序的行为。《非法金融机构和非法金融业务活动取缔办法》第4条第2款规定，非法吸收公众存款是指未经中国人民银行批准，向社会公众吸收资金、出具凭证，承诺在一定期限内还本付息的活动；所谓变相吸收公众存款，是指未经中国人民银行批准，不以吸收公众存款的名义，向社会不特定对象吸收资金，但承诺履行的义务与吸收公众存款性质相同的活动。非法吸收公众存款罪中的“非法”一般表现为主体不合法或者行为方式不合法。主体的不合法，即不具备经营资格的单位或者个人从事了向社会公众吸收存款的行为。二是行为方式不合法，即行为人虽然具备相应资格，但通过抬高利率等不合法的手段吸收公众存款。

就本案而言，中行亚太公司在不具备从事金融业务资质的情况下，为募集项目资金，以支付高额利息的手段，向社会公众销售“健益宝”理财产品，前后与99人签订了295份合同，共吸收资金达人民币1774万元。从形式上来看，该行为虽然是以购销合同的形式向社会公众推销理财产品，双方约定的是投资回报事项，但实质上却是向社会不特定对象承诺还本付息的吸收资金的行为，超出了其酒店管理的经营范围，其行为已经构成非法吸收公众存款罪。

其次，单位犯罪中，被告人未与单位签订劳动合同能否认定为其他直接责任人员？根据我国《刑法》第31条规定，单位犯罪的，对单位判处罚金，并对其直接负责的主管人员和其他直接责任人员判处刑罚。《全国法院审理金融犯罪案件工作座谈会纪要》对于单位直接负责的主管人员和其他直接责任人员做了明确区分：直接负责的主管人员，是在单位实施的犯罪中起决定、批准、授意、纵容、指挥等作用的人员，一般是单位的主管负责人，包括法定代表人；其他直接责任人员，是在单位犯罪中具体实施犯罪并起较大作用的人员，既可以是单位的经营管理人员，也可以是单位的职工，包括聘任、雇佣的人员。此规定表明，单位犯罪主体的直接负责的主管人员和其他直接责任人员都必须为单位的员工，正式职工和聘任员工都可以构成单位犯罪主体，而无需考虑是否签订了劳动合同。即使没有签订劳动合同，也可以被认定为单位雇员，可能构成单位犯罪主体中的直接负责的主管人员或其他直接责任人员。

本案中，虽然从形式上看，肖某没有和公司签订劳动合同、办理相应手续，但其作为中行亚太公司销售部经理，具体负责该理财产品的销售工作，负责对该公司销售人员进行培训及具体销售事务，实质上已经和公司之间形成了事实上的雇佣关系，是公司的销售主管人员。肖某可以成为非法吸收公众存款罪的犯罪主体，属于单位犯罪中的其他直接责任人员。

八、内幕交易行为的认定

——杜某等内幕交易、泄露内幕信息案

公诉机关：江苏省无锡市人民检察院

被告人：杜某

被告人：刘某华（杜某的妻子）

案情简介

2009年1月，某所为做大做强其下属企业某某集团有限公司（以下简称某某集团），欲通过南京地区一家上市公司进行资产重组从而借壳上市。2009年2月初，某所与南京市某县政府就投资合作及收购某公司的国有股股份等事宜进行商谈，双方经商洽和实地考察，均表达了合作的意向。在某所收购重组前，某县国有资产经营（控股）有限公司持有的某公司国有股占该公司总股本的31.33%，是该公司第一大股东、实际控制人。某所收购重组某公司股权事项属某集团重大对外投资项目。被告人杜某作为某集团总会计师，负责分管集团内部的资本运作，全程参与了该重组项目的审核工作。

2009年3月23日，杜某与某集团财务部主任张某某陪同国务院驻某集团监事会领导到下属的某所等单位考察。当晚，在杜某住宿的酒店房间内，某所所长罗某、某所副总经济师鲍某某向杜某、张某两人汇报了某所拟发展民品项目，准备依托南京地区股份制企业借壳上市，请求某集团给予支持等内容。并详细透露了拟借壳公司的概况：1. 公司总股本为8000余万股左右；2. 公司股权结构比较好，第一大（国有）股东占总股本的30%左右；3. 地方政府支持。

3月29日，杜某回到北京后，即利用罗某、鲍某某等人汇报的借壳公司概况在互联网上进行检索，得出唯一符合上述条件的某公司。3月31日，杜某陪同某集团领导来南京参加某所的搬迁仪式期间，南京市政府领导就某所收购重组事宜出面协调，其进一步明确了某所拟借壳公司为南京地区的上市公司。4月1日，杜某回到北京后，即将某集团下属单位欲重组某公司的信息告知被告人刘某华，双方均表示可以购买某公司股票。被告人杜某自2009年4月2日至4月20日期间，单独操作买入某公司股票共计223000股，支付资金共计1542185.52元，卖出后非法获利2470351.38元；被告人杜某、刘某华共同操作买入某公司股票137100股，支付资金共计966946.91元，卖出后非法获利1739692.46元。同年4月初，被告人刘某华将从杜某处获悉某公司将要重组的信息泄露给赵某某、刘某、刘某某（均另案处理），后赵某某、刘某、刘某某先后买入某公司股票共计784641股，在某公司股票复牌后抛出，非法获利12019744.91元。

江苏省无锡市人民法院依照我国《刑法》第180条第1款和第3款、第25条第1款、第26条第1款、第27条、第64条之规定，判决如下：一、被告人杜某犯内幕交易罪，判处有期徒刑6年，并处罚金人民币425万元。二、被告人刘某华犯内幕交易、泄露内幕信息罪，判处有期徒刑3年，并处罚金人民币425万元。三、侦查机关扣押的被告人杜某、刘某华违法所得人民币4210043.84元予以没收，上缴国库。

（参见《最高人民法院公报》2012年第10期。）

案例评析

本案的争议焦点主要有：内幕交易、泄露内幕信息罪中的“内幕信息”如何认定？内幕交易、泄露内幕信息罪中的“内幕交易行为”如何认定？

内幕信息，是指为内幕人员所知悉的，尚未公开的并对证券的发行，证券、期货交易或者价格有重大影响的信息，其具体范围，根据法律、行政法规的规定确定。我国《证券法》第75条规定，证券交易活动中，涉及公司的经营、财务或者对该公司证券的市场价格有重大影响的尚未公开的信息，为内幕信息。下列信息皆属内幕信息：（一）本法第67条第二款所列重大事件；（二）公司分配股利或者增资的计划；（三）公司股权结构的重大变化；（四）公司债务担保的重大变更；（五）公司营业用主要资产的抵押、出售或者报废一次超过该资产的30%；（六）公司的董事、监事、高级管理人员的行为可能依法承担重大损害赔偿责任；（七）上市公司收购的有关方案；（八）国务院证券监督管理机构认定的对证券交易价格有显著影响的其他重要信息。本案中，杜某从某所罗某等人处获悉的信息属于对上市公司股票交易价格产生较大影响的重大事件，在尚未公开之前属于内幕信息，具有真实性和秘密性。

另外，内幕交易、泄露内幕信息罪的犯罪主体是特殊主体，即必须是证券、期货交易内幕信息的知情人员或者非法获取证券、期货交易内幕信息的人员与单位。具体而言，我国《证券法》第74条规定了证券交易内幕信息的知情人的范围，包括：（一）发行人的董事、监事、高级管理人员；（二）持有公司5%以上股份的股东及其董事、监事、高级管理人员，公司的实际控制人及其董事、监事、高级管理人员；（三）发行人控股的公司及其董事、监事、高级管理人员；（四）由于所任公司职务可以获取公司有关内幕信息的人员；（五）证券监督管理机构工作人员以及由于法定职责对证券的发行、交易进行管理的其他人员；（六）保荐人、承销的证券公司，证券交易所、证券登记结算机构、证券服务机构的有关人员；（七）国务院证券监督管理机构规定的其他人。由于杜某作为某集团总会计师，属于控股公司的高级管理人员，全程参与了该重组项目的审核工作，并且在工作中从某所罗某等人处获悉了该信息，属于内幕信息的知情人。刘某华作为内幕信息知情人员杜某的配偶，从杜兰库处获悉内幕信息，并在内幕信息的敏感期内从事与内幕信息有关的证券交易，且泄露该内幕信息，违反了股票交易应遵循的公开、公平和诚实、信用的原则，破坏了国家对证券交易的管理制度，侵犯了投资者的合法权益，属非法获取证券交易内幕信息的人员。

而内幕交易、泄露内幕信息罪中的“内幕交易行为”的认定应当依据内幕信息进行判断。内幕交易，是指知悉证券交易内幕信息的知情人员或者非法获取内幕信息的其他人员，在涉及证券的发行，证券、期货交易或者其他对证券、期货的价格有重大影响的信息尚未公开时，买入或者卖出该证券，或者从事与该内幕信息有关的期货交易。

综上所述，本案中杜某作为内幕交易的知情者先将内幕信息泄露给自己的妻子，自己又利用信息进行证券买卖，其行为已经构成内幕交易、泄露内幕信息罪。刘某华在得知内幕信息之后，也利用该信息进行证券买卖非法获利，并将该信息泄露给其他人，其行为也构成了内幕交易、泄露内幕信息罪。

九、非法吸收公众存款罪的认定

——黄某被控非法吸收公众存款宣告无罪案

公诉机关：北京市东城区人民检察院

被告人：黄某

案情简介

北京华帝凯工艺包装制品有限公司（以下简称华帝凯公司）成立于1994年3月，该公司法定代表人张某，被告人黄某为总经理。1996年3月，该公司法定代表人变更为黄某。1995年4月至1996年年底，被告人黄某以支付2%至5%不等月息的方法，向陈某及经陈某介绍向北京园林服务咨询公司、迪贝特公司、郝某借款，共计人民币163.8万元，用于生产经营。在此期间，陈某帮助黄某以自己名义，向其同事、朋友、邻居、亲属等人借款，并允诺可支付高额利息。黄某因经营不善不能及时收回货款，致使大部分资金无法返还。陈某于1998年3月13日以黄某诈骗其人民币133.8万元为由向公安机关报案，公安机关于同年4月14日将黄某抓获。北京市东城区人民法院依照我国《刑事诉讼法》第162条及最高人民法院《关于执行〈中华人民共和国刑事诉讼法〉若干问题的解释》第176条，判决如下：被告人黄某无罪。一审宣判后，原公诉机关北京市东城区人民检察院以原判认定的事实有误，适用法律不当为由提出抗诉。在北京市第二中级人民法院审理过程中，北京市人民检察院第二分院认为抗诉不当，决定撤回抗诉。北京市第二中级人民法院经二审审理认为：北京市人民检察院第二分院撤回抗诉的要求，符合法律规定，应予准许。北京市第二中级人民法院依照最高人民法院《关于执行〈中华人民共和国刑事诉讼法〉若干问题的解释》第241条的规定，裁定如下：准许北京市人民检察院第二分院撤回抗诉。北京市东城区人民法院（2005）东刑初字第376号刑事判决自本裁定送达之日起发生法律效力。

（国家法官学院、中国人民大学法学院编：《中国审判案例要览（2008年刑事审判案例卷）》，人民法院出版社、中国人民大学出版社2009年版。）

案例评析

本案的争议焦点主要为：行为人仅向与其具有相对特定关系的少数个人和单位借款，且所借款项大部分用于本企业生产经营，后因经营不善导致亏损无法偿还借款的，其行为是否构成非法吸收公众存款罪？

近年来，我国民间借贷规模发展迅猛，由民间借贷引发的经济纠纷也呈爆发式增长。在经济纠纷中，债权人为了回收资金，常常将债务人的民间借贷行为认定为非法吸收公众存款行为。在司法实践中，应当注意区分民间借贷与非法吸收公众存款罪。

非法吸收公众存款罪，是指非法吸收公众存款或者变相吸收公众存款，扰乱金融秩序的行为。该罪侵犯的客体，是国家金融管理制度，犯罪对象是不特定的或者多数人的存款；在客观方面表现为行为人实施了非法吸收公众存款或变相吸收公众存款的行为；该罪的主体为一般主体，在主观方面表现为故意。如果行为人仅向相对特定关系的少数个人和单位借款，且所借款项大部分用于本企业生产经营，后因经营不善导致亏损无法偿还借款的，不符合非法吸收公众存款罪的构成要件。

本案中，行为人黄某对外借款的对象仅仅是陈某及其推荐的亲朋好友、郝某、迪贝特公司、北京园林服务咨询公司等少数个人和单位借款，其范围具有明显的特定性，而非向社会不特定对象吸收存款资金，借款对象具有明显的特定性，而非不特定对象。而且，行为人黄某对外所借款项绝大部分都用于其本企业的日常生产经营活动，未将款项挪作他用，其行为并没有扰乱国家正常的金融管理秩序，属于典型的民间借贷行为，不构成非法吸收公众存款罪。

十、以牟利为目的骗取银行承兑汇票的行为认定

——姚某高利转贷案

公诉机关：辽宁省鞍山市千山区人民检察院

被告人：姚某

案情简介

鞍山市第六粮库主任林某（另案处理）得知鞍山市轧钢厂缺少生产资金急需融资，便找到被告人姚某（与其系同学关系）商议，由姚某出面办理营业执照，利用林某与银行相关人员熟悉的便利条件，通过办理银行承兑汇票后借给鞍山市轧钢厂以从中获利。姚某于1997年9月承包了鞍山市农垦工贸公司，以该公司名义，向银行申请办理银行承兑汇票并转借给鞍山市轧钢厂。1997年11月，被告人姚某以鞍山市农垦工贸公司名义，向鞍山市农业发展银行办理承兑汇票人民币500万元。在办理该笔承兑汇票时，鞍山市农垦工贸公司在鞍山市农业发展银行所设账户内没有存入保证金，也没有向鞍山市农业发展银行提供担保。林某、姚某将这500万元银行承兑汇票借给鞍山市轧钢厂用于资金周转，从中获利35万元。1999年6月，被告人姚某以鞍山市农垦工贸公司名义向鞍山市农业银行营业部办理承兑汇票人民币490万元。在办理该笔承兑汇票时，鞍山市农垦工贸公司在鞍山市农业银行营业部所设账户内存款100万元作为保证金，并由鞍山市轧钢厂作为保证人提供担保，鞍山市农垦工贸公司、鞍山市农业银行营业部、鞍山市轧钢厂三方共同签订了保证担保借款合同，林某、姚某将这490万元银行承兑汇票借给鞍山市轧钢厂用于资金周转，从中获利40万元。上述两笔银行承兑汇票到期后，本金人民币计990万元均由鞍山市农垦工贸公司返还给银行。被告人姚某对起诉书指控的事实提出异议，辩解其与鞍山市

轧钢厂合伙做生意，不构成高利转贷罪。其辩护人提出，姚某将从银行开出的合计 990 万元的银行承兑汇票交给轧钢厂的行为系出票行为，而非转贷行为；票据资金不属金融机构的信贷资金；姚某从鞍山市轧钢厂取得的 75 万元不是利息，而是利润，故公诉机关指控犯罪不成立。千山区人民法院认为，被告人姚某以转贷牟利为目的，套取金融机构信贷资金转贷给他人，违法所得数额巨大，其行为已构成高利转贷罪，应依法惩处。依照我国《刑法》第 175 条、第 52 条、第 53 条、第 64 条的规定，判决如下：1. 被告人姚某犯高利转贷罪，判处有期徒刑 4 年，并处罚金人民币 75 万元。2. 被告人姚某所得赃款人民币 325011.36 元，依法予以没收。一审宣判后，被告人未提起上诉，公诉机关亦未提起抗诉，判决发生法律效力。

（最高人民法院刑事审判一至五庭主编：《刑事审判参考（总第 62 期）》，法律出版社 2008 年版。）

案例评析

本案的争议焦点为：行为人以转贷牟利为目的，编造虚假交易关系并出具虚假购销合同取得银行承兑汇票，违法所得数额巨大的，该如何论处？

近年来，随着我国民间融资行为的增多，高利转贷行为也出现多发趋势。在司法实践中对于高利转贷行为的认定应当从实质价值进行分析。

我国《刑法》第 175 条规定，高利转贷罪是指以转贷牟利为目的，套取金融机构信贷资金再高利转贷给他人，违法所得数额较大的行为。根据中国人民银行发布的《贷款通则》有关“借款人不得套取贷款用于借贷牟取非法收入”的规定，凡是将金融机构贷款用于借贷牟取非法收入的行为，均属于套取金融机构信贷资金。在本案中，行为人虽然没有直接套取金融机构的信贷资金再高利转贷给他人，但银行承兑汇票贴现时使用的资金属于银行的信贷资金，票据贴现也是银行借出信贷资金的一种表现形式，银行承兑汇票与信贷资金的实质价值一样。所以，行为人通过编造虚假交易关系并出具虚假购销合同的方式取得银行承兑汇票，并借给鞍山市轧钢厂用于资金周转，从中获利 35 万元的行为实质上属于套取银行的信贷资金，应以高利转贷罪论处。

十一、民间借贷与集资诈骗的界限判断
——吕某集资诈骗案

公诉机关：浙江省丽水市中级人民法院
被告人：吕某

案情简介

2004 年 8 月至 2008 年 3 月，被告人吕某以支付高额利息为诱饵，虚构工程招投标、与他人合伙做外贸生意、投资基金等资金用途，采取出具借据、签订借款协议等方式，在浙江省丽水市莲都区、缙云县、青田县等地向 100 余人非法集资人民币 2.6 亿余元，所得款项除用于偿还前期集资款、支付高额利息外，其余部分被吕某用于在澳门赌博，购买房产、汽车等个人挥霍。至案发时，尚有集资款人民币 4038 万余元无法归还。2008 年 4 月

24 日，被告人吕某向公安机关投案自首。

丽水市中级人民法院以集资诈骗罪判处被告人吕某死刑，缓期 2 年执行，剥夺政治权利终身，并处没收个人全部财产。宣判后，吕某不服，提出上诉。浙江省高级人民法院经审理，依法驳回吕某的上诉，维持原判。

（参见《最高人民法院公报》2010 年第 10 期。）

案例评析

本案的争议焦点主要是：行为人以支付高额利息为诱饵，虚构工程招投标、与他人合伙做生意、投资基金等资金用途，采取出具借据、签订借款协议等方式进行借贷，数额较大的行为，如何认定？

随着我国经济的发展，我国民间借贷规模越来越庞大，民间借贷的形式也较为灵活、不规范，所以在司法实践中民间借贷行为与集资诈骗罪的界限较为模糊，容易发生争议。

集资诈骗罪是指以非法占有为目的，违反有关金融法律、法规的规定，使用诈骗方法进行非法集资，且数额较大的行为。本罪侵犯的客体是复杂客体，既侵犯了公私财产所有权，又侵犯了国家金融管理制度。在客观方面表现为行为人使用诈骗方法非法集资，数额较大的行为。而近年来，集资诈骗的方法呈现多样化趋势，其根本手段就是采取虚构资金用途，以虚假的证明文件和高回报率为诱饵，或者其他骗取集资款的手段骗取资金。集资行为必须向社会公众，面向多数人或者不特定人。主体是一般主体，任何达到刑事责任年龄、具有刑事责任能力的自然人均可构成本罪。在主观上由故意构成，且以非法占有为目的，即犯罪行为人在主观上具有将非法聚集的资金据为己有的目的。非法占有目的是集资诈骗罪认定的基础，如果没有非法占有的目的，将借贷用于约定的用途无法归还，也不能认定为集资诈骗罪。对没有非法占有目的，在特定范围内（如面向单位职工、亲属）筹集资金的行为，应当按债务纠纷处理。根据最高人民法院 1996 年 12 月 24 日《关于审理诈骗案件具体应用法律的若干问题的解释》规定与司法实践，行为人具有下列情形之一的，应当认定其行为属于“以非法占有为目的，使用诈骗方法非法集资”：（1）携带集资款逃跑的；（2）挥霍集资款，致使集资款无法返还的；（3）使用集资款进行违法犯罪活动，致使集资款无法返还的；（4）具有其他欺诈行为，拒不返还集资款，或者致使集资款无法返还的。（5）明知没有归还能力而大量骗取资金的；（6）隐匿、销毁账目，或者搞假破产、假倒闭，以逃避返还资金的；（7）其他非法占有资金、拒不返还的行为。

在本案中，行为人以支付高额利息为诱饵，虚构工程招投标、与他人合伙做生意、投资基金等资金用途，采取出具借据、签订借款协议等方式进行大规模借贷行为已经构成诈骗行为。从行为人挥霍集资款，致使集资款无法返还的客观行为可以判断其非法占有为目的的主观意图。因此，其行为符合集资诈骗罪的构成要件，应以集资诈骗罪论处。根据我国《刑法》第 199 条的规定，犯集资诈骗罪数额特别巨大并且给国家和人民利益造成特别重大损失的，处无期徒刑或者死刑，并处没收财产。丽水市中级人民法院以集资诈骗罪判处被告人吕某死刑，缓期 2 年执行，剥夺政治权利终身，并处没收个人全部财产。宣判后，吕某不服，提出上诉。浙江省高级人民法院经审理，依法驳回吕某的上诉，维持原判。

十二、行为人捡拾他人借记卡后通过自动取款机提现的行为认定

——信用卡诈骗案

公诉机关：北京市朝阳区人民检察院

被告人：张某

案情简介

被告人张某于2005年1月18日13时许，在北京市朝阳区望京西园221号博泰大厦一层农业银行大厅内，发现林某遗忘在ATM机里的农业银行储蓄卡，遂更改密码据为己有。后其多次使用该卡在银行ATM机上共取走人民币6900元。一审法院经审理认为，被告人张某在捡拾得他人遗失的银行储蓄卡以后，冒用银行卡所有人的名义通过银行自动提款机取款，数额较大，其行为符合诈骗罪的犯罪构成，判处拘役5个月，罚金1000元。宣判后，检察院以一审法院将本案起诉罪名信用卡诈骗罪更改为诈骗罪，定性不准，适用法律有误为由提出抗诉。二审法院经审理认为，被告人张某以非法占有为目的，隐瞒事实真相，冒用他人的信用卡骗取数额较大的钱财，根据《全国人大常委会关于〈中华人民共和国刑法〉有关信用卡规定的解释》规定，《刑法》规定的"信用卡"，是指由商业银行或者其他金融机构发行的具有消费支付、信用贷款、转账结算、存取现金等全部功能或者部分功能的电子支付卡，张某的行为已构成信用卡诈骗罪。检察机关的抗诉意见成立，应予采纳。一审法院认定张某犯罪的事实清楚，证据确实充分，审判程序合法，但对张某的定罪及适用的附加刑均不当，依法予以改判。依照我国《刑事诉讼法》第189条第(2)项、第190条和《刑法》第196条第1款第(3)项、第52条、第53条、第61条之规定，撤销一审法院判决，改判原审被告人张某犯信用卡诈骗罪，判处拘役5个月(已执行)，并处罚金人民币2万元的判决。

(最高人民法院刑事审判一至五庭主编:《刑事审判参考(总第60期)》，法律出版社2008年版。)

案例评析

本案的争议焦点主要是：行为人捡拾他人遗忘的借记卡后通过自动取款机取走大量现金的行为应该如何认定？

首先，需要明确借记卡在刑法中的认定。《全国人民代表大会常务委员会关于〈中华人民共和国刑法〉有关信用卡规定的解释》规定，刑法规定的"信用卡"，是指由商业银行或者其他金融机构发行的具有消费支付、信用贷款、转账结算、存取现金等全部功能或者部分功能的电子支付卡。因此具有存取款功能的借记卡在刑法中也应当被纳入信用卡的范畴。

其次，行为人拾得他人遗忘的借记卡后通过自动取款机提起现金的行为，应如何认定

呢？理论界对该问题存在一定争议，如张明楷教授认为，冒用他人的信用卡到 ATM 取款的行为应定性为盗窃罪，冒用他人信用卡到柜台取钱应当认定为信用卡诈骗罪，因为机器不是骗的对象，只有人是诈骗的对象。另有意见认为，冒用他人信用卡在 ATM 机上取钱的行为构成信用卡诈骗罪。根据我国《刑法》第 196 条规定，信用卡诈骗罪是指以非法占有为目的，违反信用卡管理法规，利用信用卡进行诈骗活动，骗取财物数额较大的行为。客观方面表现为：使用伪造的信用卡或者使用以虚假的身份证明骗领的信用卡，骗取财物；使用作废的信用卡，骗取财物；冒用他人的信用卡，骗取财物；恶意透支等。据此，在司法实践中，将行为人捡拾他人遗忘的借记卡后通过自动取款机取走大量现金的行为认定为冒用他人信用卡的行为，其行为侵犯了信用卡管理制度和公私财产所有权，构成信用卡诈骗罪。

十三、以真实的身份和伪造的财产证明申领信用卡后恶意透支的行为认定

——周某信用卡诈骗案

公诉机关：浙江省宁波市镇海区人民检察院

被告人：周某

案情简介

2008 年 9 月至 2009 年 2 月间，被告人周某在明知自己没有还款能力的情况下，采用向银行提供虚假的工作证明、收入证明、房权证等手段，从宁波银行、深发银行、招商银行申领信用卡后，采用刷卡套现、取现、消费等手段进行透支，在无力偿还银行欠款后变更联系方式，经上述银行多次催收，被告人周某仍未予偿还。截至案发时，共计透支上述银行信用卡内本金共计人民币 76578.19 元。

浙江省宁波市镇海区人民法院于 2012 年 3 月 19 日作出（2012）甬镇刑初字第 126 号刑事判决：1. 被告人周某犯信用卡诈骗罪，判处有期徒刑 3 年 9 个月，并处罚金人民币 3 万元；2. 责令被告人周某退赔各被害单位相应透支款。

（最高人民法院、中国应用法学研究所编：《人民法院案例选（2013 年第 2 辑）》，人民法院出版社 2013 年版。）

案例评析

本案的主要争议焦点为：以真实的身份信息和伪造的收入证明、房产证明申领信用卡后恶意透支骗取财物的行为属于信用卡诈骗罪中“使用以虚假的身份证明骗领的信用卡”的行为方式，还是“恶意透支”的行为方式？

信用卡诈骗罪，是指以非法占有为目的，利用信用卡进行诈骗活动，骗取数额较大财物的行为。根据我国《刑法》第 196 条第 1 款第 1 项的规定，信用卡诈骗罪的客观方面表现为：使用伪造的信用卡或者使用以虚假的身份证明骗领的信用卡，骗取财物；使用作废的信用卡，骗取财物；冒用他人的信用卡，骗取财物；恶意透支等行为。最高人民法院、

最高人民检察院2009年联合发布了《关于妨害信用卡管理刑事案件具体应用法律若干问题的解释》，该《解释》第5条规定，使用伪造的信用卡、以虚假的身份证明骗领的信用卡、作废的信用卡或者冒用他人信用卡，进行信用卡诈骗活动，数额在5000元以上不满5万元的，应当认定为《刑法》第196条规定的“数额较大”；数额在5万元以上不满50万元的，应当认定为《刑法》第196条规定的“数额巨大”；数额在50万元以上的，应当认定为《刑法》第196条规定的“数额特别巨大”。《解释》第6条规定，恶意透支，数额在1万元以上不满10万元的，应当认定为《刑法》第196条规定的“数额较大”；数额在10万元以上不满100万元的，应当认定为《刑法》第196条规定的“数额巨大”；数额在100万元以上的，应当认定为《刑法》第196条规定的“数额特别巨大”。本案中周某的涉案数额为76578.19元，如果其行为属于”以虚假的身份证明骗领的信用卡”情节，则其行为属于数额巨大，量刑档次将在5年以上10年以下有期徒刑。如果其行为属于“恶意透支”，则量刑档次将在5年以下有期徒刑。

“使用以虚假的身份证明骗领信用卡”是信用卡诈骗罪的行为方式之一。我国《刑法》中关于“以虚假的身份证明骗领信用卡”的罪状描述有三处，其中两处在第177条之一“妨害信用卡管理罪”中。该《解释》第2条在对《刑法》第177条规定解释中明确，违背他人意愿，使用其居民身份证、军官证、士兵证、港澳居民往来内地通行证、台湾居民往来大陆通行证、护照等身份证明申领信用卡的，或者使用伪造、变造的身份证明申领信用卡的，应当认定为《刑法》第177条之一第1款第（3）项规定的“使用虚假的身份证明骗领信用卡”。该《解释》规定虽然明确指明系解释第177条之一，但由于该条内容和第196条内容一致，因此对“以虚假的身份证明申领信用卡”的解释在其他条款中也应适用。换言之，法律中的“身份证明”指的是能够证明自然人个体的姓名、性别等人身权特征的材料，而不包括其他外在社会、财产关系等情况。本案中被告人以真实的身份信息和虚假的收入、资产证明申领信用卡，不属于“以虚假的身份证明骗领信用卡”。

浙江省宁波市镇海区人民法院于2012年3月19日作出（2012）甬镇刑初字第126号刑事判决，认为公诉机关指控罪名成立，但公诉机关关于被告人周某使用以虚假的身份证明骗领的信用卡，犯罪数额巨大的指控存在适用法律错误。被告人周某以真实的身份证和虚假的收入证明、产权证明等资信证明申领信用卡，不属于以虚假的身份证明骗领信用卡而属于“恶意透支”行为，犯罪数额依法应认定为数额较大。被告人周某的行为构成信用卡诈骗罪，判处有期徒刑3年9个月，并处罚金人民币3万元。

十四、伪造网上银行企业客户账户查询、转账授权书等骗取银行资金的行为认定

——金融凭证诈骗案

公诉机关：西安市人民检察院

被告人：张某

被告人：胡某（上诉人）

被告人：陈某（上诉人）

案情简介

2004年10月，被告人张某与被告人陈某商定，以帮朋友拉存款为名，引诱陕西人达公司将资金存入工商银行西影路分理处账户，后张某到工商银行互助路支行开立一般账户，办理工商银行网上客户服务中心开户手续，并在工商银行西影路分理处开立一般账户，尔后让陈某私刻一枚"工商银行西影路分理处"公章，张某操纵制作了虚假的《中国工商银行网上银行企业客户账户查询、转账授权书》、客户证书档案信息资料、需增加的分支机构档案信息资料，将上述资料交给工行电子结算中心市场部工作人员，工作人员违规为张某办理了"网上银行下挂账户手续"，将人达公司设立在工行西影路分理处的账户下挂到华博公司设立在工行互助路支行账户名下，使张某可对人达公司账户任意进行转账支配。当人达公司资金500万元到账后，张某便指使陈某在银行人员的帮助下解锁，并将人达公司账户500万元中的280万余元转入华博公司工行互助路支行账户。胡某在张某的授意下，于2004年10月25日将其中235万元转入中行西影路支行华博公司账户，48万元转入天海公司账户。后胡某与陈某将48万元全部提现，胡某留了2万元给张某，将46万元给陈某。

西安市人民法院依据我国《刑法》第194条第2款、第25条第1款、第26条第1款、第27条之规定，判决：一、被告人张某犯金融凭证诈骗罪，判处有期徒刑13年，并处罚金8万元；二、被告人陈某犯金融凭证诈骗罪，判处有期徒刑10年，并处罚金5万元；三、被告人胡某犯金融凭证诈骗罪，判处有期徒刑5年，并处罚金2万元。一审判决之后，被告人胡某、陈某提出了上诉。陕西省高级人民法院经审理认为原审判决认定的犯罪事实基本清楚，适用法律适当，定罪准确，量刑适当，审判程序合法，应驳回上诉，维持原判。

（最高人民法院、中国应用法学研究所编：《人民法院案例选（2007年第2辑）》，人民法院出版社2007年版。）

案例评析

本案争议点主要在于：1.《网上银行授权书》是否属于金融凭证？2. 利用《网上银行授权书》进行诈骗行为可否认定为金融凭证诈骗罪？

当前，网上银行业务作为一种新型的金融服务业务，对其使用的凭证种类，中国人民银行和银监会均没有明确的定性。案中被告人张某、胡某、陈某以帮朋友拉存款为名让被害人在银行存款，通过私刻存款企业、银行印鉴，伪造存款企业网上银行转账授权书的手段，骗取银行资金且数额特别巨大的行为已经构成犯罪，但构成何种罪名，尚需辨析。一种意见认为，网上银行企业客户账户查询、转账授权书不具有货币给付和资金清算作用，既不是我国《刑法》第194条第2款所列举的委托收款凭证、汇款凭证、银行存单，也不属于其他银行结算凭证，因而不是金融凭证，也不构成金融凭证诈骗罪，只能构成诈骗罪。另一种意见认为，网上银行企业客户账户查询、转账书符合金融凭证中的委托收款凭证的特征，属于金融凭证，因而构成金融凭证诈骗罪。由此，本案中的网上银行企业客户账户查询、转账授权书，是否为金融凭证，是对被告人犯罪行为认定的关键。

金融凭证诈骗罪，是指使用伪造、变造的委托收款凭证、汇款凭证、银行存单以及其他银行结算凭证骗取财物，数额较大的行为。因此，只要行为人使用伪造、变造的委托收款凭证、汇款凭证、银行存单以及其他银行结算凭证骗取财物且数额较大，其行为就构成了金融凭证诈骗罪。本罪侵犯的对象应该是银行结算凭证，包括委托收款凭证、汇款凭证、银行存单以及其他银行结算凭证，这些银行结算凭证都属于金融凭证。其中，银行的委托收款凭证，是指行为人在委托银行向付款人收取款项时所填写、提供的凭据和证明。汇款凭证，是指汇款人委托银行将款项汇给外地收款时，所填写的凭据和证明。其他银行结算凭证，是指除本票、汇票、支票、委托收款凭证、汇款凭证、银行存单以外的办理银行结算的凭证和证明。2000 年 8 月，中国人民银行办公厅《关于单位定期存款开户证实书性质认定的批复》对结算凭证作出了明确规定，即支付结算是指单位、个人在社会经济活动中使用票据、信用卡和汇兑、托收承付、委托收款等结算方式进行货币给付及其资金清算的行为，中国人民银行为上述结算活动统一制定的书面凭证为结算凭证。2003 年 12 月 9 日，中国人民银行办公厅《关于其他银行结算凭证有关问题的复函》再次明确：根据《支付结算办法》的有关规定，办理票据、信用卡和汇兑、托收承付、委托收款等转账结算业务所使用的凭证，均属银行结算凭证。此外，银行办理现金缴存或支取业务使用的有关凭证也属银行结算凭证，如现金解款单是客户到银行办理现金缴存业务的专用凭证，也是银行和客户凭以记账的依据，它证明银行与客户之间发生了资金收付关系，代表相互间债权、债务关系的建立，属于银行结算凭证。而单位定期存款开户证实书、对账单、银行询证函等，只具有证明或事后检查作用，不具有货币给付和资金清算作用，不属于结算凭证。因此，只要在经济活动中具有货币给付和资金清算作用，并表明银行与客户之间已受理或已办结相关支付结算业务的凭据，均应认定为银行结算凭证。

网上银行业务作为一种新型的金融服务业务，《网上银行授权书》是用于网上电子银行进行收付、结算的唯一的、排他的重要依据，是金融机构与存款人之间以特定格式记载双方特定权利、义务的书面文件，也是双方记账的重要凭证，转账授权书与加盖银行印章后的网上银行票证一起，即具有金融凭证的效力。本案所涉及的《中国工商银行网上银行企业客户账户查询、转账授权书》是用于网上电子银行进行收付、结算的唯一的、排他的重要依据，是用于金融机构与存款人之间以特定的格式记载双方的特定权利、义务的书面文件，同时也是双方记账的重要凭证，符合上述金融凭证中的委托收款凭证的特征，属于新兴电子银行业务中出现的一种非传统型的银行会计凭证，应属于金融票证的范畴。因此，被告人张某、胡某、陈某采取拉存企业款项，办理网上银行业务，私刻存款企业、银行印鉴，伪造存款企业网上银行转账授权书的手段，骗取银行资金其数额特别巨大，其行为已经构成金融凭证诈骗罪。

十五、出售伪造的航空电子客票行程单的行为认定

——刘某等出售非法制造的发票案

公诉机关：北京市海淀区人民检察院

被告人：刘某等

案情简介

2009 年 3 月间，被告人刘某向他人购买了 6 万余张伪造的航空电子客票行程单，并通过互联网，以每份人民币 0.5 元的价格向被告人李某出售了 300 份。李某又以人民币 1500 元的价格，向被告人南某出售航空电子机票查询系统、航空电子机票行程单打印系统以及上述从刘某处购得的 300 份航空电子客票行程单。2009 年 4 月 18 日，南某在向他人出售从李某处购买的航空电子客票行程单时，被公安人员当场抓获。根据南某的交代，公安人员将李某、刘某分别抓获，并在刘某的住处查获伪造的航空电子客票行程单 65324 份。

海淀区人民法院以出售非法制造的发票罪，判处被告人刘某有期徒刑 5 年，并处罚金人民币 10 万元；判处被告人李某有期徒刑 2 年零 6 个月，并处罚金人民币 5 万元；判处被告人南某有期徒刑 2 年，并处罚金人民币 5 万元。宣判后，被告人刘某等不服，提出上诉。北京市第一中级人民法院经审理，依法驳回刘某等人的上诉，维持原判。

（参见中国法院网 http：//www. chinacourt. org/article/detail/2010/08/id/424328. shtml，访问于 2015 年 3 月 1 日。）

案例评析

本案的争议焦点主要为：伪造的航空电子客票行程单的性质如何认定？

在日常生活中，乘客在乘坐飞机时经常会索要航空电子行程单作为报销凭证。那么，航空电子行程单在刑法中的性质如何认定呢？

航空运输电子客票行程单是国家税务总局监制并按照我国《发票管理办法》纳入税务机关发票管理的票据，是旅客购买国内航空运输电子客票的付款及报销的凭证。所以，航空运输电子客票行程单属于发票的一种。我国《刑法》第 209 条规定，出售非法制造的发票罪，是指自然人或者单位，故意出售伪造、擅自制造的除增值税专用发票，可以用于骗取出口退税、抵扣税款以外的其他发票的行为。本罪侵犯的客体为双重客体，即国家的发票管理秩序和国家税收征收秩序；犯罪对象是非法制造的发票，本案中行为人伪造的航空电子客票行程单属于犯罪对象范围之内。本罪客观方面表现为违反国家有关发票管理法规，实施了出售非法制造的发票的行为；在主观方面表现为直接故意，一般以营利为目的。本案中，行为人明知是伪造的航空电子客票行程单仍然向他人出售，符合上述犯罪的构成要件，应以出售非法制造的发票罪定罪处罚。

十六、不以骗取税款为目的虚开运输发票的行为认定

——金某等人逃税案

公诉机关：湖南省长沙市人民检察院

被告人：金某

被告人：袁某

案情简介

2005年1月20日，被告人金某注册成立长沙飞腾运输有限责任公司（以下简称飞腾公司），注册资本50万元，道路货物运输车辆5台，车牌分别为：湘A72048、湘A72010、湘A73420、湘A70911、湘A764410。2005年7月，飞腾公司取得自开“运输业统一发票”资格。被告人袁某受聘担任该公司开票员，被告人袁某某受聘担任会计。被告人金某本人指使袁某、袁某某以飞腾公司的名义按4.5%至6%收取开票费，为从事运输业务的姚某某、李某某、陈某某、袁某某等人代开《公路、内河货物运输业统一发票》（以下简称运输发票）445份，分别提供给长沙天力罐车制造有限公司（以下简称天力公司）、长沙市环卫机械厂（以下简称环卫厂）、湖南杨子冶金重型装备制造有限公司（以下简称杨子公司）、湖南祥龙贸易有限公司（以下简称祥龙公司）、湖南鑫峰工贸有限公司（以下简称鑫峰公司）等单位，代开运输发票的金额总计8761189.86元，上述单位已申报抵扣税款613281.12元。其中，被告人袁某某参与向鑫峰公司（鑫峰公司的运输业务由个体司机承担，需要运输发票登记做账）代开运输发票4份，金额共计33.24万元，鑫峰公司已申报抵扣税款23268元。金某、袁某、袁某某为他人代开发票后，以飞腾公司名义按规定缴纳了3.3%的营业税及附加。实际运输者由于未在税务机关开票，偷逃了3.3%的所得税。金某本人或指使袁某、袁某某开票，致使他人偷逃应纳所得税289118.23元，占姚某某、李某某、陈某某、袁某某等人应缴税款的50%。

湖南省长沙市人民检察院以长检刑诉（2010）第55号起诉书指控被告人金某、袁某、袁某某犯虚开用于抵扣税款发票罪，于2010年5月12日向湖南省长沙市中级人民法院提起公诉。湖南省长沙市中级人民法院于2010年12月14日作出（2010）长中刑二初字第0080号刑事判决，湖南省长沙市人民检察院提出抗诉。湖南省高级人民法院于2012年3月21日作出（2011）湘高法刑二终字第84号刑事裁定，以部分事实不清为由撤销原判，发回重审。湖南省长沙市中级人民法院于2012年11月12日（2012）长中刑二重初字第0056号刑事判决（判决内容与一审判决基本一致）：一、被告人金某犯逃税罪，判处有期徒刑4年，并处罚金人民币10万元；二、被告人袁某犯逃税罪，判处有期徒刑1年8个月，并处罚金人民币5万元；三、被告人袁某某犯逃税罪，免予刑事处罚；四、追缴犯罪所得，上缴国库。再审判决后，被告人未上诉，检察机关未抗诉，该判决发生法律效力。

（最高人民法院、中国应用法学研究所编：《人民法院案例选（2013年第3辑）》，人民法院出版社2013年版。）

案例评析

本案的争议焦点为：行为人为他人虚开用于抵扣税款发票导致他人逃税的行为应如何认定？

近年来，我国经济发展迅速，但税务和发票管理却相对滞后，存在很多漏洞。一些经济个体和个人在经济往来中经常会利用税务和发票管理漏洞获利，涉税和发票犯罪会侵害国家的税收管理制度和发票管理制度，我国需进一步完善税收和发票管理制度以预防犯罪的发生。本案发生的原因就在于，运输个体到税务部门开具运输发票的税率高于具有自主开票权的运输企业开具运输发票的税率，因此运输个体会通过找具有自主运输企业虚开运输发票的行为来少缴税款或抵扣税款。在本案审理过程中，司法机关对于本案性质的认定存在虚开用于抵扣税款发票罪和逃税罪之间存在分歧。

根据我国《刑法》第205条的规定，虚开用于抵扣税款发票罪是指违反国家发票管理法规，为他人虚开、为自己虚开、让他人为自己虚开、介绍他人虚开抵扣税款发票的行为。根据《刑法》第201条规定，逃税罪是指纳税人采取欺骗、隐瞒手段进行虚假纳税申报或者不申报，逃避缴纳税款数额较大并且占应纳税额10%以上的行为。虚开用于抵扣税款发票罪与逃税罪均属于《刑法》第3章破坏社会主义市场经济秩序罪中第6节危害税收征管类犯罪，但两罪存在明显差别。前者是具有抵扣税款资格的行为人以骗取税款为目的实施虚开可以用于抵扣税款的发票的行为，后者是具有纳税义务或者扣缴税款义务的行为人以偷逃税款为目的采取欺骗、隐瞒手段进行虚假纳税申报或者不申报，逃避税款的行为。因此，如果行为人为逃避纳税义务而非骗取税款虚开发票，属于牵连犯，不构成虚开用于抵扣税款发票罪。

本案中，被告人在其他运输从业人员向有关单位提供了运输服务之后，为这些运输从业人员代开运输发票，并将3.3%的营业税、城市维护建设税以及教育费附加均已缴纳，其行为导致的后果是其他运输从业人员偷逃了3.3%的个人所得税，受票单位凭运输发票抵扣符合法律规定。因此，被告人并无骗取税款的目的，故对被告人金某等人应以逃税罪共犯定罪处罚。

十七、刑法中“相同商标”的认定

——陈某销售假冒注册商标的商品案

公诉机关：上海市闸北区人民检察院

被告人：陈某

案情简介

被告人陈某从2009年4月起，租借本市天目西路99号地平线通信市场4楼30号商铺，以虚构的“上海瑞泰通讯设备有限公司”名义，从事手机销售。2010年4月6日，被告人陈某以每部390元的价格销售给他人“步步高”品牌“i508+型”和“K303+型”手机各40部，销售金额3.12万元。同年4月8日，被告人陈某又以同样的价格销售“步步高”品牌“i508+型”手机50部，销售金额1.95万元。两次交易的销售金额共计5.07万元。经鉴定，上述130部手机均系假冒“步步高”品牌手机，其中“i508+型”手机使用了“BDK”标识；“K303+型”使用了“BBK”标识。“BBK”商标由广东步步高电子工业有限公司依法注册，核定使用商品范围包括移动电话。被告人陈某明知是假冒注册商标的商品仍予以销售，销售金额数额较大，其行为构成销售假冒注册商标的商品罪。上海市闸北区人民检察院遂以被告人陈某犯销售假冒注册商标的商品罪，向上海市杨浦区人民法院提起公诉。诉讼过程中，上海市闸北区人民检察院以证据不足要求撤回对本案的起诉。上海市杨浦区人民法院裁定准予撤回起诉。

（最高人民法院、中国应用法学研究所编：《人民法院案例选（2013 年第 4 辑）》，人民法院出版社 2014 年版。）

案例评析

本案的争议焦点主要为：刑法上的“相同的商标”如何认定？

司法实践中，一些行为人为了销售产品，在产品上使用与注册商标相似的商标，使消费者产生误解而购买产品。这些相似商标是否属于《刑法》规定的销售假冒注册商标的商品罪中的“相同商标”往往难以认定，需要司法者进行综合判断。

根据我国《刑法》第 213 条规定，销售假冒注册商标的商品罪，是指未经注册商标所有人许可，在同一种商品上使用与其注册商标相同的商标，情节严重的行为。假冒注册商标的商品罪认定的关键是行为人是否未经注册商标所有人许可，销售与其相同商标的商品。“相同商标”如何认定，是认定该罪的基础。2004 年 12 月，《最高人民法院、最高人民检察院关于办理侵犯知识产权刑事案件具体应用法律若干问题的解释》第 8 条第 1 款规定：《刑法》第 213 条规定的“相同的商标”，是指与被假冒的注册商标完全相同，或者与被假冒的注册商标在视觉上基本无差别、足以对公众产生误导的商标。对于完全相同的商标，属于假冒注册商标，那么对于“基本无差别”如何认定，还需进一步明确。2011 年 1 月，《最高人民法院、最高人民检察院、公安部关于办理侵犯知识产权刑事案件适用法律若干问题的意见》对此作了补充解释，该意见第 6 条规定，具有下列情形之一的，可认定为“与其注册商标相同的商标”：（一）改变注册商标的字体、字母大小写或者文字横竖排列，与注册商标之间仅有细微差别的；（二）改变注册商标的文字、字母、数字等之间的间距，不影响体现注册商标显著特征的；（三）改变注册商标颜色的；（四）其他与注册商标在视觉上基本无差别、足以对公众产生误导的商标。

本案中，广东步步高电子工业有限公司依法注册的商标“BBK”属于文字商标，那么假冒商标和注册商标在文字上的相似程度对于“基本无差别”的认定具有重要意义。根据《刑法》及司法解释对“基本相同”的要求，假冒商标如果仅仅改变注册商标的字体、字母大小写或者文字横竖排列；文字、字母、数字等之间的间距；注册商标颜色等情况时属于“基本相同”，并没有明确规定行为人改变文字商标中的个别字母也属于“基本相同”。据此，被告人使用的“BDK”标识与注册商标“BBK”，应当属于在视觉上存在明显差别，不足以对公众产生误导的商标，故不属于刑法上的“基本相同”商标。

虽然不属于《刑法》中的“基本无差别”的认定，但并非不构成其他侵权行为，还需依据《商标法》等其他法律规范进行判断。《最高人民法院关于审理商标民事纠纷案件适用法律若干问题的解释》第 9 条第 2 款规定：《商标法》第 52 条第（一）项规定的商标近似，是指被控侵权的商标与原告的注册商标相比较，其文字的字形、读音、含义或者图形的构图及颜色，或者其各要素组合后的整体结构相似，或者其立体形状、颜色组合近似，易使相关公众对商品的来源产生误认或者认为其来源与原告注册商标的商品有特定的联系。与刑事规范中的“基本相同”的标准相比较，“近似”商标的判定标准要宽泛一些，只要行为人使用的商标与注册商标近似，就可以视为侵权行为。而“近似”的判断标准也较为宽松，除了从“形”上进行比较外，还包括从“字形”、“读音”、“含义”、“比例”、“整体结构”等方面进行比较。如果上述判断因素在视觉上的足以对公众产生误导，使公众对商品产生错误认识，那就可以认定为假冒注册商标的行为。而公众的识别能力，不要求普通消费者具有超出普通消费者的特别知识经验或者在购买商品时对商标的观察施以特别的注意力。只要以普通的消费知识经验不能快速、准确地区分两个商标，即可认定两个商标属于“相同的商标”。按照《商标法》的相关解释对“近似”商标的认定要求，本案中行为人在同一种商品上使用的“BDK”标识和步步高的注册商标“BBK”在整体结构上较为相似，两者均为三个大写字母，排列方式相同，首、尾两字母相同，中间字母“D”和“B”在外形上有一定的相似度，读音相近，这就容易使公众误认为是同一商标，公众不能准确区分两者。因此，两者应构成商标法中的“商标近似”标准。被告人的行为虽然不构成销售假冒注册商标的商品犯罪，但属于民事侵权行为。

十八、在网上私自架设服务器进行盗版网络游戏营运的行为认定

——闫某等5人侵犯著作权案

公诉机关：上海市长宁区人民检察院

被告人：闫某等

案情简介

韩国艺堂娱乐产业有限公司拥有《精灵复兴》网络游戏的著作权。2006年3月，该公司授予上海易当网络科技有限公司在我国发行、销售、运营该网络游戏的权利以及该产品文字、图像和多媒体资料的使用权。

2006年5月，被告人闫某向他人购得《精灵复兴》网络游戏程序复制版，遂起意利用“私服”运营牟利。同年7月，闫某与被告人王某在武汉市就“私服”运营《精灵复兴》网络游戏签订合作协议，约定利润对半分成。王某提供两台服务器并负责托管维护，兼负责聘用人员的食宿；闫某负责网络游戏营运和招聘工作人员。随后，王某租借武汉市东亭小区一私房，与闫某筹备“私服”运营。王某将两台服务器分别托管于武汉市和茂名市的某网络公司，并通过茂名市某网络公司在梧州市的分公司租借“私服”运营所需虚拟下载空间。闫某聘用被告人陈某、陈少某参与《精灵复兴》网络游戏“私服”运营，陈某负责建立该网络游戏“私服”运营所需网站，陈少某负责“私服”运营客户服务。期间，闫某将《精灵复兴》网络游戏更名为《精灵世界》。2007年年初，上述《精灵世界》网络游戏“私服”运营地点转移至闫某租借的重庆市渝北区一私房内，闫某、王某将原托管于武汉市某公司的一台服务器转托至重庆某公司。2007年3月下旬，被告人王友某经聘用，参与该“私服”团伙，与陈少某一起负责客户服务。在“私服”运营期间，陈某、陈少某、王友某曾分别从闫某处领取报酬。截至2007年5月，闫某、王某、陈某、陈少某违法所得数额合计人民币14万余元，其中包括王友某所共同参与的违法所得数额合计人民币7万余元。

据上海公信扬知识产权司法鉴定所司法鉴定，正版《精灵复兴》游戏和侵权嫌疑版《精灵世界》游戏之间存在复制关系。案发后，被告人王某自动至公安机关投案，并如实供述案件事实。

一审法院认为，被告人闫某、王某、陈某、陈少某、王友某的上述行为均已构成侵犯著作权罪，且违法所得数额较大，依法应当承担刑事责任。闫某、王某系主犯。陈某、陈少某、王友某系从犯，予以从轻处罚。王某系自首，予以从轻处罚。陈少某犯罪时不满18周岁，亦予以从轻处罚。5名被告人在审理中都能认罪、悔罪，均酌情从轻处罚。故以犯侵犯著作权罪，分别对闫某判处有期徒刑2年，并处罚金人民币2万元；对王某判处有期徒刑1年6个月，缓刑1年6个月，并处罚金人民币1万5千元；对陈某判处有期徒刑1年，并处罚金人民币1万元；对陈少某判处有期徒刑7个月，并处罚金人民币5000元；对被告人王友某判处有期徒刑8个月，并处罚金人民币8000元；犯罪工具予以没收，违法所得予以追缴。闫某上诉后，上海市第一中级人民法院经审理认为，上诉人闫某及原审被告人王某、陈某、陈少某、王友某以营利为目的，未经著作权人许可，以“私服”营运方式，通过信息网络向公众传播并运营所购得的盗版网络游戏，该行为依法应被视为复制发行他人网络游戏软件，且违法所得数额较大，其行为均已构成侵犯著作权罪。原审法院根据上诉人及其他4名原审被告人的犯罪事实、性质、情节及对社会的危害程度等所作的判决并无不当，且审判程序合法。裁定驳回闫某的上诉，维持原判。

（最高人民法院、中国应用法学研究所编：《人民法院案例选（2009年第1辑）》，人民法院出版社2009年版。）

案例评析

本案争议的焦点在于：行为人在网上设立“私服”运营盗版网络游戏的行为构成非法经营罪还是侵犯著作权罪？

随着我国网络技术的发展，网络用户的规模和网络市场也随之加大。有些行为人为了谋取不正当利益，私自设立服务器运营盗版网络游戏。在本案审理中，一审、二审法院均认为行为人的上述行为构成侵犯著作权罪。但是，由于行为人设立“私服”侵犯他人著作权的行为是未经许可的经营行为，所以司法实践中有观点认为被告人的行为构成非法经营罪，这种行为如何认定还需要认真辨析。

非法经营罪，是指未经许可经营专营、专卖物品或其他限制买卖的物品，买卖进出口许可证、进出口原产地证明以及其他法律、行政法规规定的经营许可证或者批准文件，以及从事其他非法经营活动，扰乱市场秩序，情节严重的行为。根据相关司法解释，非法经营罪的客观方面除了包括上述刑法所列的行为之外，还有其他严重扰乱市场经济秩序的非法经营行为，如非法买卖外汇、非法经营出版物、非法经营电信业务，以及在生产、销售的饲料中添加盐酸克伦特罗等禁止在饲料和动物饮用水中使用的物品，非法经营互联网业务，非法经营彩票等。而根据2003年12月23日新闻出版总署、信息产业部、国家工商行政管理总局、全国扫黄打非小组办公室《关于开展对“私服”、“外挂”专项治理的通知》，“私服”、“外挂”违法行为是指未经许可或授权，破坏合法出版、他人享有著作权的互联网游戏作品的技术保护措施、修改作品数据、私自架设服务器、制作游戏充值卡，运营或挂接运营合法出版、他人享有著作权的互联网游戏作品，从而谋取利益、侵害他人利益。可见，“私服”者是通过对他人软件作品的复制发行进行牟取非法利益，主要危害表现为对游戏软件著作权人的侵害。另外，“私服”者的经营行为并不属于非法经营罪的客观表现形式。因此，不能构成非法经营罪。

侵犯著作权罪，是指自然人或者单位，以营利为目的，侵犯他人著作权，违法所得数额较大或者有其他严重情节的行为。根据《最高人民法院、最高人民检察院〈关于办理侵犯知识产权刑事案件具体应用法律若干问题的解释〉》第1条第3款规定，通过信息网络向公众传播他人文字作品、音乐、电影、电视、录像作品、计算机软件及其他作品的行为，应当视为《刑法》第217条侵犯著作权罪规定的“复制发行”。因此，“私服"者未经软件著作权人许可，复制著作权人的软件或通过破坏权利人设置的技术保护措施获得并复制软件，向公众发行、通过网络传播著作权人的软件，情节严重的，应当认定为侵犯著作权罪。

十九、商业秘密的认定

——周某等人侵犯商业秘密案

公诉机关：上海市人民检察院第二分院

被告人：周某

被告人：陈某

被告人：陶某

案情简介

亚恒公司是1999年2月注册成立的合资企业，主要生产、销售用于卫生巾、尿垫的“刺孔型干爽网面”材料。法定代表人龚政自行研制的“刺孔型干爽网面”生产工艺技术，属于该公司的商业秘密，亚恒公司对此采取了保密措施。龚某于2002年6月12日对“在网面的基材上直接打孔的装置”技术申请了实用新型专利，但亚恒公司生产“刺孔型干爽网面”的工艺技术信息只有一小部分被专利文献公开，大部分具体而且关键的信息并未被专利文献公开。1999年12月和2000年1月，亚恒公司分别与被告人陶某、周某签订了劳动合同，合同不仅对职工离职后的保密义务作了约定，而且将公司的《保密制度》作为劳动合同的有效组成部分，该《保密制度》对公司商业秘密的范围、保密措施、奖励与处罚等均作出了规定。周某、陶某在签订劳动合同时均承诺严格遵守《保密制度》，分别被任命为亚恒公司生产部门厂长和精工车间主任。

2000年6月，被告人周某因故离开亚恒公司，并要求被告人陶某今后在技术上对其给予支持。同年10月期间，周某违反亚恒公司有关保守商业秘密的要求，向被告人陈某提出成立一家与亚恒公司生产“刺孔型干爽网面”同样产品的公司，并给陈某看了亚恒公司研制的“刺孔型干爽网面”滚筒模片样品，陈某表示同意。二人共同商议：由陈某负责申请注册成立公司，周某则负责解决公司的生产设备和技术人员。2000年年底，周某、陈某赴专门为亚恒公司生产压花机和分切机的浙江海宁万方轻工机械有限公司，要求订制技术指标和性能与亚恒公司一样的YH600型压花机二台、FQH-600型分切机一台；其间，周某与陶某还要求湖州杰森实业有限公司液压机床厂，制造一台技术指标和性能与亚恒公司基本相同的YY32-50A型四柱液压机。2001年1月3日，陈某投资成立伟隆公司，并担任法定代表人。2001年2月，陶某在两年的工作合同期未满时擅自离开亚恒公司。2001年4月至10月，周某、陈某、陶某又到浙江慈溪肖强模具加工厂，要求该厂根据周某从亚恒公司获取的滚筒模片样品，为伟隆公司进行批量加工制作。伟隆公司定购的设备和加工制作的模片，均由陶某验收。2001年3月，周某正式担任伟隆公司生产部门厂长；随后，陶某也正式进入伟隆公司，具体负责滚筒模具的装配、调试及生产设备的维护等工作。

2001年年初，亚恒公司发现伟隆公司为仿制其产品，订制了与本公司相同的生产设备，遂派人与被告人周某、陈某交涉，并于同年2月和4月向陶某、陈某先后发出律师函和书面通知，要求其停止侵权。随后，亚恒公司向公安机关报案。同年9月，公安机关对伟隆公司涉嫌侵犯亚恒公司商业秘密的行为进行调查。同年10月，周某离开伟隆公司，但陈某仍利用陶某掌握的亚恒公司生产"刺孔型干爽网面"的技术信息继续进行生产。2001年7月至2003年3月期间，伟隆公司生产与亚恒公司相同的"刺孔型干爽网面"，并以低于亚恒公司的价格分别销售给天津依依卫生用品厂、天津市三维纸业有限公司、上海微丝尔卫生用品有限公司、利发卫生用品（天津）有限公司、临安市雄鹰妇幼卫生用品有限公司、杭州梦棋雅卫生用品有限公司等单位，非法获利17万余元，并造成亚恒公司直接经济损失100余万元。上海市第二中级人民法院依照我国《刑法》第219条第1款第（3）项、第2款、第3款、第4款、第25条第1款、第53条、第64条之规定，判决：1. 被告人周某犯侵犯商业秘密罪，判处有期徒刑1年，并处罚金人民币3000元。2. 被告人陈某犯侵犯商业秘密罪，判处有期徒刑1年3个月，并处罚金人民币5000元。3. 被告人陶某犯侵犯商业秘密罪，判处有期徒刑1年3个月，并处罚金人民币5000元。4. 违法所得予以追缴。

一审宣判后，周某、陶某、陈某均向上海市高级人民法院提出上诉。上海市高级人民法院经审理查明的事实与原审相同，认为：根据我国《刑法》第219条第1款第（3）项和第2款的规定，周某、陶某违反与原单位的保密约定，伙同他人利用原单位专利技术以外不为公众知悉的工艺技术信息，生产与原单位相同的产品，并造成原单位重大经济损失的行为，已构成侵犯商业秘密罪；陈某明知他人违反与原单位的保密约定，仍伙同他人利用掌握原单位专利技术以外不为公众知悉的工艺技术信息，生产与他人原单位相同的产品，并造成他人原单位重大经济损失的行为，亦构成侵犯商业秘密罪。于2004年3月8日裁定：驳回上诉，维持原判。

（参见《最高人民法院公报》2005年第3期。）

案例评析

本案的主要争议焦点是：亚恒公司生产"刺孔型干爽网面"的工艺技术是否属于商业秘密？被告人的行为是否侵犯了亚恒公司的商业秘密权？本案的直接经济损失应如何计算？

根据我国《刑法》规定，我国刑法保护的知识产权内容包括著作权、专利权、商标权、商业秘密等权利。在司法实践中，我国知识产权保护制度还不成熟，存在很多疑难之处，亟待厘清。2014 年 11 月 3 日最高人民法院通过了《关于北京、上海、广州知识产权法院案件管辖的规定》，11 月 6 日全国首家知识产权法院在京成立，2014 年 12 月 16 日上广州知识产权法院正式挂牌成立，2014 年 12 月 28 日上海知识产权法院揭牌成立，这标志着我国知识产权保护工作将进入新的阶段。

本案中，法院认为被告人周某、陶某、陈某的行为构成侵犯商业秘密罪。我国《刑法》第 219 条规定，侵犯商业秘密罪指采用不正当的手段，获取、使用、披露或允许他人使用权利人的商业秘密，给商业秘密的权利人造成重大损失的行为。本罪侵犯的客体是他人的商业秘密所有权，对象是商业秘密。客观方面表现为采用不正当手段，侵犯商业秘密，给权利人造成重大损失的行为。主观方面表现为故意，行为人明知自己的行为侵犯了他人商业秘密，会给权利人造成重大损失，希望或者放任这种结果的发生。犯罪主体为自然人或者单位。

在司法实践中，侵犯商业秘密罪的认定应当从以下几个方面着手：

首先，侵犯商业秘密罪的核心是商业秘密的认定。商业秘密是指不为公众所知悉，能为权利人带来经济利益，具有实用性并经权利人采取保密措施的技术信息和经营信息，有具有保密性、实用性和经济性等特点。司法实践中，信息的保密性应当从“不为公众所知悉”和“采取保密措施”两方面进行判断。“不为公众所知悉”是指该信息还没有完全向公众公布，通过公开渠道无法直接获取全部信息或者核心信息。本案中，龚某申请的“在网面的基材上直接打孔的装置”虽于 2002 年 6 月 12 日被授予实用新型专利，但亚恒公司生产“刺孔型干爽网面”的工艺技术信息只有一小部分被专利文献公开，而大部分具体而且关键的信息并未被专利文献公开，说明亚恒公司的这部分技术信息还不被公众所知悉。“采取保密措施”是指商业秘密权利人采取保密措施应包括订立保密协议，建立保密制度及采取其他合理的保密措施。只要权利人提出了保密要求，权利人的职工或业务关系人知道或应当知道存在商业秘密的，即应认定权利人采取了合理的保密措施。本案中，亚恒公司不仅建立了相关的保密制度，明确划定了公司商业秘密的范围，且劳动合同中亦说明了公司职工离职后的保密义务作为，被告人周某、陶某签订劳动合同时，均在“已学习过亚恒公司的《员工手册》及《保密制度》并严格遵守”一栏中签过字。据此可以确认，亚恒公司生产“刺孔型干爽网面”所具有的一部分体现在滚筒模具上的具体而且关键的工艺技术信息不为公众所知悉，并能够应用于生产，为权利人带来经济利益，权利人对此已采取了保密措施，应认定为商业秘密。

其次，行为人的行为是否侵犯了商业秘密所有权。侵犯商业秘密罪的客观表现形式主要有：一是以盗窃、利诱、胁迫或者其他不正当手段获取权利人的商业秘密；二是披露、使用或者允许他人使用以上述第一种手段获取的权利人的商业秘密；三是违反约定或者违反权利人有关保守商业秘密的要求，披露、使用或者允许他人使用商业秘密的行为；四是明知或应知前述第一种至第三种违法行为，而获取、使用或者披露他人商业秘密。本案中，周某、陶某违反与原单位的保密约定，伙同他人利用原单位专利技术以外不为公众知悉的工艺技术信息，生产与原单位相同的产品，并造成原单位重大经济损失的行为；陈某明知他人违反与原单位的保密约定，仍伙同他人利用掌握原单位专利技术以外不为公众知悉的工艺技术信息，生产与他人原单位相同的产品，并造成他人原单位重大经济损失的行为。因此，3 名被告人共同侵犯了亚恒公司的商业秘密权。

最后，侵犯商业秘密罪的构成还需达到重大损失。关于商业秘密损失的计算在司法实践中也较为困难。根据最高人民法院、最高人民检察院《关于办理侵犯知识产权刑事案件具体应用法律若干问题的解释》第 7 条规定，实施《刑法》第 219 条规定的行为之一，给商业秘密的权利人造成损失数额在 50 万元以上的，属于“给商业秘密的权利人造成重大损失”。司法机关对重大损失的计算办法主要有两种：一是以侵权人侵权产品的销售吨数乘以权利人因被侵权而被迫降价前的平均销售利润；二是以权利人被侵权后销售量的减少吨数乘以权利人因被侵权而被迫降价前的平均销售利润。从本案情况看，侵权人从被侵权公司辞职之后利用被侵权人的技术而另外成立公司实施侵权行为，所以侵权产品的销售数量直接反映了商业秘密权利人被侵权后造成的直接损失。因此，以第一种计算方法更为公平、合理。亚恒公司根据此种计算方法计算的直接经济损失为 100 余万元。

二十、捏造虚假新闻损害行业商品声誉的行为认定

——訾某损害商品声誉案

公诉机关：北京市人民检察院第二分院

被告人：訾某

案情简介

2007 年 6 月，被告人訾某在担任北京电视台生活节目中心《透明度》栏目临时工作人员期间，通过查访，在未发现有人制作、出售肉馅内掺纸的包子的情况下，为显示工作业绩，化名胡月，纠集本市无业人员张某（另行处理），冒充工地负责人，多次到北京市朝阳区太阳宫乡十字口村 13 号院内，对制作早餐的陕西省来京人员卫某等 4 人谎称需定购大量包子，要求卫某等人为其加工制作。后訾某伙同张某携带密拍设备、纸箱及购买的面粉、肉馅等再次来到 13 号院，訾某以喂狗为由，要求卫某等人将浸泡后的纸箱板剁碎掺入肉馅，制作了 20 余个纸馅包子。与此同时，訾某密拍了卫某等人制作纸馅包子的过程。在节目后期制作中，訾某采用剪辑画面、虚假配音等方法，编辑制作了虚假电视专题片《纸做的包子》播出带，并隐瞒事实真相，使该虚假电视节目于 2007 年 7 月 8 日在北京电视台播出，造成恶劣影响，严重损害了相关行业商品的声誉。

北京市第二中级人民法院经审理认为，被告人訾某具有多年从事新闻工作的经历，在明知没有制作、出售纸馅包子的情况下，故意捏造并散布虚假新闻，显见，对其行为及会造成损害相关行业商品声誉的后果具有故意心理，且情节严重，其行为符合我国《刑法》第 221 条规定的损害商品声誉罪的构成要件，应依法惩处。北京市人民检察院第二分院指控被告人訾某犯损害商品声誉罪的事实清楚，证据确实、充分，指控罪名成立。鉴于訾某到案后能够认罪悔罪，可对其酌予从轻处罚。综上，判决：被告人訾某犯损害商品声誉罪，判处有期徒刑 1 年，并处罚金人民币 1000 元。

（最高人民法院刑事审判一至五庭主编：《刑事审判参考（总第 72 期）》，法律出版社 2010 年版。）

案例评析

本案的争议焦点主要为：损害商品声誉罪的对象范围如何认定？

损害商品声誉罪是指捏造并散布虚伪事实，损害他人的商品声誉，给他人造成重大损失或者有其他严重情节的行为。在司法实践中，商业竞争对手在竞争过程中会实施诋毁对手声誉的行为，严重的可能构成损害商品声誉罪，但要将损害商品声誉罪与一般的商业不正当竞争行为相区别。

损害商品声誉罪侵犯的是复杂客体，包括市场交易秩序和商品声誉。商品声誉，是指社会对他人在商业活动中的价值和地位的客观评价，是社会对商品的良好称誉。本罪的侵害对象是他人的商品声誉。客观方面表现为捏造并散布虚伪事实，损害他人的商品声誉，给他人造成重大损失或者有其他严重情节的行为。犯罪主体是一般主体，既可以是自然人，也可以是单位，可能是市场竞争对手，还可能是新闻、报刊、电视台等媒体，或是其他自然人或者单位。本罪的主观方面是故意，表现为行为人明知行为会发生损害他人商誉、扰乱竞争秩序的结果，仍希望或放任这种结果的发生。

本案中法院认为被告人的行为侵犯了包子行业的商品信誉，而理论界有观点认为损害的对象“他人”必须是特定的、具体的人，不仅包括竞争对手，也包括其他不相关的生产者和经营者。正确理解“他人”，在本罪的司法适用过程中具有重要意义。一般而言，商品声誉具有特定性和归属性，其所归属的所有者具有特定性，包括个人、单位等在内的生产者、经营者。但是，在司法实践中，行为人在捏造并散布虚伪事实时，有时并没有明确指出所损害的对象，没有提及某个生产者、经营者的名称或者其商品的名称，但是却包括一定范围内的相关生产经营者和消费者，会对一定范围内的生产经营者和消费者的商品声誉造成损失，此时也应认定为损害了特定的他人的商业信誉和商品声誉。因此，对“他人”的理解不应过于狭隘，不仅包括某个具体的生产者、经营者，而且还包括一定范围内某个行业的商品生产者和经营者。本案中，被告人在对北京市朝阳区太阳宫乡十字口村13号院内制作早餐的陕西省来京人员进行秘密拍摄的基础上，故意捏造事实，编制《纸做的包子》的虚假电视节目，对北京包子行业的生产、经营者的商品声誉造成了严重损害。因此，本案中被告人对北京包子行业的生产、经营者的商品声誉造成了严重损害的行为应当构成损害商品声誉罪。

二十一、福利彩票代销人自己打印彩票无力偿还投注金的行为认定

——刘某挪用资金案

公诉机关：江苏省盐城市滨海县人民检察院

被告人：刘某

案情简介

2003年12月1日，被告人刘某与滨募办签订了代销福利彩票协议。在交纳投注机设

备保证金1万元后，刘从原代销员刘某某手中承接了“0322投注站”的彩票销售权。同月21日下午5时许，刘某认为当期销售的彩票还未出现中奖号码，遂利用自身销售彩票的便利，以不缴纳投注金的方式，从彩票投注机上一次性打出总金额为55.692万元的15张彩票，以期中得大奖后归还投注金。但中奖号码揭晓后，刘某仅中奖8320元。在当晚开奖前，盐城市福利彩票中心即发现“0322投注站”的销售异常，迅速责令滨募办派人调查。同月22日，刘某向滨募办打下一张欠彩票款55.7048万元的条据。24日中午，刘某因无法支付巨额彩票投注金企图逃匿，在盐城汽车站被公安机关抓获。

滨海县人民法院认为：刘某利用管理彩票投注金这一职务上的便利，不缴纳彩票投注金而打印出面值55.692万元的彩票。这一行为通过网络反映到中国福彩中心账面后，意味着中国福彩中心收到相应数额的彩票销售款，按照《中国福利彩票发行与销售管理暂行办法》第21条的规定，中国福彩中心将据此对这部分款项进行分配。刘某的行为，相当于以消极方式挪用中国福彩中心管理的55.692万元财产。刘某挪用数额巨大的社会公益性财产进行营利活动且未退还，其行为符合我国《刑法》第272条第1款规定，构成挪用资金罪。公诉机关指控刘某的犯罪事实成立，但指控的罪名不能成立。据此，滨海县人民法院于2005年8月9日判决：被告人刘某犯挪用资金罪，判处有期徒刑7年。宣判后，刘某不服，以其行为是民事债务纠纷，不构成犯罪为由，向江苏省盐城市中级人民法院提出上诉。盐城市中级人民法院经审理，确认了一审查明的事实。盐城市中级人民法院认为：上诉人刘某身为彩票发行机构的彩票代销人员，利用管理、经营福利彩票投注站的便利，挪用本单位管理的社会公益性资金进行营利活动，其行为已构成挪用资金罪，且犯罪数额巨大不退还。一审认定的事实清楚，证据确实、充分，定性准确，量刑恰当。据此，盐城市中级人民法院依照我国《刑事诉讼法》第189条第（1）项的规定，于2005年9月9日裁定：驳回上诉，维持原判。

（最高人民法院刑事审判一至五庭主编：《刑事审判参考（总第48辑）》，法律出版社2006年版。）

案例评析

本案的争议焦点主要是：未实际缴纳彩票投注金而打印出的彩票是否有效？彩票投注站的经营人，利用自身销售的便利，不缴纳投注金而直接擅自打印并获取彩票的行为如何认定？

本案一审、二审法院认为，被告人刘某的行为构成挪用资金罪。刘某挪用资金的行为方式是在未经许可的情况下，以不缴纳彩票投注金而打印彩票的消极方式实现挪用彩票发行机构管理的彩票投注金，这种行为因侵犯彩票发行机构管理的财产而构成犯罪。本案的判决为司法实践中代销人员自己打印彩票无法偿还投注金的行为作出了参考判例。在对此类案件进行判断时需要明确几个问题：

首先，需要明确的是承接彩票“0322投注站”的代销人员刘某自己未实际缴纳彩票投注金而打印的彩票也是有效的。根据《中国福利彩票发行与销售管理暂行办法》的规定，我国发行的福利彩票是国家为筹集社会福利事业发展资金而特许中国福彩中心垄断发行的有价凭证。只要通过电脑系统发行销售的有纸彩票，以当期投注截止时限前系统中心数据库收到完整数据，并由该系统终端在彩票发行机构同意印制的彩票纸上打印出清晰可辨的相应数据即为有效彩票。据此，对于未实际缴纳彩票投注金而打印出的彩票，只要其投注的数据进入福彩中心数据库，那么该打印出的彩票就成为取得中奖权利的有价凭证，为有效彩票。

其次，刘某打印巨额彩票而没有缴纳投注金的过程中没有非法占有目的。刘某虽然没有缴纳投注金，但自信能够中大奖，想在中大奖后补缴投注金。而且在滨募办派人调查时，刘某向滨募办打下一张欠彩票款55.7048万元的条据，所以刘某对巨额彩票投注金不具有非法占有的目的，其行为不构成职务侵占罪等。

再次，发行福利彩票的投注资金属于由法律授权中国福彩中心管理的社会公益性财产。根据最高人民法院在《关于对受委托管理、经营国有财产人员挪用国有资金行为如何定罪问题的批复》中的规定，受国家机关、国有公司、企业、事业单位、人民团体委托，管理、经营国有财产的非国家工作人员，利用职务上的便利，挪用国有资金归个人使用构成犯罪的，应当依照挪用资金罪定罪处罚。我国彩票发行是中国福利彩票中心委托公民个人承接投注站的方式代销彩票的模式运行的，代销人员先销售彩票收取投注金之后再向彩票中心缴纳投注金。根据投注站经营人与福彩中心下属发行机构签署的协议，该经营人事实上属于受事业单位委托，管理、经营社会公益资金的非国家工作人员。因而，如果行为人挪用发行彩票收取的投注金，则应以挪用资金罪定罪处罚。

最后，对于挪用资金罪的客观表现形式，应当从实质层面进行理解。根据我国《刑法》第272条规定，挪用资金罪是指公司、企业或者其他单位的工作人员，利用职务上的便利，挪用本单位资金归个人使用或者借贷给他人，数额较大、超过3个月未还的，或者虽未超过3个月，但数额较大、进行营利活动的，或者进行非法活动的行为。一般而言，行为人挪用资金的方式表现为不经合法批准，擅自动用所主管、管理、经手的单位资金，包括挪用单位资金归个人使用与借贷给他人两种情况。多数情况下是行为人先对资金具有管理、经手等权利，然而通过积极的方式将单位资金挪作他用。本案中，法院认定行为人刘某应当缴纳投注金而不缴纳的行为属于消极挪用单位资金，这就对《刑法》中的挪用资金行为做了实质性解释。挪用资金不但包括积极地将自己主管、管理、经受的单位资金挪用，而且还可能包括消极地不缴纳本单位资金。另外，需要明确刘某挪用资金的用途。本案中刘某自信可以中奖而在没有缴纳投注金的情况下打印彩票的行为是刘某进行投资的行为，属于以单位资金作为资本牟取利润活动的营利性行为，属于挪用资金罪中的营利活动客观表现形式。

二十二、欺骗他人先接受服务后胁迫支付高额费用的行为认定

——栗某某等强迫交易案

公诉机关：上海市浦东新区人民检察院

被告人：栗某某（系未成年人）等

案情简介

2008年6月至2009年3月，被告人栗某某、赵某、王某、王某某交叉结伙并伙同他

人，先后4次假冒上海永兴、大众、公兴搬场公司名义，以低额搬场费骗取被害人信任并为其搬场后，巧立名目抬高搬场费用，前三次被告人栗某某、赵某、王某、王某某采用语言威胁的方式，强行索取被害人张某某人民币3100元、被害人卜某某人民币2000元、被害人王某某人民币1500元。第四次被告人赵某、栗某某、王某、王某某等人经预谋后继续采用上述方法，由被告人王某某以老板身份向被害人索要高额费用。在遭到拒绝后，赵某、栗某某、王某采用打耳光的手段殴打被害人夫妇，强行索得被害人周某人民币500元。被告人栗某某到案后协助公安机关抓捕同案犯。公诉机关指控被告人栗某某、赵某、王某、王某某的行为均已构成强迫交易罪。4名被告人对指控的事实和定性均无异议。上海市浦东新区人民法院认为，被告人栗某某、赵某、王某、王某某以暴力、威胁手段强迫他人接受服务，情节严重，其行为均已构成强迫交易罪。公诉机关的指控成立，予以支持。被告人栗某某犯罪时未满18周岁，且有立功表现，依法从轻处罚。4名被告人认罪态度均较好，且在家属帮助下退缴了全部违法所得，酌情从轻处罚。依照我国《刑法》第226条、第25条第1款、第17条第1、3款、第68条第1款、第53条、第64条之规定，以强迫交易罪判决被告人栗某某有期徒刑9个月，罚金人民币1000元；判处被告人赵某有期徒刑1年6个月，罚金人民币1000元；判处被告人王某有期徒刑1年6月，罚金人民币2000元；判处被告人王某某有期徒刑1年3个月，罚金人民币1500元。一审宣判后，被告人未提出上诉，公诉机关未抗诉，判决已经生效。

（最高人民法院、中国应用法学研究所编：《人民法院案例选（2010年第2辑）》，人民法院出版社2010年版。）

案例评析

本案的争议焦点主要为：行为人欺骗被害人先接受服务后，以暴力、威胁手段迫使被害人支付高额费用的行为，应如何论处？

我国《刑法》第226条规定的强迫交易罪，是指自然人或者单位，以暴力、胁迫手段强迫他人购买商品、强迫他人出卖商品、强迫他人提供服务或者强迫他人接受服务，情节严重的行为。从《刑法》规定来看，强迫交易罪的客观方面主要表现为行为人先通过暴力、胁迫等手段强迫他人，然后导致他人非自愿地购买商品、出卖商品、提供服务、接受服务等行为。本案中，法院认为行为人以欺骗手段诱使被害人先接受服务，而后以暴力、威胁手段迫使被害人支付高额费用的行为也构成强迫交易罪。

在司法实践中，强迫交易罪的认定，首先需要明确行为人之间是否存在交易事实。因为强迫交易罪侵犯的法益是公平的市场交易秩序，只有市场交易秩序受到破坏，才会构成强迫交易罪。在犯罪过程中，行为人也应当履行了一定的义务，付出了一定成本，只不过是获得了高于市场的利益。其次，行为人是否具有市场交易的主观意图。如果行为人仅仅是利用交易行为作掩护，获取巨额暴利，那就可能是以合法形式掩饰非法目的，可能会构成抢劫罪或者敲诈勒索罪。《最高人民法院关于审理抢劫、抢夺刑事案件适用法律若干问题的意见》规定："……既要考虑超出合理价钱、费用的绝对数额，还要考虑超出合理价钱、费用的比例，加以综合判断。"再次，还需要考虑行为人的手段行为和暴力程度。强迫交易罪的本质是通过暴力、胁迫手段实现交易目的，因此其暴力、胁迫手段并不要求达到使被害人不能反抗、不敢反抗、不知反抗等程度，只要可以促使交易完成即可，多数情况是以暴力、威吓手段使被害人产生恐惧心理而促成不平等的交易为目的。

第十章

侵犯公民人身权利、民主权利罪

侵犯公民人身权利、民主权利罪，是指故意或过失地侵犯公民的人身权利、民主权利以及与人身有直接关系的其他权利的行为。我国刑法分则关于侵犯公民人身权利、民主权利罪这一章共有31条，包括了42个罪名，主要包括侵犯公民人身权利的犯罪和侵犯公民民主权利的犯罪两类：前者主要有侵犯生命、健康的犯罪，侵犯性的决定权的犯罪，侵犯自由的犯罪，侵犯名誉的犯罪，侵犯婚姻家庭权利的犯罪等；后者主要包括侵犯公民各种民主权利的犯罪。

一、吸毒致精神障碍后杀人的行为认定

——刘某故意杀人案

公诉机关：上海市人民检察院第二分院

被告人：刘某

案情简介

被告人刘某暂住在上海市杨浦区内江二村16号302室，与住在202室的被害人王某系邻居。2010年2月6日6时许，被告人刘某吸毒之后携带一把单刃折叠刀从其暂住处出来，走到202室门口揿被害人王某家门铃。王某开门后，刘某随即将王某推入房内，并上前用左手夹住王某的颈部，右手持刀朝王某右颈部刺戳一刀、左胸部刺戳二刀。后刘某驾车逃离。2010年2月11日，王某经抢救无效死亡。经鉴定，被害人王某系生前被他人用锐器刺戳颈、胸部造成右颈总动脉、右颈内静脉、左肺破裂致失血性休克后多器官功能衰竭而死亡。2010年2月20日，被告人刘某主动到上海市公安局杨浦分局延吉派出所投案，并供述了自己杀害被害人王某的事实。上海市第二中级人民法院经审理后认为，被告人刘某持刀故意非法剥夺他人生命，致一人死亡，其行为已构成故意杀人罪，公诉机关指控的罪名成立。被告人刘某曾因故意犯罪被判处有期徒刑，刑罚执行完毕后5年内再犯，应当判处有期徒刑以上刑罚之罪，系累犯，应从重处罚。被告人刘某虽有自首情节，但被告人刘某滥杀无辜，情节恶劣，人身危险性极大，应予严惩。被告人刘某虽具有《刑法》第67条所规定的自首以及如实供述罪行等情节，但不足以对其从轻处罚。为维护社会治安秩序，保障公民的人身权利不受侵犯，依照我国《刑法》第232条、第65条第一款、

第57条第一款和第64条之规定，判决如下：1. 被告人刘某犯故意杀人罪，判处死刑，剥夺政治权利终身；2. 犯罪工具等予以没收。判决后，被告人刘某以原判量刑过重为由，上诉要求从轻处罚。辩护人认为，刘某原患有精神活性物质所致精神障碍，后因吸毒导致病情加重致精神障碍，其在作案期间丧失辨认和控制能力，系精神疾病发作期，属于限制刑事责任能力；刘某家属有补偿被害人家属的诚意，要求对刘某改判死缓。上海市高级人民法院经审理认为，上诉人刘某持刀故意杀人，致一人死亡，其行为已构成故意杀人罪，且系累犯，依法应从重处罚。刘某虽有自首情节，但其滥杀无辜，情节恶劣，人身危险性极大，原判对其不予从轻处罚，并无不当。此外，刘某的家属虽有代为补偿被害人家属经济损失的表示，但未取得被害人家属的谅解，故刘某的上诉理由及其辩护人的相关辩护意见，本院均不予采纳。原判认定刘某故意杀人的犯罪事实清楚，证据确实、充分，适用法律正确，量刑适当，审判程序合法。上海市人民检察院建议驳回上诉维持原判的意见正确，予以支持。据此，依照《刑事诉讼法》第189条第（1）项之规定，裁定：驳回上诉，维持原判。依照《刑事诉讼法》第199条之规定，本裁定依法报请最高人民法院核准。最高人民法院经复核认为，被告人刘某持刀入户行凶，致一人死亡，其行为构成故意杀人罪。犯罪情节恶劣，后果严重，又系累犯，应当依法从重处罚。刘某虽投案自首，但滥杀无辜，人身危险性大，罪行极其严重，不足以对其从轻处罚。第一审判决、第二审裁定认定的事实清楚，证据确实、充分，定罪准确，量刑适当。审判程序合法。依照《刑事诉讼法》第199条和最高人民法院《关于复核死刑案件若干问题的规定》第2条第1款的规定，裁定：核准上海市高级人民法院〔2011〕沪高刑终字第123号维持第一审对被告人刘某以故意杀人罪判处死刑，剥夺政治权利终身的刑事裁定。

（参见 http：//www.shezfy.com/view.html？id=73306，访问于2015年2月3日。）

案例评析

本案的争议焦点在于：被告人刘某吸毒自陷行为导致辨认和控制能力丧失、减弱的情况是否能影响刑事责任的承担？

理论上认为，由于吸食毒品导致自己暂时性地丧失或者降低辨认控制能力的状态时，其所实施的社会危害性行为是社会不能容忍的行为，有追究刑事责任的必要，所以把上述情形称为原因自由行为，是应当受到处罚的行为。在司法实践中，吸毒自陷行为一般也不影响行为人的刑事责任承担。但是在案件分析过程中，还应当区分原因自由行为与精神障碍的无刑事责任能力或者限制刑事责任能力人。

在当代刑法理论中，行为人的刑事责任能力的判断需要依据“行为与责任同时存在”原则进行判断，也就是要在行为人实施行为时对行为人的刑事责任能力进行判断。我国《刑法》第18条规定：“精神病人在不能辨认或者控制自己行为的时候造成危害结果，经法定程序鉴定确认的，不负刑事责任……尚未完全丧失辨认或者控制自己行为能力的精神病人犯罪的，应当负刑事责任，但是可以从轻或者减轻处罚。”

原因自由行为是指具有刑事责任能力的行为人，故意或者过失使自己一时陷入丧失或者尚未完全丧失责任能力的状态，并在该状态下实施了符合客观构成要件的违法行为。原因自由行为理论的存在，主要是为了解决此类情形的当罚性与“行为与责任同时存在”

原则之间的偏离。一方面，虽然原因自由行为的行为人在实施犯罪行为之际，其辨认和控制自己行为的能力有所降低或者丧失，但在其行为实施之前，行为人仍可以自由决定自己是否陷入上述状态。行为人对于自己决定陷入上述状态的情况具有故意或者过失的罪过，这也是原因自由行为和精神障碍的无刑事责任能力人或者限制刑事责任能力人的主要区别。另一方面，根据我国《刑法》的主客观相统一原则，行为人实施的危害行为应该是在其主观犯罪意图的支配之下实施的，即行为时，行为人应当具有辨认和控制自己行为的能力。但原因自由行为的行为人在自己陷入丧失或者尚未完全丧失责任能力的状态时，还没有着手实行犯罪行为，这就难以实现主客观相统一原则。因此，在司法实践中对于原因自由行为中的犯罪行为一般不宜狭义地理解，而应当理解为与结果的发生具有因果关系的行为。也就是说，只要行为人开始实施与结果的发生具有因果关系的行为时具有刑事责任能力，即可构成犯罪。

本案中，根据法医精神病司法鉴定意见书的结论，被告人刘某在实施杀人行为时的控制能力和辨认能力已经受到损害。但被告人刘某在明知自己吸食毒品会出现精神异常而仍然故意吸食毒品，其主观方面存在罪过。尽管吸毒致辨认能力和控制能力丧失或减弱，仍应评定为具有完全刑事责任能力。由于刘某自己吸食毒品的行为导致其精神状态下降进而实施杀人行为，吸毒行为与杀人行为具有因果关系，因此其吸食毒品的行为应当属于广义的实行行为。综上，本案被告人刘某自愿吸毒陷于精神障碍状态并实施了杀人的行为符合主客观相统一原则，应当承担故意杀人罪的刑事责任。

二、交通肇事后遗弃被害人的行为认定

——张某故意杀人案

公诉机关：北京市房山区人民检察院

被告人：张某

案情简介

2009年5月29日11时40分许，被告人张某驾驶车牌号为京GM2303的松花江牌小型客车在北京市房山区周张路娄子水村西公路路段行驶，当其欲从右侧超越被害人黄某驾驶的电动三轮车时，撞到该三轮车后部，致黄某摔伤。后张某将黄某驾驶的三轮车推至距事故现场东60米的一废品收购站内，同路人一起将受伤后不能讲话和行走的黄某抬到其驾驶的小型客车上。因该车无法启动，张某遂将黄某从车内搬至路边。当日13时许，张某将黄某带离事故现场并遗弃，后雇车将肇事客车牵引至一修理站进行维修。次日10时许，黄某的尸体在事故现场路边以东2米、以南22.1米的墙根下被发现。经鉴定，黄某系被钝性物体（如机动车）作用致创伤失血性休克死亡。经交管部门认定，张某负事故全部责任。同年6月4日，张某向公安机关投案。北京市房山区人民法院认为，被告人张某驾驶未按规定定期检验的机动车，从右侧超车发生交通事故致被害人黄某受伤后，将被害人遗弃，致使被害人未得到及时救助而死亡，其行为构成故意杀人罪，依法应当惩处。公诉机关指控被告人张某犯罪的事实清楚，证据确实、充分，但罪名有误，予以更正。张

某在前罪主刑执行完毕以后，罚金刑执行完毕以前又犯新罪，依照我国《刑法》第71条的规定，应当将前罪没有执行的罚金刑与后罪所判处的刑罚并罚。依照《刑法》第232条、第55条第1款、第56条第1款、第71条、第36条第1款以及《最高人民法院关于审理交通肇事刑事案件具体应用法律若干问题的解释》第6条之规定，北京市房山区人民法院判决如下：被告人张某犯故意杀人罪，判处有期徒刑14年，剥夺政治权利3年；与前罪所判处的罚金人民币2000元并罚，决定执行有期徒刑14年，剥夺政治权利3年，并处罚金人民币2000元。一审宣判后，被告人张某向北京市第一中级人民法院提出上诉，理由是：一审认定事实有误，发生交通事故后被害人能够讲话，二人进行了协商，其给被害人留下联系方式后去修车，其没有杀人的故意和行为，原判量刑过重。其辩护人提出，张某的行为构成交通肇事罪，原判认定其犯故意杀人罪的事实不清，证据不足，且张某有自首情节，可以从轻处罚。北京市第一中级人民法院经审理认为，被告人张某驾驶未按规定定期检验的机动车，从右侧超车发生交通事故致被害人黄某受伤，后张某将被害人遗弃，致使被害人因未得到及时救助而死亡，其行为构成故意杀人罪，依法应当惩处。张某所提“一审认定事实有误”的上诉理由缺乏证据支持，且与在案证据存在矛盾。张某将身受重伤的被害人遗弃，导致被害人因无法得到及时救助而死亡，主观上对其造成的危害结果持放任态度，其行为符合故意杀人罪的构成特征。张某虽然在案发后能主动到公安机关投案，但其不如实供述犯罪事实，不能认定为自首。相关上诉理由和辩护意见均不能成立，不予采纳。原判认定事实清楚，定罪准确，量刑适当，审判程序合法。据此，依照我国《刑事诉讼法》（1996年）第189条第1项之规定，北京市第一中级人民法院裁定驳回上诉，维持原判。

（最高人民法院刑事审判一至五庭主编：《刑事审判参考（总第94辑）》，法律出版社2014年版。）

案例评析

本案的争议焦点为：被告人张某将被害人遗弃的行为构成交通肇事罪还是故意杀人罪？

对于上述案情的认定，2000年最高人民法院《关于审理交通肇事刑事案件具体应用法律若干问题的解释》第6条专门作出了明确规定，即行为人在交通肇事后为逃避法律追究，将被害人带离事故现场后隐藏或者遗弃，致使被害人无法得到救助而死亡或者严重残疾的，应当分别依照我国《刑法》第232条、第234条第2款的规定，以故意杀人罪或者故意伤害罪定罪处罚。本案审理过程中，法院也依据司法解释认定行为人的行为构成故意杀人罪。

在司法实践中，对此类案件进行认定时，应当注意通过行为人的行为考察分析行为人的犯意。交通肇事罪，是指违反道路交通管理法规，发生重大交通事故，致人重伤、死亡或者使公私财产遭受重大损失，依法被追究刑事责任的犯罪行为。交通肇事是一种过失危害公共安全的行为，而故意杀人是指故意非法剥夺他人生命的行为。行为人驾驶汽车发生交通事故以后将被害人遗弃时，其主观犯罪意图已经发生了转化，从对事故结果的过失心态转变为对被害人死亡结果的间接故意，主观上对其造成的危害结果持放任态度，其行为构成故意杀人罪。

三、轻微暴力行为诱发被害人病情发作而死亡的行为认定

——刘某过失致人死亡案

公诉机关：甘肃省张掖市甘州区人民检察院

被告人：刘某

案情简介

2012年5月22日上午11时许，被告人刘某驾驶甘G-11822号农用兰驼车在甘州区西二环路青松七社路段倒车时，不慎将被70多岁的被害人杨某停放在路边的自行车碰撞碾压，双方因赔偿问题发生争执。争执中，被告人刘某对被害人杨某实施脚踢、扇耳光等殴打行为，并将其撕拉到路边后驾车离开现场。杨某于当日上午到甘州区医院治疗1天，后于2012年5月25日上午死亡。被害人杨某生前曾患有肝硬化、肝硬化腹水，于2012年4月23日至4月30日在张掖市人民医院住院治疗。经甘州区公安局刑事科学技术室法医学尸体检验鉴定书鉴定，被害人尸表左前臂外侧、桡侧、右肘关节、右膝关节及膝关节下方、外侧、右踝关节上方均有大小不同的皮下出血、淤血，颅骨、鼻骨、颈项部、肋骨、背腰部均未触及骨折，死者杨某生前患有肝炎硬化、肝硬化腹水，肝功能衰竭是死亡的直接原因，而本次争执、撕拉，身体受到损伤，精神刺激只是诱发因素。

甘肃省张掖市甘州区人民法院为维护社会治安秩序，倡导尊老爱幼的良好社会风尚，保护公民生命健康权利不受侵犯，依据我国《刑法》第233条、第62条之规定，判决如下：被告人刘某犯过失致人死亡罪，判处有期徒刑4年6个月。（刑期自判决执行之日起计算。判决执行以前先行羁押的，羁押一日折抵刑期一日。即自2012年5月25日起，至2016年11月24日止）

（参见中国裁判文书网，http：//www.court.gov.cn/zgcpwsw/gs/gsszyszjrmfy/zysgzqrmfy/xs/201404/t20140423_ 858149.htm，访问于2015年4月1日。）

案例评析

本案的争议焦点主要为：一般殴打诱发被害人病情发作死亡的行为性质如何认定？

本案中，被告人刘某在倒车时撞坏被害人自行车后，就赔偿问题与被害人发生争执，在争执中对70多岁的被害人进行殴打、撕拉，其行为诱发了被害人肝炎硬化、肝腹水、肝功能衰竭进而导致被害人死亡。那么，被告人刘某的行为与被害人的死亡结果之间是否具有刑法因果关系，是案件的判断基础。在我国刑法学中，刑法因果关系的判断主要依据偶然因果关系说，偶然因果关系说认为，当危害行为本身并不包含产生危害结果的根据，但在其发展过程中，偶然介入其他因素，由介入因素合乎规律地引起危害结果时，危害行为与危害结果之间就是偶然因果关系。据此，本案中被告人刘某的殴打、撕拉行为与被害人的死亡结果之间存在着刑法上的因果关系。

虽然被告人的行为与被害人的死亡结果存在刑法上的因果关系，但被告人对于被害人

的死亡结果并不存在故意，而是过失。因为被告人作为一个心智正常的成年人，在倒车撞坏被害人自行车后就赔偿问题与被害人发生争执的过程中，对70多岁的被害人进行殴打、撕拉，应当预见到其殴打、撕拉行为可能会引发被害人自身疾病，但其因疏忽大意而没有预见，在主观上存在过失。而在客观上实施了殴打、撕拉行为，也诱发被害人自身疾病，造成被害人死亡的结果，构成过失致人死亡罪。最终，被告人刘某因犯过失致人死亡罪，被判处有期徒刑4年6个月。

四、聚众情节的认定

——黄某等强制猥亵妇女案

公诉机关：福建省莆田市仙游县人民检察院

被告人（上诉人）：黄某等

案情简介

2008年9月2日晚，被告人黄某某过生日邀请被告人黄某、许某某（另案处理）及陈某（不诉处理）、许某某等人到家中喝酒。期间，许某某带女友杨某某（未成年）到郊尾镇后沈村大埕20号即旧厝房间发生性关系。当晚10时许，被告人黄某提议到旧厝房间去猥亵被害人杨某某，遂伙同被告人黄某某、同案人许某某一起去。许某某开门后离开，被告人黄某某殴打、猥亵被害人杨某某后离开，被告人黄某、同案人许某继续以威胁、殴打方法强迫被害人杨某某同时对其进行口交、手淫等。后接到黄某某电话，被告人黄某及同案人许某遂停止猥亵行为。福建省仙游县人民法院经审理认为：被告人黄某、黄某某为满足性刺激，伙同他人违背妇女意志，采取暴力、胁迫方法聚众强制猥亵妇女，其行为构成强制猥亵妇女罪。并且，被告人黄某某、黄某和许某具有共同强制猥亵妇女的故意，故本案应属聚众强制猥亵妇女的情形。福建省仙游县人民法院依照我国《刑法》第237条第2款、第17条第1、3款、第25条第1款、第26条第1款、第27条、第67条第1款、第68条第1款及最高人民法院、最高人民检察院、司法部《关于适用普通程序审理“被告人认罪案件”的若干意见（试行）》第9条，作出如下判决：1. 黄某犯强制猥亵妇女罪，判处有期徒刑5年；2. 黄某某犯强制猥亵妇女罪，判处有期徒刑5年。福建省莆田市中级人民法院经审理认为：上诉人黄某某在对被害人实施殴打后即离开作案现场，本案仅黄某、许某二人在案发现场实施具体的猥亵行为，一审判决认定本案属于聚众强制猥亵妇女适用法律错误。福建省莆田市中级人民法院依照我国《刑事诉讼法》第189条第（2）项、《刑法》第237条第1款、第17条第1、3款、第25条第1款、第26条第1款、第27条、第67条第1款、第68条第1款，作出如下判决：1. 撤销福建省仙游县人民法院（2010）仙刑初字第391号刑事判决；2. 黄某犯强制猥亵妇女罪，判处有期徒刑3年。3. 黄某某犯强制猥亵妇女罪，判处有期徒刑2年6个月。

（国家法官学院、中国人民大学法学院编：《中国审判案例要览（2011年刑事审判案例卷）》，人民法院出版社、中国人民大学出版社2013年版。）

案例评析

本案的争议焦点主要为：黄某等人的行为是否属于强制猥亵妇女罪中的“聚众”情节？

从上述案件审理结果来看，一审法院和二审法院在行为人的行为是否构成“聚众”情节存在争议。根据我国《刑法》第237条规定，以暴力、胁迫或者其他方法强制猥亵妇女或者侮辱妇女的，处5年以下有期徒刑或者拘役。聚众或者在公共场所当众犯前款罪的，处5年以上有期徒刑。行为人的行为是否属于“聚众”情节，直接影响被告人的刑事责任。而在司法实践中，“聚众”情节的认定不仅仅是本案的核心，还是其他聚众型犯罪的关键。

我国《刑法》及《刑法修正案》中有14个条文涉及“聚众”一词，但我国《刑法》并没有对聚“众”犯罪中的“众”所代表的人数作出明确规定，只是在个别罪名的司法解释中有所提及。如2005年5月11日《最高人民法院、最高人民检察院关于办理赌博刑事案件具体应用法律若干问题的解释》中规定，聚众赌博要求组织3人以上赌博。根据我国的生活常识，3人以上才能为众。所以，我国《刑法》中的“聚众”应当解释为3人以上的聚集行为。另外，“聚众”还要求行为人的当场性，即3人以上的行为人都必须在现场才能构成“聚众”，否则不能认定为“聚众”。

具体而言，强制猥亵妇女罪的加重情节“聚众”中的“众”，应当理解为3人以上，并且不要求全部具备刑事责任能力，只要实施强制猥亵妇女行为的行为人具刑事责任能力，即可。另外，强制猥亵妇女罪的加重情节“聚众”要求3人以上的行为人都必须在强制猥亵行为的实施现场，而且是不包括受害人本人在内的。最后，强制猥亵妇女罪的加重情节“聚众”不要求每个在现场的行为人都参与实施具体的犯罪行为，只要现场的一个人或者两个人实施强制猥亵行为就可能构成“聚众”情节。

本案中，行为人黄某某虽然对被害人实施了殴打等行为，对黄某等人猥亵妇女犯罪起到帮助作用，但其本人未实施具体的猥亵犯罪行为，其行为仅能构成帮助犯。由于只有黄某、许某二人在案发现场实施强制猥亵行为，因此黄某、许某的强制猥亵行为不能构成强制猥亵罪的“聚众”情节。一审法院认定黄某等人的行为属于“聚众”情节，表明其对“聚众”情节的理解存在错误。

五、为索取赌债非法拘禁被害人的行为认定
——孟某索要赌债案

公诉机关：山西太原市人民检察院

被告人：孟某

案情简介

被告人孟某在1995年11月至1997年间以营利为目的，设赌抽头，多次在徐沟和文水县谢家寨放资底和，投入12万余元资金，非法获利40万元。为了索要赌债多次纠集其

他被告人绑架他人、非法扣押、限制他人人身自由，并殴打他人。其中包括：1997 年 9 月，孟某在文水县谢家寨放赌时，该村村民岳某欠孟某赌债 9900 余元。同年 11 月 4 日凌晨，孟某指使他人将岳某及其子劫持到太原体育馆澡堂，孟某对岳某殴打后，逼岳某拿 3 万元赎人，后岳的亲属将 2.6 万元和传呼机一部交给孟某后才将岳某放回家。1997 年 11 月的一天下午，孟某伙同他人将麻某劫持到太原市一空房内，向其索要麻某欠孟某的赌债 3 万元。孟某用桌腿打麻某，威逼麻某给其家人打电话拿 6 万元赎人，麻某的亲属交给孟某 3 万元后才将麻某放回家。

太原市中级人民法院认为：被告人孟某为索要赌债纠集其他人绑架他人的行为构成绑架罪，判处有期徒刑 13 年；犯敲诈勒索罪，判处有期徒刑 3 年；犯故意伤害罪，判处有期徒刑 2 年；犯赌博罪，判处有期徒刑 2 年。决定执行有期徒刑 19 年。一审宣判后，孟某不服提出上诉。山西省高级人民法院改判被告人孟某犯绑架罪，判处有期徒刑 7 年，犯非法拘禁罪，判处有期徒刑 3 年，与原判其敲诈勒索罪有期徒刑 3 年、故意伤害罪有期徒刑 2 年、赌博罪有期徒刑 2 年并罚，决定执行有期徒刑 14 年。

（最高人民法院刑事审判一至五庭主编：《刑事审判参考（总第 10 辑）》，法律出版社 2000 年版。）

案例评析

本案的争议焦点主要为：为收回赌债而非法扣押、拘禁他人的，该如何定罪？在非法扣押、拘禁被害人的过程中，索取的“债”多于赌债的行为如何认定？

首先，根据我国《刑法》第 238 条第 3 款规定，为索取债务而非法扣押、拘禁他人的，依照非法拘禁罪的规定处罚。我国《刑法》第 238 条规定的非法拘禁罪，是指以拘押、禁闭或者其他强制方法非法剥夺他人人身自由的行为。但是这里的“债务”是否包括高利贷、赌债等非法债务，需要厘清。根据 2000 年最高人民法院《关于对为索取法律不予保护的债务非法拘禁他人行为如何定罪问题的解释》规定，行为人为索取高利贷、赌债等法律不予保护的债务，非法扣押、拘禁他人的，依照我国《刑法》第 238 条的规定定罪处罚，即非法拘禁罪。

其次，当在非法扣押、拘禁被害人的过程中，索取的“债”多于赌债时，其行为已经超出了非法拘禁罪的构成要件，将侵犯被害人的其他合法财产权，构成绑架罪。因此，本案原审被告人孟某超过赌债范围收取的财物行为已构成绑架罪。综上所述被告人孟某分别构成了非法拘禁罪和绑架罪，应数罪并罚。

六、非家庭成员间遗弃行为的认定

——王某等遗弃案

公诉机关：新疆维吾尔自治区乌鲁木齐市人民检察院

被告人：王某，乌鲁木齐市精神病福利院院长

被告人：刘某，乌鲁木齐市精神病福利院四病区科主任

被告人：田某，乌鲁木齐市精神病福利院四病区护士长

被告人：沙依丹·胡加基，乌鲁木齐市精神病福利院五病区科主任

被告人：于某，乌鲁木齐市精神病福利院五病区护士长

案情简介

1996年至1999年8月间，被告人刘某、田某、沙依丹·胡加基、于某，在乌鲁木齐精神病福利院院长王某的指派下，安排该院工作人员将精神病福利院的28名“三无”公费病人遗弃在甘肃省及新疆昌吉附近。经四病区科主任被告人刘某的认可和护士长田某的参与，送走“三无”公费病人4次，病人19名。其中，1996年6月由该院工作人员王新、王子茂乘火车将病人王伟鹏、周宁、荣站、沙天山遗弃在甘肃省境内；1999年5月由被告人刘某、田某将张桂堂、努尔别克、里提甫遗弃在新疆昌吉附近；1999年7月由王新乘火车将病人刘海生、单培义、郑世忠、王春、杜建新等遗弃在甘肃境内。经五病区科主任被告人沙依丹·胡加基的认可和护士长于某的参与，送走“三无”公费病人4次，病人9名。其中，1999年4月被告人沙依丹·胡加基与张凤玲大夫将病人罗诗珍遗弃在乌鲁木齐市红山附近；1999年5月被告人于某与张凤玲大夫将病人沙痴女遗弃在新疆昌吉附近；1999年8月被告人沙依丹·胡加基将、库力帕汗、马文清、吴碧珍、吴站等遗弃在新疆昌吉附近；1999年11月被告人沙依丹·胡加基、于某将病人曹伟、哑女遗弃在新疆昌吉附近。以上被遗弃的“三无”公费病人中，只有杜建新已安全回到家中，其他27名被遗弃的病人均下落不明。

乌鲁木齐新市区人民法院根据上述事实和证据认为，被告人王某、刘某、田某、沙依丹·胡加基、于某身为福利院的工作人员，对依赖于福利院生存、救助的“无家可归、无依可靠、无生活来源”的公费病人，负有特定扶养义务，应当依据其各自的职责，积极履行监管、扶养义务，而不应将被扶养中的28名病人遗弃，拒绝监管和扶养。被告人王某、刘某、田某、沙依丹·胡加基、于某的行为均已触犯我国《刑法》中关于对于年幼、患病或者其他没有独立生活能力的人，负有扶养义务而拒绝扶养，情节恶劣的处5年以下有期徒刑的规定，构成了遗弃罪，应予惩处。依照我国《刑法》第261条、第72条第1款、第73条第2款和第3款、第25条、第26条第1款、第27条的规定，作出如下判决：1. 王某犯遗弃罪，判处有期徒刑2年缓刑3年；2. 刘某犯遗弃罪，判处有期徒刑1年缓刑2年；3. 沙依丹·胡加基犯遗弃罪，判处有期徒刑1年缓刑2年；4. 于某犯遗弃罪，判处有期徒刑1年缓刑2年。一审法院判决后，被告人于某不服，提出上诉。乌鲁木齐市中级人民法院经审理认为：上诉人于某以及原审被告人王某、刘某、田某、沙依丹·胡加基身为福利院的工作人员，将依赖于福利院生存救助的“三无”公费病人28人遗弃，其行为均构成了遗弃罪。上诉人于某的上诉请求和理由与事实不符，也无法律依据，故不予采纳。原判认定事实清楚，证据确实充分，定罪准确，量刑适当，审判程序合法，应予维持。乌鲁木齐市中级人民法院依照我国《刑事诉讼法》第189条第1款之规定，作出如下裁定：驳回上诉，维持原判。

（国家法官学院、中国人民大学法学院编：《中国审判案例要览（2003年刑事审判案例卷）》，人民法院出版社、中国人民大学出版社2004年版。）

案例评析

本案的争议焦点主要为：被告人王某等人是否属于遗弃罪的主体范围之内？

在司法实践和刑法理论中，遗弃罪的犯罪主体范围如何认定，一直存在着争议。本案在认定过程中也出现了不同的意见。一种观点认为，本罪的犯罪主体应当是根据亲属法规定对被害人具有扶养义务的同一家庭成员；另一种观点认为，遗弃罪的犯罪主体仅仅是对被遗弃人负有法律上扶养义务、具有扶养能力的自然人，不局限于同一家庭成员。本案在审理过程中，控辩之间争议的焦点为被告人对被遗弃的 28 名“三无”病人有无扶养义务，这是遗弃罪是否成立的关键。

我国《刑法》第 261 条规定，遗弃罪是指对于年老、年幼、患病或者其他没有独立生活能力的人，负有扶养义务而拒绝扶养，情节恶劣的行为。由于 1979 年《刑法》将本罪规定在妨害婚姻家庭罪中，所以有观点认为本罪的侵犯的法益是被害人在家庭中受扶养的权利，本罪的犯罪主体应当是根据亲属法规定对被害人具有扶养义务的同一家庭成员。但随着我国的社会发展和法律修改，这种解释已经不能适应现代社会的要求。首先，遗弃罪在《刑法》分则中的体系地位已经从妨害婚姻家庭罪移到侵犯公民人身权利、民主权利罪中，这就为重新解释遗弃罪提出了要求。其次，我国社会保障体系也发生了巨大变化。我国社会原来的社会保障体系不健全，对年老、年幼、患病或者其他没有没有独立生活能力的人的照顾主要是依靠家庭进行，现在我国社会保障体系逐步完善，对于需要老、幼、病、残等弱势群体具有扶养义务的主体逐渐社会化、多元化，如果把遗弃罪中的扶养义务限定在家庭成员之间，就不能适应现实情况的变化。

我国《刑法》第 261 条中的扶养义务，应从广义上进行理解，不但来源于亲属法的规定，如夫妻和兄姐对弟妹间的扶养义务，父母、祖父母、外祖父母对子女、孙子女、外孙子女的抚养义务，子女、孙子女、外孙子女对父母、祖父母、外祖父母的赡养义务等；还包括基于职业、业务所产生的义务、基于法律行为与先前行为产生的义务，如实行全托制的幼儿园、精神病医院以及人民政府为给社会上那些年老、年幼或身有残疾的“三无”人员提供生活、治疗等救助而专门设立的福利院、救助站等机构。

本案中 5 名行为人作为该精神病福利院的领导和部门负责人，对收留在该精神病福利院的所有“三无”病人负有给他们提供食宿和治疗疾病等扶养救助的义务。但他们在有义务履行能力的情况下，拒不履行这种扶养救助义务，将 28 名“三无”病人送到异地予以遗弃，情节十分恶劣，其行为符合遗弃罪的构成要件。

七、在捉奸过程中脱光女子衣服并长期捆绑的行为认定

——周某等侮辱他人案

公诉机关：江苏省兴化市人民检察院

被告人：周某

被告人：倪某某（被告人周某之母）

被告人：周某某（被告人周某之父）

案情简介

2001年8月1日晚11时许，被告人周某因怀疑其丈夫钱某某与人通奸，伙同被告人倪某某、周某某等人到大邹镇简家村自己家中捉奸。周某等人冲进房后，看到钱某某与福建的一名女子林某睡在一起，周某即上前掀开被单，抓住林某的头发往客厅拖，边拖边殴打林某脸部，脚踢林某身体。倪某某也帮忙拖拉林某，并剥光林某身上的睡衣，致林某全身赤裸。钱某某欲制止，遭周某某殴打，遂从二楼跳窗逃走。嗣后，周某某叫周某将林某捆绑起来扔到草丛里。周某即用家中的塑料绳和包装带捆绑林某，林某反抗，倪某某上前抓住林某的膀子，与周某一起将全身赤裸的林某捆绑于客厅，周某在客厅里装上灯泡并点亮，围观村民达十余人。后有邻居劝说周某和倪某某让林某穿衣服，周某、倪某某不肯，并扬言该女与钱某某通奸，要出出该女的洋相，让她现现丑，待天亮后将其扔到公路上给大家看。次日凌晨1时许，经邻居再三劝说，3名被告人才让林某穿上衣服，但周某又将林某捆绑起来。直到凌晨5时许，周某某才将捆绑林某的绳子解开。

2001年11月27日，江苏省兴化市人民检察院以被告人周某、倪某某、周某某犯非法拘禁罪向兴化市人民法院提起公诉。被告人周某、倪某某、周某某对起诉书指控的犯罪事实供认不讳，只请求从轻处罚。被告人周某的辩护人提出以下辩护意见：（1）被告人周某以暴力方法公然侮辱他人，其行为构成侮辱罪，起诉书指控被告人犯非法拘禁罪，定性不当；（2）受害人林某有重大过错，被告人周某是受害者，因其不懂法而触犯刑律，构成犯罪；（3）被告人主观恶性不深，认罪态度较好，有悔罪表现；（4）被告人平时表现较好，无前科劣迹，系初犯、偶犯，请求对其从轻处罚。江苏省兴化市人民法院经不公开开庭审理后认为：被告人周某、倪某某、周某某到周某自己家中捉奸后，本应依法处理。但其使用暴力对林某进行殴打，扒掉林某的衣服，又用塑料绳和包装带强行将赤裸的林某捆绑于客厅里，让十余名群众围观。其主观方面具有贬低、损害他人人格，破坏他人名誉的目的，客观方面公然使用暴力和语言进行侮辱，侵犯了公民的人格和名誉权，情节严重，其行为均已构成侮辱罪，且属共同犯罪。被告人周某、倪某某、周某某在实施侮辱的犯罪过程中，非法拘禁林某，剥夺其人身自由达数小时之久，这种方法行为又触犯了刑律，构成非法拘禁罪。出于犯一罪的目的而其方法行为又触犯其他罪名的，属于牵连犯。对牵连犯不实行数罪并罚，应从一重罪处断。由于侮辱罪和非法拘禁罪的法定刑同等轻重，应当选择目的犯罪的刑法条款定罪处罚，即被告人周某、倪某某、周某某的行为均构成侮辱罪。公诉机关指控被告人周某、倪某某、周某某犯罪的事实清楚，证据充分，但指控其犯非法拘禁罪的罪名不当，应予变更。鉴于被害人林某有重大过错，3名被告人归案后认罪态度较好，有一定的悔罪表现，可以酌情从轻处罚。该院依照我国《刑法》第246条第1款、第25条第1款、第72条第1款和第73条第1款和第3款的规定，于2001年12月27日判决如下：被告人周某犯侮辱罪，判处拘役6个月；被告人倪某某、周某某犯侮辱罪，各判处拘役6个月，缓刑1年。宣判后，3名被告人没有上诉，检察机关亦未抗诉，判决已发生法律效力。

（最高人民法院刑事审判一至五庭主编：《刑事审判参考（总第26辑）》，法律出版社2002年版。）

案例评析

本案的争议焦点为：生活中经常发生的暴力捉奸并侮辱女性第三者的行为是否构成犯罪？应如何认定？

由于我国当前正处在转型时期，夫妻关系不稳定的情况呈现多发趋势。近年来，民间发生的捉奸行为愈演愈烈，很多受害人将配偶出轨的愤怒发泄于第三者身上，引发了很多暴力捉奸、侮辱第三者的案件。在这些案件中，夫妻关系中受害的一方因为自己的过度行为反而使自己成为过错一方。本案中，法院认为夫妻关系中的受害人采取了极端行为，脱光第三者的衣服并捆绑长达数小时的行为构成侮辱罪。在侮辱的过程中，如果伴随着其他犯罪行为还需要考虑罪数形态。例如，行为人在捉奸过程中以暴力殴打手段将全身赤裸的女子捆绑，时间长达数小时的，行为人在实施侮辱过程中所使用的方法又构成了非法拘禁罪，属牵连犯，应根据牵连犯处罚原则，从一重罪处断。如果所牵连的犯罪行为和作为目的犯罪行为的法定刑同等轻重时，应当选择其目的行为所触犯的刑法条款定罪处罚。在司法实践中，侮辱罪的认定需注意以下问题：

根据《刑法》第246条规定，侮辱罪是指使用暴力或者以其他方法，公然贬损他人人格，破坏他人名誉，情节严重的行为。首先，本罪的主观方面为故意，并且具有贬低他人人格，破坏他人名誉的目的，但不包括损害妇女的性羞耻心。如果行为人为了满足自己不正当的性欲望或者损害妇女的性羞耻心而破坏妇女名誉的，则可能构成强制猥亵、侮辱妇女罪。其次，客观方面必须是以暴力或者其他手段公然贬低他人人格、破坏他人名誉的行为。一方面，必须实施了侮辱的行为；另一方面，必须是公然进行的。“公然”是指在有第三者在场的情况下或者能够使第三者看到的、听到的方式进行侮辱，被害人不一定要在现场。再次，还需达到情节严重的程度，这是区别一般的辱骂等侮辱行为与侮辱罪的重要标准，情节严重主要是指手段恶劣、后果严重、多次侮辱等情况。

八、贿选行为的认定

——玉某等人破坏选举案

公诉机关：广西壮族自治区忻城县人民检察院

被告人（上诉人）：玉某

被告人：韦某

被告人：覃某

被告人：韦某某

案情简介

2006年10月4日中午，被告人玉某邀被告人韦某、覃某、韦某某到忻城县“显建饭店”吃饭，席间，玉某讲到安东乡换届选举之事时，叫韦某、韦某某、覃某要选本地人莫某当乡长，并让他们回去和安东村、国辉村、桃源村、新桥村的代表联系，要求统一其他代表的思想，选莫某当乡长，商量好后，玉某拿出现金1000元人民币交给韦某，让韦某以其当上蔗管员的名义，请安东乡其他人大代表吃饭，让代表们统一思想，选莫某当乡长。饭后，玉某用其私家车搭乘被告人韦某、覃某、韦某某专程前往柳州游玩。韦某、覃某、韦某某接受玉某的授意后，于2006年10月8日联络桃源、安东、国辉、新桥等4个村委的主要领导和人大代表共9人，包车到大塘镇“重庆永川饭店”吃饭。席间，韦某某要在座各位不但要统一好思想，回去后还要负责做好本村各个人大代表的思想工作，要选本地人莫某为本届政府乡长。由于在安东乡人大会召开前有了串联拉选票的非法活动，致使2006年10月11日在安东乡第十届人大第一次会议的人大、政府班子的换届选举中，参加会议代表54名，莫某获得36票的最高赞成票这一不真实的选举结果。由于4名被告人的行为，造成安东乡第十届人民政府乡长这一职位至今仍留空缺的严重后果。

忻城县人民法院依照我国《刑法》第256条，第26条第1、4款，第27条，第72条第1款，第73条第2、3款之规定，判决如下：1. 被告人玉某破坏选举罪，判处有期徒刑3年。2. 被告人韦某犯破坏选举罪，判处拘役6个月，缓刑6个月。3. 被告人覃某犯破坏选举罪，剥夺政治权利1年。4. 被告人韦某某犯破坏选举罪，剥夺政治权利1年。被告人玉某提出了上诉，来宾市中级人民法院依照我国《刑事诉讼法》第189条第（1）、（2）项；《刑法》第256条，第26条第1、4款，第27条，第72条第1款，第73条第2、3款之规定，判决如下：1. 维持忻城县人民法院（2007）忻刑初字第41号刑事判决第2、3、4项，即原审被告人韦某犯破坏选举罪，判处拘役6个月，缓刑6个月；原审被告人覃某犯破坏选举罪，剥夺政治权利1年；原审被告人韦某某犯破坏选举罪，剥夺政治权利1年。2. 撤销忻城县人民法院（2007）年忻刑初字第41号刑事判第1项，即上诉人玉某破坏选举罪判处有期徒刑3年。3. 上诉人（原审被告人）玉某破坏选举罪判处有期徒刑1年。

（国家法官学院、中国人民大学法学院编：《中国审判案例要览（2008年刑事审判案例卷）》，人民法院出版社、中国人民大学出版社2009年版。）

案例评析

本案的争议焦点主要为：在选举国家机关领导人时，采用贿赂人民代表的手段，妨害代表自由行使选举权，破坏选举，造成选举结果不真实，情节严重的，应如何论处？

本案中行为人通过请客等不正当手段收买代表，破坏正常选举秩序的行为涉嫌构成破坏选举罪。破坏选举罪，是指在选举各级人民代表大会代表和国家机关领导人员时，以暴力、威胁、欺骗、贿赂、伪造选举文件、虚报选举票数等手段破坏选举或者妨害选民和代表自由行使选举权和被选举权，情节严重的行为。该罪侵犯的客体是公民的选举权利和国家的选举制度；客观方面表现为以暴力、威胁、欺骗、伪造选举文件、虚报选举票数等手段破坏选举或者妨害选民和代表自由行使选举权和被选举权，情节严重的行为；“暴力”，是指对选民、各级人民代表大会代表、候选人、选举工作人员等进行殴打、捆绑等人身伤害，或者以暴力破坏选举场所，使选举工作无法进行。“威胁”，是指以杀害、伤害、破坏名誉、损害财产等进行要挟，迫使选民、各级人民代表大会代表、候选人选举工作人员不能自由行使选举权和被选举权，或者在选举工作中不能正常履行职责。“欺骗”，是指编造严重不符合事实的情况或者捏造对选举有重大影响的事实，并加以散布、宣传，扰乱正常的选举活动。“伪造选举文件”，是指伪造选民证、选票等文件。“虚报选举票数”，是指选举工作人员对统计出来的选票数、赞成票数、反对票数进行虚报、假报（多报或少报）。“贿赂”，是指用金钱或者其他物质利益收买选民、人民代表、候选人、选举工作人员，使他们违反自己的真实意愿参加选举，或者在选举工作中进行舞弊活动。按照法律规定，行为人只要实施了上述行为中的一种行为，就构成本罪。本罪犯罪主体是一般主体，凡达到刑事责任年龄、具有刑事责任能力的自然人，均可构成本罪。行为人既可以是有选举权和被选举权的人，也可以是无选举权和被选举权的人；既可以是选举工作人员，也可以是选民或者代表。本罪的主观方面是故意，并且是直接故意。犯罪人在主观上对破坏选举结果的发生，有一种积极追求的心理状态。

本罪所破坏的选举活动，必须是各级人民代表大会代表和国家机关领导人员的选举活动，包括选民登记、提出候选人、投票选举、补选、罢免等各项选举活动。在本案中，安东乡选举人民代表的行为属于破坏选举罪所规定的选举活动。在本案中行为人玉某请被告人韦某、韦某某、覃某吃饭，并给 3 人 1000 元请其他代表吃饭，要求统一思想，选莫某当乡长，这一行为手段属于破坏选举罪的客观行为方式之一“贿赂”，即通过贿赂代表拉选票。因此，4 行为人的行为完全符合破坏选举罪的犯罪的客观要件。在本案中，行为人玉某在主观方面存在着故意，符合本罪的主观要件。因此，被告人玉某、韦某、韦某某、覃某无视国家法律，在选举国家机关领导人员时，采用贿赂人民代表的手段，破坏选举，妨害代表自由行使选举权和被选举权，情节严重的行为已触犯我国刑律，构成破坏选举罪。

九、采用抢婚手段违背她人意愿与自己结婚的行为认定

——肉孜暴力干涉婚姻自由案

自诉人（附带民事诉讼原告人）：阿斯亚

被告人：肉孜

案情简介

被告人肉孜的父母和自诉人阿斯亚的父母商定，让自诉人阿斯亚与被告人肉孜成亲，为此，肉孜的父母给自诉人家送去了礼品。因自诉人阿斯亚不同意与被告人肉孜结婚，退回了礼品。2005 年 8 月 23 日晚，自诉人阿斯亚和姐姐坐畜力车从姑姑家回家时。被告人肉孜及其朋友吾甫尔、喀迪尔、吾麦尔（在逃）等在中途阻止，不顾自诉人阿斯亚极力反抗，用摩托车、汽车强行把自诉人阿斯亚带到伽师县卧力脱格拉克乡、巴楚县等地，强迫自诉人阿斯亚同意与被告人肉孜结婚。在实施强抢过程中，阿斯亚右腿被摩托车排气管烫伤。自诉人的父母闻讯后向公安机关报案。当月 25 日凌晨，公安人员解救了自诉人阿斯亚，并将被告人肉孜抓获。自诉人阿斯亚右腿被烫伤，花去治疗费为 557 元、检查费 280 元、交通费 100 元、鉴定费 280 元、误工费 105 元、护理费 105 元。经法医鉴定，自诉人阿斯亚的损伤为轻微伤。

伽师县人民法院依照我国《刑法》第257条第1款、第61条、第36条第1款和《中华人民共和国民法通则》第119条的规定，判决如下：1. 被告人肉某犯暴力干涉婚姻自由罪，判处有期徒刑6个月。2. 被告人肉某赔偿自诉人阿某某医疗费、误工费、护理费、交通费、鉴定费损失1427元，于本判决生效之日起10日内支付。在法定期限内，自诉人和被告人均未提出上诉。

（最高人民法院、中国应用法学研究所编：《人民法院案例选（2006年第3辑）》，人民法院出版社2007年版。）

案例评析

本案的争议焦点主要为：行为人明知被害人不愿与自己结婚，而采用抢婚手段强迫其与自己结婚，构成犯罪的，应如何论处？

婚姻自由是《婚姻法》的一项基本原则，我国公民享有婚姻自主权，禁止买卖、包办婚姻和其他干涉婚姻自由的行为。为了保护公民的婚姻自由权，我国《刑法》第257条规定了暴力干涉婚姻自由罪，即以暴力手段干涉他人恋爱、结婚和离婚自由的行为。本罪的犯罪主体为一般主体；本罪侵害的客体是复杂客体，既侵犯了他人的婚姻自由权，又侵犯了他人的身体自由权；本罪主观方面表现为直接故意；客观方面表现为行为人采取暴力手段干涉他人婚姻自由的行为。如果行为人干涉他人婚姻自由，仅仅停留在言语和态度上，并未使用暴力的，则不构成本罪。

本案中，行为人明知被害人不愿与自己结婚，而采用抢婚手段强迫其与自己结婚，其行为符合暴力干涉婚姻自由罪的主观要件和客观要件，构成暴力干涉婚姻自由罪。但需要指出，目前在我国有些少数民族地区，还存在有抢婚这种习俗，而且视这种习俗为结婚的一种方式。对这种抢婚方式，不应作犯罪处理。但是，在实际生活中，有的人向女方求婚遭到拒绝后，便纠集一些人用暴力手段把女方抢到自己家中，其情节严重的，则应当认定这种抢婚行为构成了暴力干涉婚姻自由罪，应依法处以刑罚。

第十一章

侵犯财产罪

侵犯财产罪，是指故意非法占有、挪用、损毁公私财物的行为。此类罪共包括 13 个具体罪名，分为占有型、挪用型、毁损型。尽管侵犯财产罪的罪名并不多，但在司法实践中，侵犯财产罪在我国发生的犯罪总量中所占比例很大，2013 年侵犯财产罪占全部犯罪数量的 80%以上。2013 年各级法院审结侵犯财产犯罪案件 30.3 万件，判处罪犯 39.8 万人，占全部审判案件的三分之一。

一、抢取借条的行为认定

——茆某等人抢劫案

公诉机关：江苏省金湖县人民检察院

被告人：茆某

被告人：茆某某（系茆某、徐某之女）

被告人：徐某

案情简介

2009 年 8 月 25 日晚，被害人冀某持被告人茆某所写，载明借款 21500 元并已过还款期限的借条，到茆某家中讨要借款时，双方发生争吵、纠缠，茆某持啤酒瓶砸冀某。当冀某挣脱欲离开时，茆某对其妻女徐某和茆某某喊道："不能让他走了，借条还在他身上。"3 人随即一拥而上，将冀某按倒在地，捉住其手脚，从其衣服口袋中掏出借条并烧毁，遂放冀某离开。冀某报警案发，在公安侦查讯问的初期阶段，3 名被告人始终不承认有上述事实，后在相关的证据面前迫于公安的侦查压力相继承认了作案事实。

江苏省金湖县人民法院认为，被告人茆某指使徐某、茆某某采用暴力手段抢回已过偿还期限的借条，并予以销毁，使其所欠他人债务消灭，从而非法占有他人财物，其行为均已构成抢劫罪。根据我国《刑法》第 263 条，第 25 条第 1 款，第 72 条第 1 款，第 73 条第 2、3 款，第 53 条之规定，于 2011 年 5 月 31 日判决：被告人茆某犯抢劫罪，判处有期徒刑 3 年 6 个月，并处罚金 3000 元。被告人徐某犯抢劫罪，判处有期徒刑 3 年，缓刑 3 年，并处罚金 2500 元。被告人茆某某犯抢劫罪，判处有期徒刑 3 年，缓刑 3 年，并处罚金 2500 元。在法定上诉期内 3 名被告人均未上诉，检察院亦未抗诉，一审判决发生法律效力。

（最高人民法院、中国应用法学研究所编：《人民法院案例选（2012 年第 2 辑）》，人民法院出版社 2012 年版。）

案例评析

本案的争议焦点主要为：行为人采用暴力手段抢回已过偿还期限的借条，并予以销毁，使其所欠他人债务消灭的行为，是否构成抢劫罪？

司法实践中经常出现债权人拿着借条找债务人要钱时，被债务人当场抢走或骗走撕掉，导致债权人因无其他证据证明债权关系存在，而最终无法实现债权的情况。此种情况属于民事纠纷还是构成抢劫罪需要明确。

抢劫罪，是指以非法占有为目的，以暴力、胁迫或者其他方法，强取公私财物的行为。本罪不仅侵犯了他人的财产权，而且侵犯了他人的人身权利。本罪的客观方面表现为当场使用暴力、胁迫或者其他强制方法，强取公私财物的行为。主观方面为故意，而且具有非法占有目的的行为。本案中，行为人的行为是否构成抢劫罪，需要厘清以下几个问题：

首先，债权凭证是否可以作为抢劫罪的犯罪对象？

根据我国《刑法》规定，抢劫罪的对象是公私财物。随着时代的发展，人们的财物形态也出现了多样化的趋势，如有价证券、电子资费等。因此，对“公私财物”的理解不能局限于传统的有体物，而是应当从财产的本质价值进行分析。在司法实践中，财产性利益包括积极财产的增加与消极财产的减少，前者如使他人负担某种债务等，后者如使他人免除自己的债务等。虽然“财产性利益”还不是被害人的既得财产，但财产性利益与普通财物的本质是一样的，都具有财产价值，甚至可以转化为现金或者其他财物。并且，我国相关司法解释也已经把有关财产性利益作为一些财产性犯罪的犯罪对象。因此，财产性利益可以为抢劫罪的犯罪对象。

在司法实践中，借条属于债权凭证，是债务人给债权人出具的证明双方之间债权债务关系的书面凭证。债权人持有借条就可以证明债权关系的存在，将来就可以使债权得到清偿。如果借条灭失，债权人就无法有效证明债权关系，就有可能丧失对债务人的债权，从而使得债权人的财产权受到侵害。因此，债权凭证可以成为抢劫罪的犯罪对象。

其次，债务人暴力夺取借条的行为是否具有非法占有财物目的？

从本案中被告人从被害人身上抢取借条的行为来看，被告夺取借条的目的是要通过毁灭债权凭证的手段达到消除自己所负债务。借条是债务人和债权人债权关系存在的凭证，被告人虽然通过暴力手段夺取借条的行为不能导致实体债务关系的灭失，但是债权凭证的消失可能导致诉权的履行不能。被告人企图通过毁灭借条的行为来实现自己不履行债务的目的，其行为的实质就是非法占有他人财物。

因此，如果被告人暴力强取借条的行为如果达到严重的社会危害性，则不宜简单地把这个问题当做民事纠纷来处理，因为这样不仅无法使债权人的合法权益得到法律保护，还会使债务人从他对债权人的非法侵害中获利，使社会正常的民事交往和交易秩序受到极大的破坏。本案中行为人与被害人之间原来的纠纷属于民事债权关系，但在本案中债务人茆某持啤酒瓶砸冀某，并伙同妻女将冀某按倒在地，捉住其手脚，从其衣服口袋中掏出借条并烧毁的行为已经达到抢劫罪的暴力程度，行为更为恶劣，应当以抢劫罪论处。

再次，对于抢劫借条行为的犯罪数额如何认定?

本案中，被告人的行为已经构成抢劫罪，但抢劫数额的认定也需要明确。如果依据借条数额来定的话，本案中被告人茆某等抢取的借条记载的债务金额为21500元，根据抢劫罪的量刑标准这一数额属于数额巨大，应该按照我国《刑法》第263条第（4）项规定的“多次抢劫或抢劫数额巨大的”的情形“处10年以上有期徒刑、无期徒刑或者死刑”。但是，借条作为债权凭证不能等同于实际财物，有形有体的实际财物一旦被行为人抢走，被害人及丧失了对该财产的占有和控制。而债权凭证所记载的财产本身就不在权利人的实际占有和控制之下，被告人暴力抢取借条的行为也不会导致债权关系的消灭，只是导致债权关系的实现不能。另外，根据最高人民法院《关于审理抢劫、抢夺刑事案件适用法律若干问题的意见》规定，抢劫信用卡后使用、消费的，其实际使用、消费的数额为抢劫数额；抢劫信用卡后未实际使用、消费的，不计算数额，根据情节轻重量刑。所抢信用卡数额巨大，但未实际使用、消费或者实际使用、消费的数额未达到巨大标准的，不适用“抢劫数额巨大”的法定刑。可以看出，抢劫信用卡等债权凭证的行为并不是以信用卡原有金额作为抢劫罪的犯罪数额，只是实际使用、消费金额才能作为犯罪数额。所以在司法实践中，针对财产性利益的犯罪，并不能以利益本身的实际价值为标准认定犯罪数额，而只能以遭受的实际损失作为犯罪数额。因此，抢劫借条的行为虽然可以犯罪论处，但是抢劫借条上面的数额不能等同于实际受损财物的价值，应当以犯罪情节为依据。江苏省金湖县人民法院认为，被告人茆某指使徐某、茆某某采用暴力手段抢回已过偿还期限的借条，并予以销毁，使其所欠他人债务消灭，从而非法占有他人财物，其行为均已构成抢劫罪。

二、承继的帮助犯之责任范围认定

——张某等敲诈勒索案

公诉机关：余姚市人民检察院

被告人：张某

被告人：罗某

被告人：李某

案情简介

2011年12月18日晚11时许，被告人张某获知其女朋友邓某与被害人任某有男女关系后，即雇佣被告人罗某驾驶浙BF605E号轿车至本市兰江街道影城对面附近的路上，将被害人任某和邓某强行拉上轿车，并让任某交出其身上的手机、钱包等物，后开车至余姚市梁辉水库附近。被告人张某多次对任某拳打脚踢，至其脸部受伤出血，并要求被告人罗某提供纸和笔，强行让任某写下人民币20万元的补偿款协议，后用塑料袋罩住任某头部带至余姚城区。次日凌晨，被告人张某又雇佣被告人李某驾驶浙BWD985号轿车，继续将脸上带血的被害人任某拉上该车至余姚市城区、陆埠镇等地，被告人张某用言语威胁等方法多次让任某打电话借钱给其补偿款。被告人李某明知被告人张某在实施敲诈勒索行为，仍继续为其提供车辆运输服务等帮助行为，并且在被害人任某被放回时，李某为了掩饰自己身份，将机动车号牌进行遮挡。至同日下午2时许，因被害人任某未能借到钱而未得逞。

浙江省余姚市人民法院以敲诈勒索罪分别判处被告人张某有期徒刑4年，并处罚金1万元；判处被告人罗某有期徒刑2年，并处罚金5000元；判处被告人李某有期徒刑9个月，并处罚金3000元；责令被告人张某退赔被害人任某违法所得5000元；追缴被告人张某违法所得200元，追缴被告人李某违法所得500元，上缴国库。

（盛辉、陈卓见、胡兴汇：《承继的帮助犯之责任范围》，载于《人民司法》2012年第22期。）

案例评析

本案的争议焦点主要为：李某在被告人张某实施了一部分行为之后加入到犯罪行为中来，其行为如何认定？

在理论上，先行为人已经实施一部分犯罪实行行为，在实行行为尚未全部终了时，后行为人以共同犯罪的意思参与实行或提供帮助，构成承继的共同犯罪。如果先行为人实施了一部分实行行为之后，后行为人以加担的意思参与犯罪，那么后行为人构成承继的帮助犯。

对于承继的共同犯罪，司法实践中的主要争议问题就是后加入的行为人的刑事责任如何承担。本案中，李某在被告人张某实施了一部分行为之后加入到犯罪行为中来，那么其行为是否构成共同犯罪，是否需要对张某的前行为负责？

首先，在本案中被告人张某将被害人任某和邓某强行拉上轿车，多次对任某拳打脚踢，并强行让任某写下人民币20万元的补偿款协议的行为已经构成敲诈勒索罪。张某等人雇佣李某驾驶车辆继续实施敲诈勒索，李某看到被害人任某脸上有血，并未拒绝，而是以默示的方式继续提供服务，并且事后遮挡车牌掩饰自己的犯罪行为。根据上述事实可知，一方面，李某从得知被告人张某在实施敲诈勒索行为之后仍然默认地继续提供服务，其已经与张某形成了共同犯罪故意。另一方面，从客观方面来看，张某的实行行为已经开始，但尚未终了，李某在这一时间阶段内加入，参与完成共同犯罪。李某由于并不积极地追求敲诈勒索的结果，并没有和张某之间形成分工，所以其行为仅仅是为张某敲诈勒索行为提供了帮助，促进、激励了实行行为的完成，最终导致危害后果的发生。所以，李某应属于承继的帮助犯。

其次，承继共犯的核心问题就是如何确定后行为人的刑事责任范围。通常认为，在确定责任时，应当视犯罪行为的性质区别对待。如果先行为人实施的行为属于单一犯，由于后行为人对先行为人的行为即结果具有直接作用力，所以后行为人应该对先行为人的行为及其后果承担责任，需承担整个犯罪行为的刑事责任；如果先行为人实施的行为属于复合行为，需进一步分析。当后行为人和前行为人二者的主观故意完全一致的情况之下，后行为人的行为对于前行为人的行为及结果发生具有因果关系，实际上构成了事中共犯，则要对整个犯罪行为及其后果承担责任；当没有证据证明后行为人与先行为人具备一致的犯罪故意，后行为人对先行为人的行为及结果没有因果关系，则构成了承继的共犯，后行为人只需要对其介入之后的行为和后果承担责任即可。在本案中，被告人李某构成敲诈勒索犯罪中承继的帮助犯，由于敲诈勒索罪侵害的法益只有一种，属于单一犯。被告人李某了解到先行为人的主观意图之后，仍然参与到整个犯罪之中，因此，被告人李某需要对整个犯罪行为承担责任。所以，法院最后以20万元作为量刑标准，但同时考虑到未遂和其从犯的情节，最后判处李某有期徒刑9个月。

三、利用网络非法获取公司账号密码并群发短信广告的行为性质认定

——芦某盗窃案

公诉机关：黄浦区人民检察院

被告：芦某

案情简介

2010年9月至11月间，被告人芦某通过计算机网络非法侵入中国移动通信集团上海有限公司（以下简称“上海移动公司”）的企业信息化平台，从而盗取该平台中企业短信通客户栏目下上海蜂星电讯设备连锁有限公司（以下简称“上海蜂星公司”）、上海翡翠缘玉器贸易有限公司、上海通畅商务咨询有限公司、上海羚羊信息科技有限公司、新蛋贸易（中国）有限公司、威可楷（中国）投资有限公司等多家企业的账号及密码。与此同时，芦某又租用袁某（另案处理）的服务器，并由袁某提供技术支持，使用盗取的上述企业账号及密码对接到上海移动公司的企业短信通平台。尔后，芦某将盗接的平台、账号及密码，以每发送一条短信人民币0.03元的价格提供给他人用于群发广告短信，发送的短信费用累计达58万余元，芦某从中非法牟利共计26万余元。2011年1月6日，芦某在河北省石家庄市被公安机关抓获。

上海市黄浦区人民法院以盗窃罪判处芦某有期徒刑10年6个月，剥夺政治权利1年，并处罚金10万元；上海移动公司的损失，从扣押芦某的中国工商银行卡中予以追缴，不足部分，责令继续退赔；扣押在案的电脑主机两台，予以没收。一审宣判后，芦某不服，提出上诉。上海市第二中级人民法院于2012年5月22日裁定：驳回上诉，维持原判。

（沈言、马惟菁、马良骥：《利用网络非法获取公司账号密码并群发短信广告构成盗窃罪——上海二中院裁定芦磊盗窃案》，载于《人民法院报》2012年6月7日版。）

案例评析

本案的争议焦点主要是：行为人非法侵入移动运营商网络获取其企业客户的账户和密码，并利用该账户和密码获取报酬的行为，应如何认定？

随着科学技术的发展，公民的财产形式逐渐多元化，犯罪手段也出现多样化趋势。面对一些新型犯罪，我国《刑法》所规定的罪名在适用过程中就受到一些挑战，如何将事实与法律很好地衔接起来，是立法者和司法者所需要面临的问题。在本案中，芦某通过计

算机网络非法侵入中国移动通信集团上海有限公司的企业信息化平台，秘密窃取上海蜂星公司等6家单位的账号和密码，并进一步让他人通过使用上海蜂星公司等6家单位的账号和密码群发短信广告从而获利。此种行为是否构成犯罪，关键在于被盗的账号和密码是否具有经济价值，是否属于盗窃罪的对象。

根据我国《刑法》第264条规定，盗窃罪是指以非法占有为目的，窃取他人占有的数额较大的财物，或者多次盗窃、入户盗窃、携带凶器盗窃、扒窃的行为。盗窃罪的对象是他人占有的财物，包括有体物和无体物。2000年，最高人民法院《关于审理扰乱电信市场管理秩序案件具体应用法律若干问题的解释》第8条进一步明确了电信资费也可以成为盗窃罪的对象，即盗用他人公共信息网络上网账号、密码上网，造成他人电信资费损失数额较大的，依照《刑法》第264条的规定，以盗窃罪定罪处罚。根据此规定，芦某通过秘密窃取他人公司账号、密码的方式并转让给他人使用被盗账号，而该权利具有经济价值，是一种无形财产，属于盗窃罪的对象。因此，芦某的行为构成盗窃罪。

另外，需特别留意我国《刑事诉讼法》中新出现的证据形式电子证据。电子证据，是指以电子数据形式存在并可以用于证明案件事实的材料。2012年3月14日，十一届全国人大五次会议通过了《全国人民代表大会关于修改〈中华人民共和国刑事诉讼法〉的决定》，修正后的《刑事诉讼法》将电子数据增设为一种新的证据种类。对电子数据的收集要注意合技术性和合法律性两方面内容。最高人民法院、最高人民检察院、公安部、国家安全部、司法部《关于办理死刑案件审查判断证据若干问题的规定》第29条规定，对电子数据，应当结合案件其他证据，审查其真实性和关联性。对于电子邮件、电子数据交换、网上聊天记录、网络博客、手机短信、电子签名、域名等电子证据，应当主要审查以下内容：（1）该电子数据存储磁盘、存储光盘等可移动存储介质是否与打印件一并提交；（2）是否载明该电子数据形成的时间、地点、对象、制作人、制作过程以及设备情况等；（3）制作、储存、传递、获得、收集、出示等程序和环节是否合法，取证人、制作人、持有人、见证人等是否签名或者盖章；（4）内容是否真实，有无裁剪、拼凑、篡改、添加等伪造、编造情形；（5）该电子数据与案件事实有无关联性。此外，对有疑问的电子数据，应当对其真伪进行鉴定。对电子数据的认证要严格审查判断其证据资格和证据效力。在认证电子证据是否具备证据资格时，要注意审查电子证据收集的主体是否合法，收集的程序、方式是否合法，对电子证据进行鉴定的程序是否合法；是否与案件待证事实存在密切关联，是否与其他传统证据存在关联。在认证电子证据是否具备证据效力时，要注意审查对电子证据的收集是否全面，加强对电子证据有无被修改的审查等。

四、利用木马程序在网络对局游戏中赢取虚拟货币并销售的行为认定

——叶某诈骗案

公诉机关：云和县人民检察院

被告人：叶某

案情简介

在2009年至2010年间，叶某伙同他人，故意在互联网上设置假冒游戏网站，传播木马病毒，并利用木马程序非法控制他人计算机信息系统。2010年4月25日18时许，叶某伙同他人，通过木马程序控制一名为“罗马帝国主义”的游戏玩家（真实姓名为任某）的电脑，发现该玩家持有大额的虚拟货币，为赢取该玩家的虚拟货币，叶某使用以徐永清身份证申请的“复古环境棵”的游戏账号，与被害人任某在“456棋牌游戏”中的“温州二人麻将”里，以虚拟货币作为“筹码”进行赌博，叶某利用远程控制程序看任某的“麻将底牌”，将任某持有的260余亿虚拟货币赢走。叶某等人将所得虚拟货币变卖给银商后非法获利共计人民币160余万元，其中叶某分得人民币120余万元。

云和县法院以被告人叶某犯诈骗罪，判处其有期徒刑11年，并处罚金人民币80万元，违法所得予以继续追缴。被告人叶某不服，向浙江省丽水市中级人民法院提起上诉。丽水中院经审理，裁定：驳回上诉，维持原判。

（申斌：《利用木马程序在网络对局游戏赢取虚拟货币用以销售的定性——浙江丽水中院裁定叶烽诈骗案》，载于《人民法院报》2013年8月29日版。）

案例评析

本案的争议焦点主要为：行为人利用木马程序非法控制他人计算机，通过网络对赌游戏赢取对方虚拟货币的行为应该如何认定？

行为人利用木马程序非法控制他人计算机，从而在网络对赌游戏中赢得对方虚拟货币的，其行为是否构成犯罪，应从以下几方面分析：第一，虚拟货币是否具有财产价值，是否可以作为犯罪对象？第二，利用木马程序造成网络游戏对赌地位不公平的行为应该如何认定？

首先，对于虚拟货币的价值认定问题，我国的法律规定和相关公司的服务条款所有提及，即虚拟货币不能通过价格转让的方式合法进行流通，即不存在正规的市场流通价值。参赌人员明知该游戏币存在黑市销售渠道，并且具有通过非法渠道转化为货币的可能，虚拟货币在此情况下已经从娱乐性质的虚拟物品转为赌博的筹码，这类兑换筹码的对象不为传统意义的赌场，而是兑换虚拟货币的“银商”。最高人民法院《关于审理盗窃案件具体应用法律若干问题的解释》（法释〔1998〕4号）第五条规定：“被盗物品的数额，按照下列方法计算：……（七）销赃数额高于按本解释计算的盗窃数额的，盗窃数额按销赃数额计算。……”盗窃和诈骗都是属于侵犯财产类案件，可将不存在正规市场的虚拟货币按销赃数额计算。另外，最高人民法院、最高人民检察院、公安部《关于办理网络赌博犯罪案件适用法律若干问题的意见》（公通字〔2010〕40号）中规定，赌资数额可以按照在网络上投注或者赢取的点数乘以每一点实际代表的金额认定。对于将资金直接或间接兑换为虚拟货币、游戏道具等虚拟物品，并用其作为筹码投注的，赌资数额按照购买该虚拟物品所需资金数额或者实际支付资金数额认定。因此，对于实际赢取的虚拟货币进行兑换的，由于虚拟货币在实际销售中有一定的涨跌幅度，将虚拟货币按实际销售所得进行认定。

其次，利用木马程序造成网络游戏对赌地位不公平的行为是否属于欺诈行为？本案中，被告人叶某通过木马程序控制了网络游戏对局的输赢，此时不再具有通常意义上游戏对局输赢的不可测性，被告人叶某通过设置假冒游戏网站、使用木马远程控制，以网络游戏对局的形式诈取被害人虚拟货币进行销售变现，其主观上具有非法占有的目的，客观上采取了隐瞒真相、虚构事实骗取他人虚拟货币的行为并最终变现，其行为符合诈骗罪的构成特征。

五、为非法占有以虚构名义借款的行为认定

——闫某诈骗案

公诉机关：夏津县人民检察院

被告人：闫某

案情简介

被告人闫某系夏津县电业局某供电所正式职工，自 2011 年 4 月份开始做期货，2011 年 9 月下旬因做配资期货出现巨额亏损。自 2011 年 9 月 24 日至 2011 年 11 月 22 日，被告人闫某在明知做期货巨额亏损无力偿还借款人的情况下，以其公公孙某的纱厂用钱为名，以借条等形式作掩护，以给付月息一分五至二分不等高息为诱饵，骗取被害人杜某、赵某等 26 人共计 234 万元，除 1.9 万元用于支付利息，另外 232.1 万元用于其个人炒期货赔光。

山东省德州市中级人民法院依照我国《刑法》第 266 条、第 52 条、第 53 条、第 64 条之规定，以诈骗罪判处被告人闫某有期徒刑 13 年，并处罚金人民币 50 万元；赃款继续予以追缴。一审宣判后，被告人闫某在法定期限内未提出上诉，公诉机关亦未提出抗诉，一审判决已经发生法律效力。

（参见 http：//www. 66law. cn/goodcase/25458. aspx，访问于 2015 年 3 月 2 日。）

案例评析

本案的争议焦点主要为：被告人闫某的行为该如何认定？

在经济往来中，公民正常的民间借贷行为是法律所允许的。但是，如果行为人利用民间借贷的外衣实现非法目的，就会构成犯罪。在司法实践中，民间借贷与集资诈骗罪、非法吸收公众存款罪等特定经济犯罪之间的关系较为模糊，理论上需要进一步明确。

集资诈骗罪是指以非法占有为目的，使用诈骗方法非法集资，数额较大的行为。诈骗罪是以非法占有为目的，用虚构事实或者隐瞒真相的方法，骗取数额较大的公私财物的行为。非法吸收公众存款罪是指非法吸收公众存款或者非法变相吸收公众存款，扰乱金融秩序的行为，其行为不以非法占有为目的。集资诈骗罪和诈骗罪属于法条竞合关系，集资诈骗罪是通过集资的方式实现诈骗的目的，属于特殊类型的诈骗。而诈骗罪对虚构事实或隐

瞒真相的方法没有特别要求，只要是以非法占有为目的实施了虚构事实或隐瞒真相的方法就可以构成。

本案中，被告人闫某自2011年9月下旬起做配资期货出现巨额亏损，在明知做期货巨额亏损无力偿还借款人的情况下，以其公公孙某的纱厂用钱为名，以给付月息一分五至二分不等高息为诱饵，骗取被害人杜某、赵某等26人共计234万元，除1.9万元用于支付利息，另外232.1万元用于其个人炒期货赔光。从以上案情可以看出，闫某在无力偿还借款的情况仍然以虚假的名义向多数人借款，其行为具有非法占有的目的，所以不构成非法吸收公众存款罪。另外，闫某虽然以其公公孙某的纱厂用钱为名向不特定的多数人实施了借款行为，但是并不属于向不特定多数人募集资金的行为，而是向每个独立的个人以借款的形式实施的，因此其行为不构成集资诈骗罪。被告人闫某的行为符合诈骗罪的构成要件，其行为构成诈骗罪。

总之，本案的焦点问题是民事借贷纠纷与诈骗罪的区分问题，这是司法审判实践中经常遇到但在具体案件中比较难以解决的问题，对民事借贷纠纷与诈骗罪的区别应从主、客观方面进行分析。民事借贷纠纷是因借用他人财物不能按时归还，在借用人与出借人之间产生的纠纷，借用人不具有非法占有的主观目的，借用人具有归还的诚意和实际行动。而诈骗罪的行为人则是以非法占有为目的借用他人财物的。客观方面，诈骗罪的行为人一般实施了虚构事实、隐瞒真相的欺骗手段，如编造一些根本不存在的或者不可能发生的事由蒙蔽他人；隐瞒客观上存在的事实情况，使财物所有人、管理人陷入错误而“自愿”交付财物等；诈骗罪行为人对于取得的财物往往实施携款潜逃、大肆挥霍或者进行吸毒、赌博等违法活动，根本无法偿还。而民事借贷中行为人一般不会实施欺骗手段去达到借款目的，借用人不能按期归还的原因主要是遇到了客观的困难无力偿还，同时也积极地采取措施偿还。

六、盗取委托管理物中的财物的行为认定

——付某侵占案

公诉机关：广昌县人民检察院

被告人：付某

案情简介

2006年9月20日13时30分左右，被害人杜某某将自己办公室的钥匙交给被告人付某，让被告人到其办公室去拿公文包。被告人拿到公文包后，将包内的现金人民币10200元拿走，后逃至外地。广昌县人民检察院指控被告人的行为构成盗窃罪，被告人及其辩护人则辩称被告人的行为系侵占，不构成盗窃罪。

广昌县人民法院认为，被告人付某以非法占有为目的，侵占代为保管的他人财物的10200元，数额较大，拒不退还，其行为已构成侵占罪。被告人付某自愿认罪，且退清赃款，可酌情从轻处罚。据此，依照我国《刑法》第170条、第64条的规定，判决如下：

被告人付某犯侵占罪，判处有期徒刑10个月，并处罚金人民币1000元，宣判后，被告人付某没有提出上诉。

（最高人民法院中国应用法学研究所编：《人民法院案例选（2008年第2辑）》，人民法院出版社2009年版。）

案例评析

本案的争议焦点主要是：盗窃委托管理物里的东西的行为性质如何认定？

当行为人受委托占有某个包装物时，其是否也实际占有了包装物内的东西呢？这个问题如何解决，直接关乎本案的性质认定，因为如果行为人受委托占有某个包装物也包括了包装物内的东西，那么将包装物内的东西拿走，则可能构成侵占罪；如果行为受委托占有某个包装物时并不包括包装物内的东西，那么将包装物内的东西拿走则可能构成盗窃罪。有观点认为，行为人占有了包装物就占有了里面的内容物，拿走里面的东西和拿走整个包装物的性质一样；也有观点认为，包装物整体和里面的东西应当区别，占有了包装物不代表也占有了里面的内容物。还有观点认为，包装物为受托人占有，但内容物由受托人与委托人共同占有。事实上，对此问题的解决需首先对包装物有所界定。

本案中的公文包并不属于封闭包装物，所以公文包和里面的东西应该属于一个整体，占有了公文包就占有了里面的内容物。如果受委托管理的是封闭的包装物，不能轻易打开，那么占有包装物并不意味着占有了里面的内容物，应当区别对待。由于本案中的公文包不属于封闭的包装物，皮包和里面的财物应当是一个整体，所以行为人拿走里面的财物和拿走整个公文包的性质一样，属于侵占罪。

七、以泄愤为目的擅自买卖他人股票的行为认定

——蔡某故意毁坏财物案

公诉机关：上海市黄浦区检察院

被告人：蔡某

案情简介

被告人蔡某于2007年10月，为女儿出国事宜与前夫张某发生矛盾。蔡某为发泄不满，于2007年10月24日，在猜出张某的证券账户密码后，通过证券网络交易系统，将张某上海证券交易所证券账户内的“工商银行”、“中青旅”等股票按市价全部卖出。同年10月31日上午9时许，蔡某在本市南车站路386号大通证券股份有限公司上海南车站证券营业部大户室内，猜出张某新更换的账户密码后，再次将张某该证券账户内的“工商银行”等股票按市价全部卖出。继而蔡某在1个多小时的时间内，利用张某的上海证券交易所证券账户和深圳证券交易所证券账户，对挂牌的“五粮”、“云化”2个权证，连续进行高买低抛交易达100余次，致使张某资金损失共计人民币18万余元。

上海市黄浦区人民法院根据我国《刑法》第275条、第72条第1款的规定，判决如下：被告人蔡某犯故意毁坏财物罪，判处有期徒刑3年，缓刑3年。一审宣判后，被告人

蔡某未提出上诉，公诉机关亦未抗诉，判决已发生法律效力。

（李苹、陈柱钊：《以泄愤为目的擅自买卖他人股票之定性》，载于《人民司法（案例）》2009年第2期。）

案例评析

本案的争议焦点主要有：1. 财产性权利是否属于毁坏的对象？2. 共同共有财产是否属于毁坏的对象？3. 擅自在他人股票账户内实施高买低抛行为如何定性研究？

首先，财产性权利是否属于毁坏的对象？随着社会的进步，人们财物的形态也呈现出了多样化趋势，财物的载体越来越多。就财产性犯罪而言，财物的范畴认定越来越难。就故意毁坏财物罪而言，有体物和无体物作为犯罪的对象毫无疑问，但是财产性权利是否属于毁坏的对象，仍需辨识。

在现实中，财产性利益的形式变化很快，并且财产性利益对于权利主体而言，也存在着一定的利益价值和效用，而且可能是财产存在的唯一证据，毁坏了财产性利益就等同于损毁了财产。如无记名股票是权利人股权的证明，是财产的依据，是股票持有者按其所持股票数量享受分红、参与公司管理等权利，如果无记名股票被损毁，可能导致权利人无法行使自己的权利。本案中的股票账户和交易密码也是股东行使权力、实现股权利益的途径。因此，股票等财产性利益也应当属于故意毁坏财物罪的犯罪对象。本案被告人蔡某猜出了被害人的账户密码，就意味着其有能力支配被害人的股票，而当侵入其股票账户后所实施的擅自抛卖股票和高买低抛的行为，虽然在物理意义上没有毁坏被害人的股票账户，但造成被害人利益的减损与效用的萎缩，导致被害人18万余元损失，实质性地毁坏了被害人的财产性权利。

其次，共同共有财产是否属于毁坏的对象？若本案发生在夫妻关系存续期间，那么被告人的行为还构成故意毁坏财物罪吗？换言之，共同共有财产能否成为毁坏的对象？

根据我国《婚姻法》的规定，除非特别说明，夫妻在婚姻关系存续期间所得财产归夫妻双方共同共有，夫妻任何一方均有处分权。因而，对于账户内的股票，如果属于被告人夫妻双方的共同财产，则被告人也应当具有支配权，当然可以实施抛售行为。但是，由于其故意高买低抛的行为就是为了损害被害人的利益，主观方面具有故意毁坏的故意，客观方面有损毁的行为，所以其应当对未经对方同意而处分共同共有财产中配偶的财产权部分的行为承担赔偿责任。

再次，毁坏的行为方式有哪些？一般情况下，毁坏是一种物理上的、有形的破坏、毁坏，即通过对财物施加有形的作用，使财物的外在整体完整性受到破坏，使用价值全部或者部分丧失的行为，如以烧毁、砸毁等手段对财物进行物理性毁损。但是，随着社会财物的形态多元化发展，公民的财物存在方式也出现多样化，如财产性利益、无形财物，等等。对于这些不存在物理外在表现的财物是无法进行物理、外在毁坏的，如不记名股票、天然气、虚拟财产等。面对现实情况的挑战，对"毁坏"含义的形式解读就需要反思，在事实与法律之间寻找沟通的桥梁。在财物支配形式由传统的实物实体支配转向权利化、电子化支配的时代背景下，毁坏的内涵也应当顺应社会的发展需要从形式意义转向实质内涵，由传统的物理性毁损标准更新为注重财物效用是否毁损的标准。因此，"毁坏"应当是有损财物的效用的一切行为，其行为手段不限于从物理上变更或消灭财物的形体，而是包括丧失或减少财物效用的一切行为。故而，本案中被告人擅自抛售他人股票以及高买低抛造成他人股票账户内资金减少的行为，也属于“毁坏”的范畴。

本案中，蔡某在以泄愤为目的的主观故意支配下，非法进入他人的股票账户内，擅自实施股票的买进卖出行为，并造成被害人 18 万余元的损失，其行为已经具有社会危害性并且达到了数额巨大的标准，应当以故意毁坏财物罪定罪处罚。

第十二章

妨害社会管理秩序罪

妨害社会管理秩序罪，是指故意或者过失地妨害国家机关或其他有关机构对社会的管理活动，破坏社会正常秩序，依法应当受到刑罚处罚的行为。此类犯罪内容繁多，是《刑法》分则的十类犯罪中罪名最多的一类犯罪，共有125个罪名，可以归纳为九类：扰乱公共秩序罪，妨害司法罪，妨害国（边）境管理罪，妨害文物管理罪，危害公共卫生罪，破坏环境资源保护罪，走私、贩卖、运输、制造毒品罪，组织、强迫、引诱、容留、介绍卖淫罪，制作、贩卖、传播淫秽物品罪。

一、受害人为使他人受到更严重刑事处罚而捏造事实的行为认定

——金某诬告陷害案

公诉机关：某区人民检察院

被告人：金某

案情简介

1999年10月23日晚，蔡某（女，30岁，另案处理）在被告人金某家的卧室内，从金某的手包中盗走人民币5000元。案发后，金某伙同其妻赵某（女，33岁，已判刑）向公安机关谎报被盗人民币65200元，并指使安某（男，36岁，另案处理）为其作伪证。某区人民法院认为：被告人金某在其数额较大的钱财被他人盗窃后，本应通过正常途径解决，但其缺乏法制观念，为图报复，与他人共谋，故意捏造数额特别巨大的钱财被盗，向公安机关作虚假告发，意图使他人受到更为严厉的刑事追究，情节严重，其行为已构成诬告陷害罪，应予惩处。某区人民检察院起诉书认定事实清楚，提供之相应证据亦无不当，但指控其犯有伪证罪定性不准。考虑金某认罪态度较好，本案事出有因，其所诬陷之事实未给他人造成实际之后果，可酌予从轻处罚。依照我国《刑法》第243条第1款之规定，于2000年9月25日判决如下：被告人金某犯诬告陷害罪，判处拘役4个月。一审宣判后，某区人民检察院以一审判决“定性不准，适用法律错误，量刑畸轻”为由，提起抗诉。

某中级人民法院经公开审理后认为：原审被告人金某为报复他人，用捏造出的夸大的

犯罪事实，向司法机关作虚假告发，意图加重他人的刑事处罚，情节严重，其行为已构成诬告陷害罪，依法应予惩处。因伪证罪只能由证人、鉴定人、记录人、翻译人员构成，故抗诉机关关于原审被告人金某的行为构成伪证罪，不构成诬告陷害罪的抗诉意见不能成立。原审人民法院判决认定的事实清楚，证据确凿，适用法律正确，量刑适当，审判程序合法，应予维持。依照我国《刑事诉讼法》第189条第（1）项之规定，于2000年11月30日裁定如下：驳回抗诉，维持原判。

（最高人民法院刑事审判一至五庭主编：《刑事审判参考（总第15期）》，法律出版社2001年版。）

案例评析

本案的争议焦点为：受害人为使他人受到更严重刑事处罚而捏造事实的行为应如何认定？

在本案的审理过程中，一审法院和一审公诉机关对于本案的认定存在分歧。公诉机关认为，犯罪嫌疑人金某的行为构成伪证罪；而一审法院认为，公诉机关定性不准，被告人金某是被害人不属于证人，应当构成诬告陷害罪。最终，二审法院认为，被告人金某的行为构成诬告陷害罪。本案的实践情况表明，伪证罪和诬告陷害罪在一定的情况下存在法条竞合关系，容易混淆。

根据我国《刑法》第305条规定，伪证罪是指在刑事诉讼中，证人、鉴定人、记录人、翻译人对与案件有重要关系的情节，故意作虚假证明、鉴定、记录、翻译，意图陷害他人或者隐匿罪证的行为。根据我国《刑法》第243条规定，诬告陷害罪是指捏造事实诬告陷害他人，意图使他人受刑事追究，情节严重的行为。

诬告陷害罪的客观方面表现为捏造事实，并通过举报等手段诬告陷害他人，主观方面为故意，并且意图使他人受刑事追究。而从伪证罪的构成要件来看，伪证罪的构成要件中也包含了行为人故意作虚假证明陷害他人的表现方式。从犯罪主体构成要件来看，两罪的犯罪主体完全不同。伪证罪的犯罪主体是证人、鉴定人、记录人、翻译人等特殊主体，而诬告陷害罪的主体是一般主体。因此，在司法实践中，要注意通过犯罪主体来区分两罪。当行为人是证人、鉴定人、记录人、翻译人等特殊主体时，捏造事实陷害他人的行为就构成伪证罪。当行为人属于上述主体之外的一般主体时，故意捏造事实陷害他人情节严重的行为就构成诬告陷害罪。

二、证人作伪证掩盖自己犯罪行为的认定

——许某行贿、伪证案

公诉机关：淮安市楚州区人民检察院

被告人：许某

案情简介

1998年8月至2001年春节前，被告人许某为承揽金湖县工商局黎城市场卷帘门、塑料大棚业务以及为领取工程款，先后4次向时任该县工商局局长的杨某行贿人民币30000

元。2001年4月3日，淮安市楚州区人民检察院就杨某受贿一案向许某调查取证时，许某证实其送钱事实。2001年7月25日，淮安市楚州区人民法院公开开庭审理杨某受贿一案，被告人许某作为该案证人出庭作证时，对其送杨某30000元的事实全部否认。同年8月30日，楚州区人民法院对杨某受贿案作出一审判决，认定了杨某收受许国平贿赂30000元的犯罪事实，杨某未提出上诉。2001年11月6日，淮安市楚州区人民检察院以被告人许某犯行贿罪、伪证罪提起公诉。

淮安市楚州区人民法院经公开审理认为，被告人许某为谋取不正当利益，多次给予国家机关工作人员金钱贿赂，数额较大，其行为已构成行贿罪；在刑事诉讼中故意隐瞒事实真相，否认其向杨某行贿，意图为杨某隐匿罪证，开脱罪责，其行为已构成伪证罪，依法应当数罪并罚。鉴于被告人许某对其所犯伪证罪在归案后有悔改表现，可酌情从轻处罚。该院依照我国《刑法》第389条第1款、第390条第1款、第305条、第69条第1款和第61条之规定，于2001年12月19日作出判决，以行贿罪判处被告人许某有期徒刑1年，以伪证罪判处被告人许某有期徒刑1年，决定执行有期徒刑1年零6个月。宣判后，被告人没有上诉。

（最高人民法院、中国应用法学研究所编：《人民法院案例选（2003年第2辑）》，人民法院出版社2004年版。）

案例评析

本案争议的焦点是：被告人许某为隐瞒罪证为他人做虚假证明的同时也掩饰了自己犯罪的行为，应如何认定？

在本案中，被告人许某在淮安市楚州区人民法院公开开庭审理杨某受贿一案时作为该案证人出庭作证，但他对之前承认的送杨某30000元的事实全部否认。淮安市楚州区人民法院判决被告人许某的行为构成行贿罪和伪证罪，依法实行数罪并罚。这一判例引出了一个值得探讨的问题，即行贿人在对受贿人的受贿行为作证的同时也在自证其罪，行为人能否出于自我保护作出虚假证明，如果作出虚假证明的话，能否既追究其行贿罪的刑事责任，又追究其伪证罪的刑事责任？

本案中许某的行为已经构成行贿罪，但法院又认定其做虚假证明的行为构成伪证罪。根据我国《刑法》第305条的规定，伪证罪是指在刑事诉讼中，证人、鉴定人、记录人、翻译人对与案件有重要关系的情节，故意作虚假证明、鉴定、记录、翻译，意图陷害他人或者隐匿罪证的行为。本罪的犯罪主体是证人、鉴定人、记录人、翻译人，并不包括犯罪嫌疑人本人。但被告人许某在杨某受贿案庭审中作证时，并未被检察机追究行贿罪的刑事责任，其当时的身份是证人，同时也符合伪证罪的主体要件。

法院的上述判决为解决现实中此类疑难问题提供了判例经验。但是，由于行贿受贿属于一种对向性的共同犯罪，虽然《刑法》规定的罪名不同，但两者属于同案犯。许某意图掩饰自己犯罪行为的同时，也就同时实施了伪证行为。为了维护被告人的辩护权，应当相应地排除他们同时成为伪证罪主体的情况。所以，本案的判决又有值得商榷之处。笔者认为，对于此类案件应当区分为两种情况。一方面，一般情况下，许某作为同案被告人不构成伪证罪的主体，因为不能要求被告人自证其罪，被告人有自行辩护的权利，而一般情况下行贿人在证明受贿人罪行的同时也就证明了自己行贿罪的成立，故其虚假证明行为不能认为是伪证行为，只能作为行贿罪的一个酌定从重处罚的情节；另一方面，如果许某的行贿情节轻微不需要判处刑罚，公诉机关作出了不起诉决定，则许某在杨某受贿案庭审中是以证人的身份作证，如其作伪证就可以追究其伪证罪的责任。

三、未成年人强索他人财物的行为认定
——李某等寻衅滋事案

公诉机关：上海市普陀区人民检察院
被告人：李某
被告人：张某

案情简介

被告人李某、张某均未满18岁，2009年6月30日上午两人伙同“小飞”（另案处理）至上海市武宁路沪西工人文化宫二楼太嘉游戏机房，以欠钱为由，强行向在该房内打游戏的陈某索要钱财。遭拒绝后，3人即对陈某拳打脚踢，其中，“小飞”用房内凳子砸陈的头部、身体等部位，逼迫陈某支付人民币12元的3瓶饮料费，还胁迫陈某联系其亲戚送人民币2000元。期间，“小飞”让陈某交出人民币20元后离开游戏机房。李某、张某被接警后赶来的警察抓获。经鉴定，被害人陈某的伤势构成轻微伤。上海市普陀区人民法院认为，被告人李某、张某在公共场所使用暴力，强拿硬要，致人轻微伤，情节严重，其行为已构成寻衅滋事罪，依法应予处罚。

上海市普陀区人民法院依照我国《刑法》第293条第（3）项，第25条第1款，第17条第1款、第3款，第64条的规定，以寻衅滋事罪，分别判处被告人李某有期徒刑1年；判处被告人张某有期徒刑2年。违法所得予以追缴。被告人李某、张某没有上诉，检察机关亦未提出抗诉，该案已发生法律效力。

（徐松青、张华：《未成年人抢劫、寻衅滋事等罪名之辨》，载于《人民司法》2011年第14期。）

案例评析

本案的争议焦点主要是：未成年人的强索行为该如何认定？

近年来，未成年人犯罪呈多发趋势，未成年人犯罪问题应当引起社会的关注和重视。在司法实践中，有一些未成年人出于欺负弱小或者寻求刺激的目的而对其他未成年人实行暴力等手段，向低年级同学强行索要随身携带的用品或者少量钱物，这类通过暴力手段强索财物的行为要与成年人实施的抢劫、敲诈勒索等犯罪行为相区别。本案中，法院将未满18周岁的被告人李某、张某利用暴力行为索取他人财物的行为认定为寻衅滋事罪的判决是值得肯定和借鉴的。

在司法实践中，应当注意区分未成年人实施的寻衅滋事罪与抢劫罪的区别。抢劫罪是指以非法占有为目的，以暴力、胁迫或者其他方法，强取公私财物的行为。行为人主观上具有非法占有财物的目的，客观上当场使用了暴力、胁迫或者其他方法等非法手段，意图

当场取得财产。而寻衅滋事罪则是指有下列行为之一，破坏社会秩序的情况：随意殴打他人，情节恶劣的；追逐、拦截、辱骂他人，情节恶劣的；强拿硬要或者任意损毁、占有公私财物，情节严重的；在公共场所起哄闹事，造成公共场所秩序严重混乱的，等等。从寻衅滋事罪的构成要件看，寻衅滋事罪也包括了采用殴打等手段强拿硬要公私财物的情况，在此情况下与抢劫罪就发生了法条竞合。但寻衅滋事罪的主观方面除了行为人非法占有财物之外，还有寻衅滋事等扰乱社会秩序的意图。当行为人通过强拿硬要的行为实现他们欺负弱小的主观意图，其行为更符合寻衅滋事罪的特征。当未成年人为了较少金额的钱对其他未成年人实施较为严重的暴力、胁迫手段，造成他人较为严重伤害的，则应当构成抢劫罪等其他相应的犯罪，不构成寻衅滋事罪。

为了解决该问题，最高人民法院于 2005 年 7 月 15 日发布的《关于审理抢劫、抢夺刑事案件适用法律若干问题的意见》明确规定，对于未成年人使用或威胁使用轻微暴力强抢少量财物的行为，一般不宜以抢劫罪处罚。其行为符合寻衅滋事罪特征的，可以寻衅滋事罪定罪处罚。2006 年最高人民法院《关于办理未成年人刑事案件适用法律的若干问题的解释》第 7 条规定，已满 14 周岁不满 16 周岁的人使用轻微暴力或者威胁，强行索要其他未成年人随身携带的生活、学习用品或者钱财数量不大，且未造成被害人轻微伤以上或者不敢正常到校学习、生活等危害后果的，不认为是犯罪。已满 16 周岁不满 18 周岁的人具有前款规定情形的，一般也不认为是犯罪。第 8 条规定，已满 16 周岁不满 18 周岁的人出于以大欺小、以强凌弱或者寻求精神刺激，随意殴打其他未成年人、多次对其他未成年人强拿硬要或者任意损毁公私财物，扰乱学校及其他公共场所秩序，情节严重的，以寻衅滋事罪定罪处罚。

四、被害人帮助犯罪嫌疑人逃避刑事责任的行为认定

——闫某包庇案

公诉机关：北京市朝阳区人民检察院

被告人：闫某

案情简介

2006 年 5 月 22 日 5 时至 15 时许，吴某伙同李某（均另案处理）在北京市朝阳区金角阁洗浴中心包房内，采用暴力胁迫、殴打的方式强行轮流与闫某发生性关系，随后该两名男子逃离作案现场。闫某在洗浴中心立即向公安机关报案称自己被吴某、李某轮奸，并被抢走戒指一枚和手机一部。次日，北京市公安局朝阳分局民警将吴某、李某抓获，后以该二人涉嫌犯强奸罪、抢劫罪移送至北京市朝阳区人民检察院审查起诉。在审查起诉期间，闫某于 2006 年 11 月 22 日到北京市朝阳区人民检察院推翻、否定其在公安机关的陈述，改称其与吴某发生性关系是本人自愿行为，与李某发生性关系则是不自愿行为，后闫某去向不明。经过两次退回公安机关补充侦查后，北京市朝阳区人民检察院以吴某、李某涉嫌犯抢劫罪、强奸罪向北京市朝阳区人民法院提起公诉。法院经审理后认为，吴某犯强

奸罪、抢劫罪的证据不充分，建议检察机关对吴某撤回起诉；认定李某犯抢劫罪、强奸罪，数罪并罚，判处李某有期徒刑5年。北京市朝阳区人民检察院对吴某撤回起诉，并将该案退回公安机关自行处理。吴某于2007年12月12日被北京市公安局朝阳分局取保候审，1年后被解除取保候审。闫某对吴某的指控导致司法机关对吴某启动刑事诉讼程序，后又因其改变证言而导致吴某被释放。根据闫某在检察机关的陈述，其行为涉嫌构成诬告陷害罪。闫某于2009年2月18日被公安机关抓获归案。

经讯问，闫某承认其在检察机关的陈述是在吴某父母教唆并支付10万元贿赂的情况下提供的虚假陈述。根据此线索，公安机关对吴某再次展开抓捕工作，吴某于2009年12月10日向公安机关投案自首。北京市朝阳区人民检察院再次以吴某涉嫌犯强奸罪向北京市朝阳区人民法院提起公诉。法院经审理后认为闫某与吴某发生性关系是自愿行为，但是吴某帮助李某实施了强奸，属共同犯罪中的帮助犯，认定吴某犯强奸罪（帮助犯），判处其有期徒刑2年6个月。北京市朝阳区人民检察院以适用法律不当、量刑畸轻为由向北京市第二中级人民法院提出抗诉。二中院改判吴某犯强奸罪（轮奸），判处有期徒刑9年，剥夺政治权利1年。吴某被改判强奸罪（轮奸），证明李某的强奸行为也属于轮奸，李某一审判决属于适用法律错误，量刑畸轻。北京市人民检察院第二分院于2011年7月15日依照审判监督程序向北京市第二中级人民法院提出抗诉。二中院经审理后改判李某犯抢劫罪、强奸罪（轮奸），数罪并罚，判处其有期徒刑12年，罚金人民币3000元，剥夺政治权利3年。

北京市朝阳区人民法院认为，被告人闫某作为吴某、李某强奸案的被害人，在吴某父母教唆并支付10万元贿赂的情况下向司法机关作虚假陈述包庇吴某，导致公诉机关曾一度撤回了对吴某的指控和对李某进行了错误的判决，其行为严重干扰了司法机关的正常活动，已构成包庇罪，被判处有期徒刑2年，缓刑2年，并追缴没收被告人闫某的犯罪所得10万元人民币。

（王璞：《被害人帮助犯罪嫌疑人逃避罪责行为的认定》，载于《人民司法（案例）》2012年第10期。）

案例评析

本案的争议焦点为：被害人帮助犯罪嫌疑人逃避刑事责任的行为应如何认定？

本案审理过程中，法院认为被告人闫某作为吴某、李某强奸案的被害人，在吴某父母教唆并支付10万元贿赂的情况下，向司法机关作虚假陈述包庇吴某的行为构成包庇罪。根据我国《刑法》第310条的规定，明知是犯罪的人而为其提供隐藏处所、财物，帮助其逃匿或者做假证明包庇的，属于窝藏、包庇罪。对于明知是犯罪的人而故意作假证明包庇的，属于包庇罪。包庇罪的犯罪主体是一般主体，犯罪人本人以外的其他人都可能构成包庇罪，因此被害人也可以作为包庇罪的犯罪主体。在审判强奸犯罪等存在被害人的刑事案件过程中，时常发生被害人因收受被告人及其家属的财物等原因而随意改变陈述的情形。如果被害人是出于包庇的目的，情节严重的，应认定被害人构成包庇罪，同时应当继续追究被告人的刑事责任。如果被害人是出于捏造事实诬告陷害他人，意图使他人受刑事追究，情节严重的，应认定被害人构成诬告陷害罪。

在司法实践中，包庇罪的认定，前提是行为人明知是犯罪的人而包庇，那么“犯罪的人”该如何理解？在被包庇对象尚未被法院判决宣告有罪的情况下，被害人推翻其之前陈述并包庇犯罪嫌疑人的行为是否属于“犯罪的人”呢？

笔者认为，在案件审理过程中，对于“犯罪的人”的理解不能援引《刑事诉讼法》的基本原则“未经法院判决不得确定任何人有罪”为标准进行判断，而对刑事实体法中“犯罪的人”的理解，应该在行为人的主观认识基础上，从客观事实的角度来进行判断，即行为人根据事实情况认为他人的行为已经涉嫌构成犯罪，即实质上已经构成犯罪的人。在刑事诉讼程序中，既包括犯罪后尚未被抓获畏罪潜逃的人，也包括被司法机关通缉、侦查、羁押的未决犯和已决犯。未决犯包括：犯罪后尚未被司法机关发现的犯罪分子；已被司法机关发现是犯罪分子，但司法机关尚未决定采取强制措施；虽已决定采取强制措施，但尚未执行的；已被司法机关执行强制措施，但尚未判决的。总之，包庇罪所包庇的对象应当是已被法院判决宣告有罪的人和虽然未被判决宣告有罪但是有证据证明实施犯罪的人。

另外，由于强奸犯罪具有很强的隐蔽性，通常没有第三者在场，缺少证据支持，在通常情况下，被害人的陈述就成了强奸案件中证据材料的主要来源和关键证据。但由于被害人陈述容易受到外界干扰，所以对被害人的陈述应当注重多角度审查和判断。在司法实践中，时常发生被害人在收受被告人及其家属的财物之后改变陈述，帮助犯罪嫌疑人逃避责任的情况。此类情况要与当前我国《刑事诉讼法》中的刑事和解制度相区别。我国《刑事诉讼法》第277条规定，下列公诉案件，犯罪嫌疑人、被告人真诚悔罪，通过向被害人赔偿损失、赔礼道歉等方式获得被害人谅解，被害人自愿和解的，双方当事人可以和解：（一）因民间纠纷引起，涉嫌《刑法》分则第4章、第5章规定的犯罪案件，可能判处3年有期徒刑以下刑罚的；（二）除渎职犯罪以外的可能判处7年有期徒刑以下刑罚的过失犯罪案件。犯罪嫌疑人、被告人在5年以内曾经故意犯罪的，不适用本章规定的程序。根据《刑法》第236条规定，以暴力、胁迫或者其他手段强奸妇女的，处3年以上10年以下有期徒刑。所以，强奸罪中被害人接受被告人及其家属的财物后表示谅解的情况并不属于刑事和解制度的案件范围之内，因此强奸罪的被害人在案件审理过程中接受被告人及其家属的财物而作出虚假陈述包庇犯罪嫌疑人的行为，仍可能构成包庇罪。

五、以旅游签证等形式非法组织多人出国打工的行为认定

——何某组织他人偷越国(边)境案

公诉机关：江苏省南通市人民检察院

被告人：何某

案情简介

1999年7月23日，被告人何某与他人共同出资10万元注册成立了如东县通海劳务输出技术开发有限公司（以下简称通海公司），该公司的经营范围为：国内劳务输出中介，

装潢、建筑中介，打字复印，服装加工、生产。被告人何某在明知自己的公司无对外劳务输出经营权的情况下，为牟取暴利，产生自己招收工人去马来西亚打工的念头，并付诸行动。被告人何某擅自拟定招工简章，招收工人，收取每人2万多元或3万多元不等的费用，与工人订立劳务合同或向工人作出保证出境打工的承诺，通过南通招商国际旅行社、上海茶恬园国际旅行社东南亚二部以及马来西亚驻北京、上海领事馆办理旅游、商务签证，从2002年6月24日起至2003年4月9日期间，被告人何某先后10余次组织46人以旅游、商务签证的形式赴马来西亚务工。因马来西亚未对我国开放普通劳务市场，出境工人领不到工作准证，无法通过正常的途径打工，只能在当地做黑工，部分工人因无工可做，生活无着，而被迫返回，袁淑林、丁建华被马来西亚警方抓获后遣返回国。江苏省南通市中级人民法院认为：被告人何某违反国（边）境管理法规，明知通海公司无对外劳务输出经营权及我国与马来西亚无劳务合作关系，且马来西亚的普通劳务市场未对我国开放的情况下，为牟取暴利，擅自招收出国劳务人员，以旅游、商务签证的形式，非法组织工人赴马来西亚打工，其行为已构成组织他人偷越国（边）境罪，且组织人数众多，依法应在7年以上有期徒刑的幅度内量刑。依照我国《刑法》第318条第1款第（2）项、第64条，以及《最高人民法院关于审理组织、运送他人偷越国（边）境等刑事案件适用法律若干问题的解释》第1条、第2条之规定，作出如下判决：被告人何某犯组织他人偷越国（边）境罪，判处有期徒刑9年。

（国家法官学院、中国人民大学法学院编：《中国审判案例要览（2005年刑事审判案例卷）》，人民法院出版社、中国人民大学出版社2006年版。）

案例评析

本案的争议焦点主要为：行为人在无对外劳务输出经营权的情况下以旅游、商务签证等形式非法组织多人赴国外打工的行为，应如何认定？

近年来，随着我国国际化进程的加快，出国务工的人员数量越来越多。但由于出国务工的限制较多，一些人为了达到出国务工的目的，就通过旅游、考察等虚假名义骗取出境证件，滞留国外从事非法务工。该类行为不仅造成极坏的国际影响，而且严重破坏了我国国境管理秩序。本案中，法院认为何某在无对外劳务输出经营权的情况下以旅游、商务签证等形式非法组织多人赴国外打工的行为构成组织他人偷越国（边）境罪，为该现象的解决提供了参考。

根据我国《刑法》第318条规定，组织他人偷越国（边）境罪是指违反国（边）境管理法规，领导、策划、指挥他人偷越国（边）境或者在首要分子指挥下，实施拉拢、引诱、介绍他人偷越国（边）境的行为。《刑法》第319条规定，骗取出境证件罪是指以劳务输出、经贸往来，或者其他名义，弄虚作假，骗取护照、签证等出境证件，为组织他人偷越国（边）境使用的行为。在司法实践中对这两种罪名的认定应当注意以下问题：

首先，以旅游名义骗取出境证件在国外非法务工的行为构成骗取出境证件罪。本案被告人为非法组织工人赴马来西亚打工，以赴马来西亚旅游、商务等为名，骗取出境证件的行为，依法构成骗取出境证件罪。

其次，根据上述判例可知，组织他人偷越国（边）境罪中的“偷越”应做实质性理解，如不具备合法出境资格，而以骗得的合法出境证件出境的情况也属于偷越国境行为。“偷越”应指不具备合法出入境资格而出入境，侵犯我国国境管理秩序的行为。“偷越”不仅仅包括未经办理有关出入国境证件和手续，在未设关口处秘密越境的行为；还包括使用伪造、变造或者其他欺骗手段在关口处蒙混出入境等情况，以及骗取出入境证件，以所谓的“合法”形式非法出入境的情况。如果行为人骗取出境证件后，又组织他人偷越国（边）境的，骗取出境证件的行为构成骗取出境证件罪，而利用骗得的证件组织他人偷越国（边）境的行为同时又触犯组织他人偷越国（边）境罪。两罪成立牵连犯，根据牵连犯“从一重罪处罚”的原则，应以组织他人偷越国（边）境罪论。

六、销售明知是国家禁止经营的文物的行为认定

——申某等倒卖文物案

公诉机关：天津市人民检察院第一分院

被告人：申某

被告人：周某

案情简介

2004年年底，被告人刘某为牟取非法利益，产生盗掘天津市蓟县白塔寺地宫内文物之念，并于同年12月在白塔寺西墙外承租了蓟县城关镇西南隅村赵江家带小院的平房。2005年6、7月间，刘某将盗掘白塔寺地宫内文物的想法告知被告人赵某等人，赵某等人表示同意，而后联系了被告人曹某，共同密谋犯罪方案，一起购置了水泵、鼓风机、铁锹、照明灯等作案工具。随后，在刘某事先租赁的平房院内先挖竖井，再挖掘由此通向白塔寺地宫的水平地道。同年8月上旬，上述被告人从白塔寺地宫内盗出辽代石雕涅槃像、金属舍利塔、佛坐像、白釉瓷立狮、青铜法器、瓷器及水晶玉石、珠子等大量文物。

2005年8、9月间，被告人刘某为销赃，联系到被告人申某、周某，两人在明知是盗窃文物的情况下，将大部分文物介绍卖给一陈姓男子（现在逃），获赃款220万元，其中被告人申某、周某共得赃款10万元，剩余赃款分给其他盗掘人员。周某归案后，协助公安机关将申某抓捕归案。

公诉机关指控被告人申某、周某明知涉案文物系赃物而帮助销售，其行为符合销售赃物罪的主要特征。天津市第一中级人民法院一审认为，鉴于涉案物品系国家禁止买卖的文物，故对于申某、周某的行为，应当根据我国《刑法》第326条的规定，以倒卖文物罪定罪处罚。天津市第一中级人民法院依据我国《刑法》第326条第1款等规定，于2007年7月25日判决：被告人申某犯倒卖文物罪，判处有期徒刑3年，并处罚金人民币5000元；被告人周某犯倒卖文物罪，判处有期徒刑2年6个月，并处罚金人民币5000元。周某、申某不服一审判决，向天津市高级人民法院提起上诉。天津市高级人民法院经二审，确认了一审查明的事实。认为一审判决认定事实清楚，证据确实、充分，适用法律正确，定罪量刑适当，审判程序合法，应予维持。据此，天津市高级

人民法院依照我国《刑事诉讼法》第189条第（1）项之规定，于2007年11月1日裁定：驳回上诉，维持原判。

（参见《最高人民法院公报》2009年第5期。）

案例评析

本案的争议焦点主要为：行为人明知是他人盗掘的国家禁止经营的文物仍销售的行为，构成销售赃物罪还是倒卖文物罪？

在本案的诉讼过程中，公诉机关认为申某、周某二人明知是他人盗掘的国家禁止经营的文物而积极联系销售的行为属于销售赃物罪，但是审判机关认为申某、周某在销售赃物的同时触犯了倒卖文物罪。根据特别规定优于一般规定的原则，2名被告人的行为构成倒卖文物罪。由于倒卖本身也是一种销售行为，文物来源也常为非法获取，所以倒卖文物罪与销售赃物罪经常发生竞合关系。在司法实践中，应当明确倒卖文物罪中“文物”的认定以及倒卖文物罪与销售赃物罪之间的关系。

根据我国《刑法》第326条规定，倒卖文物罪是指以牟利为目的，倒卖国家禁止经营的文物，情节严重的行为。本罪侵犯的客体是国家的文物管理制度。国家的文物管理制度，主要是以我国《文物保护法》为核心的一系列有关文物保护的法规。犯罪对象“文物”是指未经许可不得经营的一、二、三级珍贵文物以及其他受国家保护的具有重大历史、文化、科学价值的文物。根据法律、法规的规定，中华人民共和国境内地下、内水和海中遗存的一切文物，属于国家所有。古文化遗址、古墓葬、石窟寺属于国家所有。本罪在客观方面表现为倒卖国家禁止买卖的文物，情节严重的行为。文物只能由文化行政主管部门制定的单位收购，其他任何单位或者个人不得经营文物收购业务。构成本罪不仅必须具有倒卖文物的行为，而且必须达到情节严重的程度。情节严重，一般是指数额较大，手段恶劣，后果严重。本罪在主观方面表现为故意，且以牟利为目的。

根据我国《刑法》第312条规定，销售赃物罪是指明知是犯罪所得的赃物而予以窝藏、转移、收购或者代为销售的行为。在行为人明知销售的是他人盗掘所得的文物时，其非法销售文物的行为就同时触犯了倒卖文物罪，两者之间存在着法条竞合关系。倒卖文物罪属于特别规定，销售赃物组属于一般规定。对两者的处理应当根据特别规定优于一般规定的原则进行，以倒卖文物罪定罪处罚。

七、取得医师执业资格但未取得医疗机构执业许可证的行为人致人死亡的行为认定

——飞某医疗事故案

公诉机关：云南省昆明市官渡区人民检察院

被告人（上诉人）：飞某

案情简介

1999年7月，被告人飞某在未取得“医疗机构执业许可证”的情况下，私自在本

市滇池路杨家地一村135号开设了“飞明扬诊所”，并于2000年3月21日晚7时许为居住在杨家地村的李应友、胡大芬夫妇之女李苗苗（女，出生5个月）看病时为其注射了一针“苦木”针水，后李苗苗于当晚10时许死亡。经鉴定，李苗苗主要死因为慢性心肌变性坏死并间质性心肌炎，生前注射药物诱发的急性弥漫性肝、肾变性坏死为辅助死因。

昆明市官渡区人民法院认为：原公诉机关指控被告人飞某在未取得医师资格的情况下非法行医致人死亡，其行为已触犯刑律，构成非法行医罪。鉴于在审理中被告人飞某尚能坦白交代，认罪态度较好，且积极赔偿被害人家属经济损失，可酌情从轻处罚，应依照我国《刑法》第336条之规定定罪量刑。判决被告人飞某犯非法行医罪，判处有期徒刑10年；并处罚金1000元。昆明市官渡区人民法院一审宣判后，被告人飞某不服，提出上诉称：不是没有取得医师资格证，只是该证还没有换发下来，不是非法行医；李苗苗的死亡与其进行的治疗没有直接的因果关系，量刑畸重。昆明市中级人民法院根据上述事实和证据认为：上诉人（原审被告人）飞某无视国家法律，在治疗病人过程中严重不负责任，造成了就诊者李苗苗的死亡。其行为已侵犯了就诊人的生命、健康权利和医疗单位的正常活动，已构成医疗事故罪，依法应予惩处。上诉人（原审被告人）飞某具有执业医师资格，故在犯罪主体上不构成非法行医罪，对其上诉理由及辩护人提出“飞某的行为不构成非法行医罪，适用法律不当”的辩护意见予以采纳；“李苗苗的死亡结果与治疗没有法律上的因果关系”的上诉理由及辩护意见与查明的事实及证据相悖，不予采纳。上诉人飞某在行医的过程中没有向当地卫生行政部门进行登记注册，领取医疗机构执业许可证，其开办诊所的手续不全，属擅自行医，违法开办诊所，依法应予严惩。一审人民法院以非法行医罪对被告人飞某定罪量刑不当，二审予以改判。云南省昆明市中级人民法院依据我国《刑法》第335条，第47条，《刑事诉讼法》第189条第（2）项之规定，作出如下判决：1. 撤销官渡区人民法院（2000）官刑初字第1189号刑事判决。2. 上诉人（原审被告人）飞某犯医疗事故罪，判处有期徒刑2年。

（参见 http://www.lawbang.com/index.php/topics-list-baikeview-id-21420.shtml，访问于2015年4月11日。）

案例评析

本案的争议焦点主要为：行为人已取得医师执业资格但未取得医疗机构执业许可证擅自行医造成就诊人死亡的行为，构成非法行医罪还是医疗事故罪？

本案二审法院认为，已取得医师执业资格、未取得医疗机构执业资格即行医的属于违法开办诊所擅自行医，而不属于刑法上的非法行医。对于已取得医师执业资格的主体，如果在其尚未取得医疗资格执业许可证的情况下，擅自行医，且由于其在诊疗护理工作中出现违反规章制度等严重不负责行为而造成就诊人死亡的，应当按照医疗事故罪论处。根据上述判决，在司法实践中应当注意区分非法行医罪和医疗事故罪。

我国《刑法》第335条规定，医疗事故罪是指医务人员由于严重不负责任，造成就诊人死亡或者严重损害就诊人身体健康的行为。《刑法》第336条规定，非法行医罪是指未取得医师执业资格的人非法行医，情节严重的行为。非法行医罪的主体是指未取得医师执业资格的人。医疗机构执业许可证是医疗机构营业的资格，与医师执业资格的作用不同。我国《执业医师法》规定：本法颁布之日前按照国家有关规定取得医学专业技术职称和医学专业技术职务的人员，由所在机构报请县级以上的人民政府卫生行政部门认定，取得相应的医师资格。故在司法实践中，已具有医师执业资格的行为人不属于非法行医罪的犯罪主体。已经具有医师执业资格的医务人员在诊疗过程中由于严重不负责任造成就诊人死亡的行为应构成医疗事故罪。

八、在养殖水面堆放建筑渣土行为的认定

——陈某某等非法占用农用地案

公诉机关：宜昌市三峡坝区人民检察院

被告人：陈某某

被告人：王某

案情简介

2008 年 4 月至 2009 年 3 月期间，被告人陈某某、王某伙同宋某某（另案处理）在未办理合法用地手续的情况下，采取私下征用农民土地给予补偿费的方式，私自占用宜昌市西陵区石板村十组 16 余亩鱼塘、藕田等农用地倾倒建筑渣土，共收取倒土费 61.46 万余元，非法获利 15 万余元，3 人各分得 5 万余元。被告人陈某某、王某在该村非法占用鱼塘、藕田等农用地改作他用，已造成鱼塘、藕田等农用地无法复原，大量毁坏。

公诉机关认为，被告人陈某某、王某为谋取非法利益，违反国家规定，未经批准在农村集体所有制土地上私自设立建筑渣土倒土场，非法获利 15 万余元，严重扰乱市场秩序，被告人陈某某、王某的行为均已触犯我国《刑法》第 225 条第（4）项，应当以非法经营罪追究其刑事责任。被告人陈某某对公诉机关指控的事实无异议，但辩称被倾倒渣土的土地是向农民支付了补偿款后使用的，是将农民的藕田和鱼塘进行了填土，改良成旱地，没有毁坏农用地，其行为不构成犯罪。陈某某的辩护人提出，被告人陈某某的行为没有扰乱市场秩序，也没有违反国家规定，没有毁坏农用地，其行为不构成犯罪。被告人王某对公诉机关指控的事实无异议，但辩称没有毁坏农用地，其行为不构成犯罪。王某的辩护人提出：（1）被告人王某等人与农民之间就堆放渣土达成土地使用协议，改成旱地后将土地归还农民，被告人在合法拥有土地使用权基础上获得的利益不违法；（2）被告人的行为没有违反国家规定，不属非法经营行为；（3）法律只对非法占用耕地、林地的亩数规定了追诉标准，但对非法占用农用地多少亩才构成犯罪没有明文规定，不能认为被告人所占用的亩数达到了追诉条件；（4）部分土地已被填平并种植了农作物，不属毁坏。综上，认为指控被告人王某犯罪的证据不确实充分，王某的行为不构成犯罪。宜昌市三峡坝区人民法院于 2012 年 12 月 26 日作出（2012）鄂三峡刑初字第 052 号刑事判决，判决：1. 陈某某犯非法占用农用地罪，判处有期徒刑 1 年，缓刑 2 年，并处罚金人民币 5 万元。2. 王某犯非法占用农用地罪，判处有期徒刑 10 个月，缓刑 2 年，并处罚金人民币 5 万元。宣判后，2 名被告人均未提

出上诉，公诉机关未抗诉，判决已发生法律效力。

（最高人民法院、中国应用法学研究所编：《人民法院案例选（2013 年第 3 辑）》，人民法院出版社 2014 年版。）

案例评析

本案争议的焦点是：行为人违反土地管理法规，未经批准在农民承包经营的养殖水面堆放城市建筑渣土，数量较大，其行为构成何罪？

本案审理过程中，公诉机关、审判机关及辩护人对案件事实的法律适用存在分歧。公诉机关指控被告人陈某某、王某犯非法经营罪，而法院认为被告人的行为构成非法占用农用地罪。非法经营罪和非法占用农业地罪的构成要件之间存在着很大差异，一般情况下不会产生混淆。但当行为人在利用耕地进行经营活动的情况下，对非法经营罪与非法占用土地罪的犯罪构成要件的理解就更加重要。

我国《刑法》第 342 条规定，非法占用农用地罪是指违反土地管理法规，非法占用耕地、林地等农用地，改变被占用土地用途，数量较大，造成耕地、林地等农用地大量毁坏的行为。在司法实践中，非法占用基本农田罪的认定关键是对“非法占用农地，改变被占用土地用途”的理解，本案的疑难之处就在于判断行为人和土地使用者签订协议后在农民的藕田和鱼塘上堆放渣土的行为是否属于非法占用耕地的行为。“非法占用农用地”是指未经国家土地管理局部门审核批准而擅自占用农用地，或者超过批准的用地数量占用农用地，或者采取欺骗手段骗取批准而占用农用地。“改变被占用土地用途”，是指行为人将土地管理部门批准专用的土地擅自改作他用。如根据 2000 年最高人民法院《关于审理破坏土地资源刑事案件具体应用法律若干问题的解释》第 3 条规定，……（2）非法占用耕地“造成耕地大量毁坏”，是指行为人非法占用耕地建窑、建坟、挖沙、采石、采矿、取土、堆放固体废弃物或者进行其他非农业建设，造成基本农田 5 亩以上或者基本农田以外的耕地 10 亩以上种植条件严重毁坏或者严重污染。因此，非法占用耕地等农用地的表现形式较为多样，包括建窑、建坟、挖沙、采石、采矿、取土、堆放固体废弃物或者进行其他非农业建设导致农用地严重毁坏或者严重污染的行为。

根据《刑法》第 225 条规定，非法经营罪是指违反国家规定从事经营活动，扰乱市场秩序，情节严重的行为。《刑法》第 225 条非法经营罪的客观表现包括：（1）未经许可经营法律、行政法规规定的专营、专卖物品或者其他限制买卖的物品；（2）买卖进出口许可证、进出口原产地证明以及其他法律、行政法规规定的经营许可证或者批准文件；（3）未经国家有关主管部门批准非法经营证券、期货、保险业务的，或者非法从事资金支付结算业务；（4）其他严重扰乱市场秩序的非法经营行为。其中第（4）项是兜底性条款，自 1997 年《刑法》颁行之后已经有多个司法解释将非法买卖外汇、非法出版、非法经营电信业务、非法传销或变相传销、生产、销售添加“瘦肉精”的饲料、非法经营食盐业务、哄抬物价、牟取暴利行为、擅自从事互联网上网经营业务、擅自发行、销售彩票等诸多行为纳入该规定的调整范畴。但是司法实践中，新型行为方式仍然层出不穷，本罪的认定核心就是如何理解“其他严重扰乱市场秩序的非法经营行为”的范畴。

笔者认为，该兜底性条款并不意味着没有边界，其也有自己的范畴，绝不能滥用。根据《刑法》及相关司法解释的规定，非法经营罪中的客观行为共性为违反国家规定，侵犯了国家的特许经营制度，扰乱了市场经济秩序。所以，《刑法》中的“其他严重扰乱市场秩序的非法经营行为”的理解应当立足于上述客观表现行为的共性特征。本案中，城市建筑垃圾处置核准虽需要行政主管部门审批，但这种行为并不是一种国家特许经营行为，即使经过审批的处理行为也不属于市场经济行为，所以不存在非法经营的问题，应当认定为非法占用农用地罪。

九、利用不知情的他人盗挖国家行道树的行为认定

——李某盗伐林木案

公诉机关：江苏省无锡市滨湖区人民检察院

被告人：李某

案情简介

2010年8月至9月的一天，被告人李某在未经管理部门批准许可的情况下，对从事苗圃生意的王某（另案处理）谎称其已与交通局的领导打好招呼，可以处理无锡市滨湖区锡南路葛埭社区路段两侧的香樟树，并让王帮忙卖掉其中10棵。王某遂联系到买家苏州市望湖苗圃场经营者周某。2010年9月20日，周某安排人员至上述路段挖走香樟树共计10棵，其中胸径40厘米的1棵、38厘米的2棵、28厘米的7棵，林木蓄积量共计5.1475立方米，价值共计35496元。

当日，李某在上述挖树现场遇到从事苗圃生意的陆某，陆某得知李某系得到相关领导同意后而处理香樟树，即向李某提出购买部分香樟树，李某表示同意。陆某又与范某、王某某商定将上述路段的香樟树卖与范某、王某某二人。2010年9月22日，范某、王某某各自带领工人在上述路段挖树时被公安人员当场查获。案发时，范某、王某某已开挖香樟树17棵，其中胸径30厘米的2棵、29厘米的6棵、28厘米的3棵、27厘米的5棵、26厘米的1棵，上述林木蓄积量共计6.901立方米，价值共计53250元。案发后，王某某退赔被害单位3.2万元。

无锡市滨湖区人民法院认为，被告人李某以非法占有为目的，通过欺骗方式利用他人盗挖国家所有的行道树，其行为构成盗窃罪。公诉机关指控李某犯盗伐林木罪的事实清楚，证据确实充分，但指控的罪名不当，应予改正。李某归案后认罪态度较好，可酌情从轻处罚。无锡市滨湖区人民法院遂依法判决如下：被告人李某犯盗窃罪，判处有期徒刑4年，并处罚金5000元。一审宣判后，李某未上诉，公诉机关亦未提出抗诉，判决已经发生法律效力。

（最高人民法院刑事审判一至五庭主编：《刑事审判参考（总第86期）》，法律出版社2012年版。）

案例评析

本案的争议焦点主要为：行为人以非法占有为目的，通过欺骗方式利用不知情的他人

盗挖国家所有的行道树的行为，应如何认定?

在本案的审理过程中，公诉机关认为李某的行为构成盗伐林木罪，法院最终判决李某的行为构成盗窃罪。根据本案事实情况，李某行为认定的关键问题是如何处理盗窃罪和盗伐林木罪之间的关系，特别应当注意对“盗伐”的理解。

我国《刑法》第345条盗伐林木罪规定，盗伐森林或者其他林木，数量较大的，处3年以下有期徒刑、拘役或者管制，并处或者单处罚金；数量巨大的，处3年以上7年以下有期徒刑，并处罚金；数量特别巨大的，处7年以上有期徒刑，并处罚金。所谓盗伐，是指以不法所有为目的，擅自砍伐森林或者其他林木的行为。根据2000年最高人民法院《关于审理破坏森林资源刑事案件具体应用法律若干问题的解释》规定，盗伐的对象主要包括：（一）国家、集体、他人所有或者他人承包经营管理的森林或者其他林木的；（二）本单位或者本人承包经营管理的森林或者其他林木的；（三）在林木采伐许可证规定的地点以外国家、集体、他人所有或者他人承包经营管理的森林或者其他林木等。并且盗伐的林木必须达到“数量较大”以上标准，即以二至五立方米或者幼树一百至二百株为起点；“数量巨大”，以二十至五十立方米或者幼树一千至二千株为起点；“数量特别巨大”，以一百至二百立方米或者幼树五千至一万株为起点。对于一年内多次盗伐、滥伐少量林木未经处罚的，累计其盗伐、滥伐林木的数量，构成犯罪的，依法追究刑事责任。但是，如果实施采种、采脂、挖笋、掘根、剥树皮等行为，牟取经济利益数额较大的，以盗窃罪定罪。本案中，行为人通过欺骗方式利用他人盗挖国家所有的行道树的行为不属于盗伐的行为方式，而属于采种的行为方式。行为人李某虽然没有直接实施挖取的行为，但其通过欺骗方式利用他人盗挖树木的行为属于间接正犯，应当构成盗窃罪。

十、容留他人吸毒罪中“容留”的认定

——任某容留他人吸毒案

公诉机关：江苏省南京市六合区人民检察院

被告人：任某某

案情简介

2006年11月16日晚至次日凌晨1时许，被告人任某包租南京市六合区“不见不散”茶社209房间，与姚某、王某、祖某、苏某、徐某等人共同吸食由其本人提供的毒品氯胺酮，后被公安人员当场查获，并缴获其随身携带的79.563克毒品氯胺酮。

南京市六合区人民法院依据我国《刑法》第354条、第65条第1款、第52条之规定，以被告人任某犯容留他人吸毒罪，判处有期徒刑1年9个月，罚金人民币1000元。一审宣判后，被告人任某某不服，提出上诉。南京市中级人民法院经二审审理后认为，上诉人任某在茶社包租房间容留他人吸食毒品氯胺酮，其行为已构成容留他人吸毒罪。原审人民法院认定的事实清楚，证据确实、充分，定性准确，量刑并无不当，审判程序合法，裁定驳回上诉，维持原判。

（任志中、黄伟峰：《任某某容留他人吸毒案——吸毒场所与毒品种类在容留他人吸毒罪中之认定》，载于《人民司法（案例）》2007年第18期。）

案例评析

本案的争议焦点主要是：容留他人吸毒罪中的“容留”如何认定？在容留他人吸毒过程中，吸食、注射的毒品种类是否对量刑产生影响？

根据我国《刑法》第354条规定，容留他人吸毒罪是指容留他人吸食、注射毒品的行为。客观方面表现为为他人吸食、注射毒品提供场所的行为。容留是指为允许他人在自己管理的场所吸食、注射毒品或者为他人吸食、注射毒品提供场所的行为。容留行为既可以是自己主动提出的，也可以是被动接受的；既可以是有偿的，也可以是无偿的。一般而言，如果行为人提供自己长期控制和管理的场所为他人吸毒、注射毒品用，如自己的住所，自己开设的饮食、浴室、美容、按摩等营业场所，自己工作的办公室等，则当然构成本罪。但如果是行为人临时、短期包租的房间，是否可以认定为容留他人吸毒，则不无争议。

事实上，对于“容留”，不能做狭义的理解，因为容留他人吸毒罪所禁止的是为他人吸毒提供场所等便利条件的行为。只要为他人吸食毒品提供了场所，无论属于何种性质，都应当被禁止。如果将本罪中的“容留”仅仅理解为行为人为吸毒人员提供自己所有或者长期占有的地方则会偏离立法本意。故而，只要行为人为吸毒人员提供暂时控制的封闭环境，则可以理解为本罪中的“容留”，如宾馆房间、饭店包厢等。本案中，任某在自己租用的茶社包间允许他人吸毒，符合本罪中“容留”的要求，其行为构成容留他人吸毒罪。

另外，在司法实践中，吸毒人员吸食、注射的毒品种类差别较大，吸毒人员吸食、注射的毒品种类是否可以影响行为人的量刑也需要明确。根据《刑法》第354条规定，容留他人吸毒罪只要求具有容留他人吸毒的故意即可，只要明知他人是吸食、注射毒品而为其提供场所即可，不要求行为人对具体的毒品种类和数量具有主观认识。但由于他人吸食的毒品种类和数量差别较大，因此他人吸食的毒品的种类和数量虽然不影响定罪，但应当属于量刑因素。在本案中，任某明知是毒品氯胺酮而提供场所供他人吸食，由于氯胺酮的毒性相对较小，可以对任某酌情从轻处罚。

十一、不知是幼女而嫖宿的行为认定

——周某某、张某某被控嫖宿幼女无罪案

公诉机关：湖南省常德市武陵区人民检察院

被告人：周某某

被告人：张某某

案情简介

刘某某（1987年4月15日出生，未满13周岁）被陈某（另案处理）介绍到常德市三岔路“开心发廊”，陈某对刘某某讲：“你到这里可以学理发，也可以卖淫。”“开心发廊”老板丁某（已判刑）开始不接收，陈某便讲只到这里搞几天，餐馆开业就将刘某某接走，丁某才接收。当丁某问刘某某的年龄时，陈某说17岁了。2000年3月4日下午，李某（已判刑）将来其槟榔店进货的老顾客张某某介绍给丁某，并找刘某某嫖宿一次，张某某出资50元，丁某从中得15元。3月5日，丁某将刘某某介绍给被告人周某某，当晚周某某在自己经营的日用杂货店内与刘某某嫖宿，周某某出资100元，丁某从中得30元。被害人刘某某自述在卖淫中，每当嫖客问其年龄时，均说16岁。2001年1月5日，湖南省常德市武陵区人民检察院以被告人周某某、张某某犯嫖宿幼女罪向常德市武陵区人民法院提起公诉。被告人周某某、张某某对嫖娼的事实予以供认，但辩称自己不知刘某某是幼女。两被告人的辩护人均提出：嫖宿幼女罪是故意犯罪，只有明知对方是幼女而与之嫖宿的才构成本罪。本案两被告人在与刘某某嫖宿时不知她是幼女，故不构成嫖宿幼女罪。

常德市武陵区人民法院经过不公开审理后认为：被告人周某某、张某某嫖宿不满14周岁的幼女，其行为均已构成嫖宿幼女罪。对被告人周某某适用我国《刑法》第360条第2款的规定，对被告人张某某适用我国《刑法》第360条第2款、第67条第1款、第68条第1款、第72条、第73条第2款和第3款的规定，于2001年3月26日判决如下：一、被告人周某某犯嫖宿幼女罪，判处有期徒刑5年，并处罚金人民币2000元。二、被告人张某某犯嫖宿幼女罪，判处有期徒刑3年，缓刑3年，并处罚金人民币2000元。宣判后，被告人张某某服判，被告人周某某不服提出上诉。常德市中级人民法院经二审审理认为：上诉人周某某、原审被告人张某某嫖宿未满14周岁的幼女，其行为已触犯我国《刑法》第360条第2款的规定，均构成嫖宿幼女罪。原审判决定罪准确，量刑适当，审判程序合法。该院依照我国《刑事诉讼法》第189条第（1）项的规定，于2001年7月21日作出裁定如下：驳回上诉，维持原判。

本案判决发生法律效力以后，周某某的妻子冯某不服，向有关部门提出申诉。主要理由是：本案在二审期间，《最高人民检察院关于构成嫖宿幼女罪主观上是否需要具备明知要件的解释》明确规定嫖宿幼女罪主观上必须明知对方是幼女。本案被害人刘某某一直称自己已满16周岁，周某某不明知刘某某为幼女，其行为不构成嫖宿幼女罪。2002年5月29日，常德市中级人民法院对本案复查后作出再审决定，依照法律规定另行组成合议庭进行审理。经再审查明，原审判决认定的事实清楚，证据确实、充分。但嫖宿幼女罪，主观上是否需要具备明知被害人是幼女为构成要件，我国《刑法》没有明确规定，目前最高人民法院也没有相关司法解释。但本案二审期间，最高人民检察院于2001年6月11日发出高检发释字（2001）3号《关于构成嫖宿幼女罪主观上是否需要具备明知要件的解释》，明确规定行为人知道被害人是或者可能是不满14周岁幼女为构成嫖宿幼女罪的要件。最高人民检察院的该解释属司法解释，具有法律约束力，且与最高人民法院的司法解释无冲突，从司法统一性考虑，本案可以参照适用。辩护人的辩护理由成立。被告人周某某、张某某虽有嫖宿行为，但主观上不明知嫖宿对象为不满14周岁的幼女，其行为不构成嫖宿幼女罪。据此，该院依照我国《刑事诉讼法》第206条及《最高人民法院关于执行〈中华人民共和国刑事诉讼法〉若干问题的解释》第312条第（2）项的规定，于2002年8月6日作出刑事判决如下：一、撤销本院（2001）常刑终字第72号刑事裁定和武陵区人民法院（2001）武刑初字第53号刑事判决；二、被告人周某某无罪；三、被告人张某某无罪。

（最高人民法院、中国应用法学研究所编：《人民法院案例选（2004 年刑事专辑）》，人民法院出版社 2005 年版。）

案例评析

本案争议的焦点是：嫖宿幼女罪主观上是否需要明知被害人是幼女？二审中最高人民检察院颁布的司法解释如何适用？

本案经过复杂的一审、二审和再审程序之后，被告人周某某、张某某被判决无罪。在审理过程中，争议的主要焦点为嫖宿幼女罪的构成是否要求行为人明知被害人是幼女。根据我国《刑法》第 360 条规定，嫖宿幼女罪是指嫖宿不满 14 周岁的幼女的行为。从犯罪构成来说，嫖宿幼女罪并没有明确行为人主观是否需要有嫖宿的故意。但在本案二审期间，最高人民检察院于 2001 年 6 月 11 日发出高检发释字（2001）3 号《关于构成嫖宿幼女罪主观上是否需要具备明知要件的解释》，明确规定行为人知道被害人是或者可能是不满 14 周岁幼女为构成嫖宿幼女罪的构成要件。因此，在司法实践中嫖宿幼女罪的认定，关键是是否知道或应当知道幼女的年龄。而对于被告人是否知道或应当知道的判断不能仅仅以犯罪嫌疑人、被告人自己的供述为依据，还需要根据被害人的身体特征、案件情况等客观事实进行综合判断。

另外，最高人民检察院的该司法解释对法院审判工作是否具有效力，也需要明确。虽然最高人民检察院作出的司法解释主要是针对检察机关而言的，但是《最高人民法院、最高人民检察院关于适用刑事司法解释时间效力的问题的规定》第 3 条明确规定，对于新的司法解释实施前发生的行为，行为时还有相关司法解释，依照行为时的司法解释办理，但适用新的司法解释对犯罪嫌疑人、被告人有利的，适用新的司法解释。因此，在司法实践中还需要依据有利于犯罪嫌疑人、被告人原则来适用有关解释，人民法院适用最高人民检察院颁布的司法解释并不存在法律越位行为。

十二、收集、提供嫖客信息的行为认定
——尼某等组织卖淫案

公诉机关：北京市海淀区人民检察院

被告人：尼某

被告人：孟某

案情简介

2010 年 7 月至 2011 年 9 月，被告人尼某、孟某与他人（据被告人供述，该人别名“小军”，在逃）合谋，在北京市海淀区、朝阳区等地组织卖淫活动，2 名被告人按照分工，组织陈某、于某（均另案处理）等人在北京市海淀区各大饭店等地散发大量招嫖卡片，数次与嫖客约定卖淫时间、地点、价格、对妓女的要求等信息，并将该信息提供给卖淫人员的直接管理者“小军”，由其派出卖淫人员。2 名被告人事后从卖淫所得中获得对

半分成。

2011年9月6日，被告人尼某被公安机关抓获；2011年9月7日，被告人孟某被公安机关抓获归案。公诉机关指控尼某、孟某的行为构成组织卖淫罪，向法院提起公诉。被告人尼某、孟某对检察院指控的事实和罪名提出异议，被告人尼某及其辩护人辩称：其系为他人打工，仅从事散发卡片的活动，公诉机关指控被告人其犯组织卖淫罪的事实不清，证据不足，建议法庭宣告其无罪。被告人孟某及其辩护人辩称：虽然发卡片的人系由其找的，但工资并非其发放，建议法庭对被告人孟某宣告无罪。

一审法院经审理认为，被告人尼某、孟某无视社会管理秩序，组织他人卖淫，其行为均已构成组织卖淫罪，应予惩处。关于被告人尼某、孟某的无罪辩解及其辩护人的无罪辩护意见，根据本案同案犯的供述及证人的证言相互印证表明，被告人尼某、孟某与他人合谋实施组织卖淫行为，按照约定的分工和提成方式，通过控制、管理数人发放招嫖卡片获取大量嫖客信息提供给他人，在卖淫活动中起到关键作用，2名被告人这种提供大量嫖客信息的行为属于组织卖淫行为的表现形式之一，2名被告人的行为完全符合组织卖淫罪的构成要件，故2名被告人的无罪辩解及辩护人的无罪辩护意见无事实及法律依据，不予采纳。据此，依照我国《刑法》第358条第1款、第25条第1款、第53条的规定判决：被告人尼某、孟某组织卖淫罪分别判处有期徒刑6年，罚金人民币6000元。一审宣判后，2名被告人均未提出上诉。

（参见北京法院网，http：//bjgy. chinacourt. org/article/detail/2013/05/id/960664. shtml，访问于2015年4月12日。）

案例评析

本案的争议焦点主要为：行为人在卖淫团伙中负责收集、提供嫖客信息的行为，构成组织卖淫罪还是协助组织卖淫罪？

近年来，一些卖淫人员及组织者为了逃避国家打击，利用散发卡片等手段获取嫖客信息，通过不断换卖淫地点、"一对一服务"等手段来实施卖淫活动。卖淫活动出现了更加精细化的分工和合作，使得公安司法机关打击和认定卖淫活动变得更加困难。本案被告人尼某、孟某组织多人发放招嫖卡片，在获取大量嫖客信息后提供给他人的行为在现实中较为多发，本案法院认为此行为构成组织卖淫罪，但在司法实践中也并非无争议。

根据我国《刑法》第358条规定，组织卖淫罪是指以招募、雇佣、引诱、容留等方式，纠集、控制他人卖淫的行为。在司法实践中，不能仅仅认为直接纠集、控制他人卖淫的行为才构成组织卖淫罪。由于卖淫团伙的分工越来越细致，行为人即使没有参与组织卖淫人员直接进行卖淫活动，但如果和他人形成了组织卖淫的共同犯罪故意，行为人在卖淫团伙中负责收集、提供大量嫖客信息的行为就属于组织卖淫罪中的一种组织分工，应当认为其起到了组织者的作用。因此，行为人在卖淫团伙中负责收集、提供大量嫖客信息的行为，应当构成组织卖淫罪。

十三、境外开设中文网站传播淫秽信息牟利的行为认定

——罗某等传播淫秽物品、传播淫秽物品牟利案

公诉机关：江苏省南通市崇川区人民检察院

被告人：罗某等

案情简介

被告人罗某（网名大鸟大，ad-min）、黄某（网名妖刀，天空狼群）、程某（网名星空，skystar）等人原系淫秽网站“采花堂”的会员、超级版主。2005年7月22日至2007年6月7日期间，罗某自费到加拿大留学。2006年3、4月份，由于在“采花堂”中受到排挤，账号被删除，罗某心中不服，决定另行创建一淫秽网站以对抗“采花堂”，便在网上搜索了一个免费服务器，制作建立了“风月神州”中文淫秽网站，并将网址告知了黄某、程某等人，邀请二人参与网站的管理。由于该网站经常受到DOS攻击导致网页无法打开，2006年8月，罗某通过网络聊天工具MSN与网名ETING（另案处理）的男子取得联系，二人商定由ETING在美国租用一个付费服务器，罗某负责网站管理、宣传和人员聘用，ETING负责后台维护、费用收取结算，盈利部分二人平分，继续管理、开办“风月神州”网站。2007年3月，“风月神州”网站再次受到DOS攻击导致网页无法打开，ETING便重新租用了一个更高级的服务器，使网站可以在受到攻击的情形下亦能正常运行。在开办网站期间，罗某伙同ETING通过发展VIP会员、增加会员积分、代理广告等方式进行收费，获利计人民币20000余元。

2006年4月20日至2007年7月期间，被告人黄某、程某、王某（网名无极老祖）、许某（网名诸星当）、魏某（网名宁死不射，akgo 000）、邹某（网名枫叶高手，琼州海峡，公平竞赛委员会，qvb1728）、刘某（网名玉蝴蝶，涩宝贝）、朱某（网名roro9527）等人明知“风月神州”网站存在大量淫秽电子信息，仍先后接受罗某的邀请、任用，担任“风月神州”网站的管理员、版主、超级版主等职务，通过QQ、MSN、站内信息留言等方式相互联系，分工合作，对“风月神州”网站的会员、相关版块的帖子、图片、版块等电子信息进行编辑、上传管理、维护，造成淫秽色情信息大量传播的直接后果。其中，黄某于2006年4月底起担任“风月神州”网站中新兵训练营、风月龙虎豹、风月元老院、风月焦尾分舵等版块的超级版主，程某于2006年4月底起担任“风月神州”网站中风月龙虎豹、风月司法局等版块的超级版主，王某于2006年9月起担任“风月神州”网站中山东、上海、浙江三版块版主，许某于2007年5月起担任“风月神州”网站中新兵训练营及北京版块版主，魏某于2007年3月起担任“风月神州”网站中新兵训练营及湖北、湖南版块版主，邹某于2006年9月起担任“风月神州”网站中内务分舵超级版主及海南版块版主，刘某于2007年3月起担任“风月神州”网站风月焦尾分舵中一夜佳人版块版主，朱某于2006年9月起担任“风月神州”网站天津版块版主。

截至2007年7月22日，经通过技术手段对“风月神州”网站内容进行截图取证，共

截得淫秽图片20593幅，淫秽文章3788篇。其中，在经黄某管理的新兵训练营、风月龙虎豹、风月元老院、风月焦尾分舵等版块中共截得淫秽文章638篇，淫秽文章点击量为157126次；在程某管理的风月龙虎豹、风月司法局等版块中共截得淫秽文章680篇，淫秽文章点击量为221516次；在王某管理的山东、上海、浙江三版块中共截得淫秽文章814篇，淫秽文章点击量为252142次；在许某管理的新兵训练营及北京版块中共截得淫秽文章773篇，淫秽文章点击量为107686次；在魏某管理的新兵训练营及湖北、湖南版块中共截得淫秽文章250篇，淫秽文章点击量为56785次；在邹某管理的内务分舵超级版主及海南版块中共截得淫秽文章203篇，淫秽文章点击量为44829次；在刘某管理的风月焦尾分舵一夜佳人版块中共截得淫秽文章126篇，淫秽文章点击量为37371次；在朱某管理的天津版块中共截得淫秽文章126篇，淫秽文章点击量为25449次。程某在归案后，协助公安机关抓获罗某。朱某在案发后，主动到公安机关投案，并如实供述了自己的犯罪事实。

江苏省南通市崇川区人民法院经审理认为：被告人罗某以牟利为目的，利用互联网传播淫秽电子信息，其行为已构成传播淫秽物品牟利罪，且情节特别严重，应当判处10年以上有期徒刑，并处罚金。被告人黄某、程某、王某、许某、魏某、邹某、刘某、朱某利用互联网传播淫秽电子信息，情节严重，其行为均已构成传播淫秽物品罪，且系共同犯罪。在共同犯罪中，上述被告人作用相当，不分主从，均应判处2年以下有期徒刑。被告人程某协助公安机关抓获同案犯，有立功表现，可以从轻处罚；被告人朱某主动到公安机关投案，并如实供述自己的犯罪事实，系自首，可以从轻处罚。被告人罗某、黄某、程某、王某、许某、魏某、邹某、刘某、朱某在庭审中认罪态度较好，可以酌情从轻处罚。

据此，崇川区人民法院依照我国《刑法》第363条、第364条、第67条、第68条、第25条第1款、第64条，最高人民法院、最高人民检察院《关于办理利用互联网、移动通讯终端、声讯台制作、复制、出版、贩卖、传播淫秽电子信息刑事案件具体应用法律若干问题的解释》第1条、第2条、第3条之规定，于2007年12月21日作出一审判决：1. 被告人罗某犯传播淫秽物品牟利罪，判处有期徒刑10年，并处罚金人民币1万元；被告人黄某、王某、许某、魏某、邹某、刘某及被告人程某、朱某均犯传播淫秽物品罪，分别判处有期徒刑9个月及7个月。2. 被告人黄某的作案工具白色兼容台式电脑主机一台、被告人程某的作案工具白色台式电脑主机一台、被告人王某的作案工具惠普牌黑色电脑主机一台、被告人许某的作案工具Dell610笔记本电脑一台、被告人邹某的作案工具联想牌电脑主机一台、被告人魏某的作案工具台式电脑主机一台、被告人刘某的作案工具台式电脑主机二台予以没收，上缴国库。

一审宣判后，被告人罗某不服，提出上诉，认为原审判决认定其犯传播淫秽物品牟利罪定性不当，其没有牟利的主观故意，请求二审法院查清事实，依法予以改判。江苏省南通市中级人民法院经审理认为：原审判决定性正确，事实清楚，证据确实充分，量刑恰当，应予维持。依照我国《刑事诉讼法》第189条第（1）项的规定，驳回上诉，维持原判。

（杜开林、沙楠：《境外开设中文网站传播淫秽信息牟利的管辖权》，载于《人民司法（案例）》2009年第14期。）

案例评析

本案的争议焦点主要是：该案中行为人在境外开设中文网站传播淫秽信息牟利的行为该如何认定？网络犯罪的管辖权如何确定？

在本案中，罗某伙同他人，以牟利为目的，在境外开设中文淫秽网站，设置、提供广告代理、VIP会员等收费项目，利用互联网（主要针对中国境内）传播淫秽文章、图片等内容，通过收取会员费、广告收入等方式获利，其行为具有牟利的目的。而其他行为人受罗某的任用，担任网站的管理员、版主、超级版主等职务，通过QQ、MSN、站内信息留言等方式相互联系，分工合作，对“风月神州”网站的会员、相关版块的帖子、图片、版块等电子信息进行编辑、上传、维护管理，其行为没有牟利的目的。由于罗某和其他被告人都具有传播淫秽物品的主观故意，所以只能在传播淫秽物品罪的范围内构成共同犯罪。故而，法院认为罗某的行为和其他被告人的行为虽然是共同犯罪，但仅仅属于部分共同犯罪，只能在部分共同犯罪范围内构成共同犯罪。因而，被告人罗某和其他被告人触犯的罪名不同，罗某构成传播淫秽物品牟利罪，而其他被告人构成传播淫秽物品罪。

传播淫秽物品牟利罪与传播淫秽物品罪是法条竞合的关系，传播淫秽物品牟利罪是特别条款，传播淫秽物品罪是普通条款，当行为人具有牟利目的时，则依据特别条款优于普通条款原则，适用特别条款。这两个罪名的主要区别在于是否存在牟利的目的。

在本案中，在对其他行为人是否具有牟利目的的主观心态的判断时，应根据客观事实进行推定，依据行为人在管理、维护网站中的行为进行综合评判，如从行为人利用网络传播电子淫秽信息（图片、文章、跟帖等）的数量、相关淫秽电子信息被点击的人次、是否收取费用、设置收费项目、获利数额等条件。

另外，需特别强调的是，网络犯罪定罪量刑的标准与现实生活中的犯罪存在很大差别。根据最高人民法院、最高人民检察院《关于办理利用互联网、移动通信终端、声讯台制作、复制、出版、贩卖、传播淫秽电子信息刑事案件具体应用法律若干问题的解释》第1条第1款第（4）项的规定，传播的淫秽电子信息，实际被点击数达到1万次以上，就应该追究行为人传播淫秽物品罪或传播淫秽物品牟利罪的刑事责任。可见，这些犯罪的认定除了以视频文件、音频文件、图片等数量为标准之外，在网络犯罪中还增加了以实际点击数为判断标准。

另外，网络犯罪的管辖权如何认定呢？由于网络环境没有国界，在网络环境下经常出现管辖权冲突的情况，网络犯罪的管辖权问题就需要予以明确。在本案中，法院认为罗某作为中华人民共和国公民，在留学加拿大期间，创建、管理以中文为其网站文字的，主要针对中国境内的“风月神州”淫秽色情网站，伙同ETING利用互联网传播淫秽电子信息牟利，在中国境内发展会员，发布广告，并任命版主、超级版主进行管理、维护达一年多的时间，其犯罪的行为和犯罪后果均有发生在中华人民共和国领域内。因此，依照法律规定，作为犯罪结果发生地之一的中国南通对该网络犯罪具有司法管辖权。

虽然根据我国《刑法》规定，网络空间中犯罪的刑事管辖权认定也需要依据《刑法》

总则中关于刑法空间效力的规定，以属地管辖原则为主，兼采其他原则。只要“犯罪的行为或者结果有一项发生在中华人民共和国领域内的，就认为是在中华人民共和国领域内犯罪”。但是，需要明确网络犯罪中的“犯罪行为地”和“犯罪结果地”如何认定？一般而言，网络犯罪的犯罪行为地依据实施网络犯罪的服务器、计算机终端等设备所在地为标准进行认定。犯罪结果地的认定应当依据网络犯罪行为实际产生后果的系统局域网、计算机终端等设备所在地进行认定。另外，由于利用互联网实施的网络犯罪往往涉及多个国家，经常会出现管辖权冲突的情况，多个国家对同一网络犯罪案件、相同的犯罪嫌疑人都有刑事管辖权。当前，对此问题还没有明确的解决机制。为了解决多个国家对同一犯罪案件管辖上的竞合，避免对犯罪人重复处罚等导致的司法不公，我国《刑法》应当探索建立更加灵活、有效的管辖权冲突解决机制。随着我国刑事法律发展的国际化以及跨国网络犯罪等跨国犯罪的增加，建立这种制度是十分必要的。

十四、网络裸聊行为的认定

——方某传播淫秽物品牟利案

公诉机关：龙游县人民检察院

被告人：方某

案情简介

被告人方某于2006年下半年在网上注册了两个QQ号，网名分别为“水水”和“晴儿”。注册后，方某即将这两个QQ号挂于QQ聊天室大厅的“E网情深”聊天室下的“E夜激情”室内，聊天中以发信息的形式告之好友进行色情聊天，以招揽网友进行裸聊，从中牟利。之后，方某又在该两个QQ号的个人资料、介绍说明栏内加入了“加我请注明网银支付宝，试看5元（我裸体2分钟，同时证明我是真人）满意后50元服务30分钟，特殊的加钱。绝对真人，有良好的信誉，欢迎付费男士”的个人说明。在裸聊时，方某根据对方的实际情况，先将以其丈夫王某名义开户银行账号或自己在支付宝网站申请的支付宝账号告知对方汇款，待核实对方已将钱汇入后，即根据对方的要求以及汇入资金的数额多少通过视频提供不同的裸聊内容。自2006年11月1日到2007年5月14日，方某裸聊范围达20余个省份的300余人，其用于裸聊收费的银行以及支付宝账号汇入裸聊资金1054次，计24973.03元。龙游县人民法院认为，被告人方某以牟利为目的，利用互联网传播淫秽电子信息，其行为构成传播淫秽物品牟利罪，公诉机关指控的罪名成立。方某利用淫秽电子信息收取其他费用，违法所得在1万元以上，但未达到情节严重所规定标准5倍以上，不属于情节严重。方某归案后认罪态度较好并退出违法所得，可以酌情从轻处罚。根据方某的犯罪情节及悔罪表现，适用缓刑确实不致再危害社会，可对其宣告缓刑。依照我国《刑法》第363条、第64条和《最高人民法院、最高人民检察院关于办理利用互联网、移动通信终端、声讯台制作、复制、出版、贩卖、传播淫秽电子信息刑事案件具体应用法律若干问题的解释》

第1条第6款之规定，判决如下：1. 被告人方某犯传播淫秽物品牟利罪，判处有期徒刑6个月，缓刑1年，并处罚金人民币5000元；2. 被告人方某的违法所得予以追缴，上交国库；三、作案工具电脑二台，予以没收。

（聂昭伟：《网络裸聊行为能否成立传播淫秽物品牟利罪》，载于《人民司法（案例）》2008年第12期。）

案例评析

本案的争议焦点主要为：利用网络进行裸聊的行为应如何认定？

随着我国网络技术的发展，利用网络实施违法犯罪的现象也增长较快，而我国刑法对网络违法行为的应对还存在一些滞后性，如何对这些网络违法行为进行规范，还存在一些争议，例如网络裸聊行为的认定。

所谓网络裸聊，是指除去脸部外其他身体部位全部裸露在摄像头下，并以大胆文字和动作通过网络视频传给聊天对象的聊天方式。从现实情况来看，网络裸聊主要有三种形式：第一种是多人在一个网络公共场所集体进行裸聊；第二种是点对点式裸聊，即一个人与另一个人之间的裸聊；第三种是点对面式，是由一个人与不特定多数人之间的裸聊。第一种情况属于在同一时间、同一地点的淫乱行为，可以构成聚众淫乱罪。第二种是个人私密行为，不应当构成犯罪。第三种是点对面式，在此种情况下行为人的行为是否构成犯罪、构成何种犯罪争议较大。

根据本案判决，被告人方某的行为被认定为传播淫秽物品牟利罪。对于这种方式的裸聊能否成立传播淫秽物品牟利罪，关键是要看该行为是否传播了“淫秽物品”。我国《刑法》第367条规定，淫秽物品是指具体描绘性行为或者露骨宣扬色情的诲淫性书刊、影片、录像带、录音带、图片及其他淫秽物品。随着互联网络的迅速发展，通过网络视频文件、音频文件、电子刊物、图片、文章、短信息来传播淫秽物品日渐盛行，为了适应打击犯罪的需要，最高人民法院于2004年颁布了《关于办理利用互联网、移动通讯终端、声讯台制作、复制、出版、贩卖、传播淫秽电子信息刑事案件具体应用法律若干法律问题的解释》，该解释为其他淫秽物品的认定提供了依据，即第9条第1款补充规定，我国《刑法》第367条第1款规定的“其他淫秽物品”，包括具体描绘性行为或者露骨宣扬色情的诲淫性的视频文件、音频文件、电子刊物、图片、文章、短信息等互联网、移动通信终端电子信息和声讯台语音信息。事实上，《解释》将淫秽物品由传统意义上的有形物品，扩大到包括音频文件、视频文件等在内的电子数据。因此，从实质意义来看，裸聊的内容不但包括音频资料还包括视频内容，是带有淫秽内容的声音图像的结合，应当属于法律意义上的淫秽物品。

第十三章

贪污贿赂罪

贪污、贿赂罪是指国家工作人员或国有单位实施的贪污、受贿等侵犯国家廉政建设制度，以及其他人员或单位实施的与受贿具有对向性或撮合性的情节严重的行为。此类犯罪共有13个罪名，即贪污罪、挪用公款罪、受贿罪、单位受贿罪、利用影响力受贿罪、行贿罪、对单位行贿罪、介绍贿赂罪、单位行贿罪、巨额财产来源不明罪、隐瞒境外存款罪、私分国有资产罪、私分罚没财物罪。在司法实践中，由于贪污、贿赂型犯罪多数是由行为人采用隐蔽的、多样化的手段实施的，所以此类犯罪在司法认定过程中经常出现疑难问题。

一、私分本单位违法收取费用的行为认定

——尚某等人贪污案

公诉机关：成都市检察院

被告人：尚某

被告人：李某

案情简介

在原四川商业高等专科学校（以下简称商专）2001年的招生工作中，被告人尚某以商专副校长身份和时任商专党委副书记的李某负责招生小组的工作。二人伙同商专学生处处长彭某（另案处理），共谋在此次招生收取“点招费”。被告人尚某和被告人李某负责招生录取领导小组的工作，学生处处长彭某具体负责收取和保管“点招费”。2001年10月招生工作结束后，经尚某、李某、彭某三人清点，除用于招生工作的开支，“点招费”余款为34.2万元。三人商量后决定，只向学校上缴14.2万元。2001年11月28日，彭某将20万元转入以其子名义开设的私人账户。2002年春节前，尚某、李某和彭某共谋将截留的20万元私分，议定三人各得6万元，给原商专校长张某2万元。后尚某单独找到彭某商定：李某仍得6万元，尚某得5万元、彭某得4万元，张某得5万元。后彭某给李某6万元，给尚某5万元，以学生处所留活动费的名义送给张某5万元，但张某当时退回了该款。

被告人尚某的辩护人认为，尚某等三人作为招生工作的主要负责人，根据校委会的奖

励政策理应得到重奖，这在商专成人教育部是有先例的；尚某等人提取20万元“点招费”，目的是重奖招生办有贡献的人员，这是经校委会授权的职务行为；尚某取走的5万元，也是为了招生工作，用于向教委等有关部门有关人员拜年时开支，虽然这些人否认收钱，但他们证言的真实性值得怀疑。总之，尚某的行为不构成贪污罪。被告人李某辩称“点招费”是按惯例提留，并以贡献大小奖励给个人。自己在整个事情中处于被动地位，不应认定为贪污罪。被告人李某的辩护人认为，国家有规定不让收“点招费”，因此“点招费”不能成为国有财产。学校违法让收“点招费”，并且对“点招费”的使用，制定了“以招养招”以及由招生领导小组具体掌握奖励的政策。故李某等人将“点招费”作为奖金分配，没有侵犯国有财产的所有权，而只是侵犯了学生家长的私人财产权，是民事侵权问题。指控李某犯贪污罪，没有事实和法律依据。

成都市中级人民法院认为，被告人尚某、李某身为教育事业单位中从事公务的国家工作人员，利用负责学校招生工作的职务之便，伙同彭某共同侵吞公款20万元，尚某个人还侵吞公款5万元，其行为已构成贪污罪。尚某参与共同贪污20万元，个人贪污5万元，违法所得10万元。尚某是招生工作主要负责人，在共同贪污犯罪中起主要作用，是主犯。李某参与共同贪污20万元，违法所得6万元。李某在共同贪污犯罪中起辅助作用，是从犯。据此，成都市中级人民法院于2004年4月2日判决：1. 被告人尚某犯贪污罪，判处有期徒刑10年。2. 被告人李某犯贪污罪，减轻判处有期徒刑6年。3. 对被告人尚某的违法所得10万元、被告人李某的违法所得6万元予以追缴，上缴国库。宣判后，尚某、李某不服，均向四川省高级人民法院提出上诉。四川省高级人民法院经审理，确认一审查明的事实属实。四川省高级人民法院认为：国家行政主管部门明令禁止学校在招生工作中收取“点招费”。原商专校务会违反这一规定，擅自决定收取“点招费”，并决定将其中一部分用于奖励招生工作人员，情况属实。“点招费”是原商专以学校名义违法收取的费用，在行政主管部门未对学校的乱收费行为进行查处前，这笔费用应当视为由原商专授权学生处管理的公共财产，即公款。被告人尚某、李某等人共谋截留并侵吞该款的行为，侵犯了公共财物的所有权，构成贪污罪。2001年3月12日的商专校务会会议纪要证明，该校校务会在研究2000年招生工作奖励办法时，确实形成了同意以“点招费”适当奖励在招生工作中表现突出者的意见。但这个意见不能证明被告人尚某、李某等人从此获得了隐瞒“点招费”实际收支情况并将其中20万元私分的权利。被告人李某是在侦查机关已掌握全部案件线索并向其调查询问时，如实供述了全部犯罪事实。依照我国《刑法》第67条的规定，李某不属于“自动投案”，因此不能被认定为自首。综上，原判认定事实正确，量刑适当，审判程序合法。据此，四川省高级人民法院于2004年6月17日裁定：驳回上诉，维持原判。

（参见《最高人民法院公报》2004年第12期。）

案例评析

本案的争议焦点主要是：事业单位工作人员利用职务便利私分本单位违法收取的费用，应如何认定？

在我国，机关事业单位财政制度较为复杂，本案行为人的行为在司法实践中具有一定的代表性，如何认定本案行为人的行为，对于其他案件具有借鉴作用。本案审理中，一审、二审法院均认为三被告人私分非法收取的“点招费”的行为属于贪污罪。

首先，单位违法收取的费用也属于公共财物的范畴，可以成为贪污罪的犯罪对象。本案中，“点招费”是国家行政主管部门明令禁止学校在招生工作中收取的费用，属于违法收取费用。在行政主管部门未对学校的乱收费行为进行查处前，这笔费用应当视为由原商专授权学生处管理的公共财产，即公款。

其次，单位内部会议决定不能作为私分公共财物的行为依据。在正常工作中，单位的奖励激励政策应当通过公开、透明的途径实施，不能通过小范围、秘密地商谈私分奖励费用等公共财物。本案中，虽然2001年3月12日的商专校务会会议纪要证明，该校校务会在研究2000年招生工作奖励办法时，确实形成了同意以“点招费”适当奖励在招生工作中表现突出者的意见。但是，单位奖励行为应当通过单位公开、透明的途径进行，不能由几个主要领导通过秘密手段私分奖金等公共财物。

再次，要注意区分共同贪污行为与私分国有资产罪。私分国有资产罪是指国家机关、国有公司、企业、事业单位、人民团体，违反国家规定，以单位名义将国有资产集体私分给个人，数额较大的行为。私分国有资产罪是经集体研究决定将国有资产分配给单位的所有成员或者多数人，而共同贪污是将国有资产私分给单位少数成员的行为。本案中的3名行为人私自将单位违法收取的费用私分的行为不属于私分国有资产罪，而应当属于共同贪污行为。

最后，对于共同贪污行为中个人的贪污数额认定也需明确。根据2003年11月13日最高人民法院《全国法院审理经济犯罪案件工作座谈会纪要》中对贪污罪的法律适用问题的记录，《刑法》第383条第1款规定的“个人贪污数额”中共同贪污犯罪案件中应理解为个人所参与或者组织、指挥共同贪污的数额，不能只按个人实际分得的赃款数额来认定。对共同贪污犯罪中的从犯，应当按照其所参与的共同贪污的数额确定量刑幅度，并依照《刑法》第27条第2款的规定，从轻、减轻处罚或者免除处罚。据此，本案中法院判决符合法律规定。

二、自负盈亏的事业单位性质律师事务所领导离任时未移交部分财产的行为认定

——陆某贪污无罪案

公诉机关：江苏省常州市天宁区人民检察院

被告人：陆某

案情简介

1992年12月22日，常州市天宁区编制委员会同意成立常州市天元律师事务所，其性质为全民事业单位。1993年2月3日，江苏省司法厅批准成立常州市第五律师事务所（即原天元律师事务所）。1993年3月1日，常州市天宁区司法局聘任原审被告人陆某为该所主任，未给陆某发放工资等。该所设立时，由原审被告人陆某自筹资金，自行解决办

公场所、办公用品。该所在运作过程中，实行独立核算，自负盈亏。常州市天宁区司法局作为主管部门未对该所实行全民事业单位管理。1994 年 3 月 18 日陆某离任时，未将诉讼代理费人民币 43000 余元列入移交。天宁区人民法院认为，被告人陆某利用职务之便，采用收款不入账等手段，侵吞公款，其行为已构成贪污罪。常州市中级人民法院认为，原审人民法院认定陆某在受聘从事公务期间及解聘后，采用隐瞒不报等手段，贪污公款 43000 余元的事实清楚，证据确凿。常州市中级人民法院二审判决生效后，原审被告人陆某以自己不构成贪污罪为由向江苏省高级人民法院提出申诉。2000 年 5 月 18 日，江苏省高级人民法院经复查做出再审决定，指令常州市中级人民法院对本案进行再审。常州市中级人民法院认为：根据原审被告人陆建中所在原常州市第五律师事务所的投资、核算等具体情况，原常州市第五律师事务所在陆某任职期间系名为全民事业单位，实为个体性质，故陆某不具备贪污罪的主体资格，对其以贪污罪处罚不当。依照我国《刑事诉讼法》第 205 条第 2 款、第 206 条、第 189 条第（3）项和《最高人民法院关于执行〈中华人民共和国刑事诉讼法〉若干问题的解释》第 176 条第（4）项、第 312 条第（4）项的规定，于 2000 年 8 月 16 日做出再审判决：1. 撤销江苏省常州市中级人民法院（1995）常刑初字第 38 号刑事判决和常州市天宁区人民法院（1995）天刑初字第 85 号刑事判决。2. 原审被告人陆某无罪。

（最高人民法院刑事审判一至五庭主编：《刑事审判参考（总第 12 辑）》，法律出版社 2001 年版。）

案例评析

本案的争议焦点主要为：某律师事务所名为全民事业单位，但实为个体性质，该所主任在离任时未移交部分事务所财产的行为是否构成贪污罪？

由于我国处在转型时期，单位组织机构的性质十分复杂，单位中工作的人员的身份也十分复杂，在司法实践中，在对单位组织机构的性质及其工作人员的身份认定时，需进行认真分析。

我国《刑法》第 382 条规定，贪污罪是指国家工作人员利用职务上的便利，侵占、窃取、骗取或者以其他手段非法占有公共财物的行为。受国家机关、国有公司、企业、事业单位、人民团体委托管理、经营国有财产的人员，利用职务上的便利，侵吞、窃取、骗取或者以其他手段非法占有国有财物的，以贪污论。据此规定，本罪的犯罪主体是国家工作人员，犯罪对象是公共财物。在我国，国家工作人员的范畴主要包括两类，一类是具有国家工作人员身份的人，主要有国家机关工作人员；国有公司、企业、事业单位、人民团体中从事公务的人员；国有机关、国有公司、企业、事业单位委派到非国有公司、企业、事业单位、社会团体从事公务的人员；其他依照法律从事公务的人员，等等。另一类是不具有国家工作人员身份但从事公务职能的人，即受委托管理、经营国有财产的人。

本案中的律师事务所就是我国特定时期的存在现象，虽然律师事务所在成立时性质被认定为全民事业单位，但是常州市天宁区司法局作为主管部门未对该所实行全民事业单位管理，由原审被告人陆某自筹资金、自行解决办公场所、办公用品，独立核算，自负盈亏。所以本案中的陆某并不具有国家工作人员身份，也没有受委托管理、经营国有财产。因此，陆某并不具备贪污罪的主体资格，不构成贪污罪，应做无罪处理。

三、向职权管理对象发放贷款并收受高额利息的行为认定

——陈某受贿案

公诉机关：浙江省金华市人民检察院

被告人：陈某

案情简介

2002年春节至2010年3月，被告人陈某在担任浙江省金华市公安局消防支队永康大队大队长、消防支队防火监督处处长、消防支队副支队长期间，利用职务上的便利，在消防工程项目设计、审核、验收、日常管理及消防产品推荐、人员提拔等事项上，先后为陈某某、朱某等31人谋取利益，并收受前述人员所送的现金、烟票、购物卡、消费卡等财物共计价值人民币52.36万元。后在本单位相关人员被查处及被检察机关调查时，陈某先后退回行贿人贿赂款计人民币13.2万元，上缴单位赃款计人民币6.56万元。

2008年1月，被告人陈某向金华市世贸中心负责人杨某某提出以其妻方某名义以不低于5%的月利率借款给杨某某，杨某某为在其开发的金华世贸中心工程消防设计、审核、验收等方面得到陈某的关照，表示同意，陈某后为杨某某在消防工程验收等方面也提供了便利。方某借给杨某某人民币300万元，后借款本金有过多次变动。至2010年5月，方某共收受杨某某按月利率5%支付的利息人民币438.5万元，超出银行同类贷款利率4倍的利息为人民币219.25万元。2008年4月，被告人陈某向杨某某提出以其外甥女陈某某的名义按8%的月利率借款给杨，杨某某同意。至2008年6月，陈某陆续借款给杨某某人民币560万元，加上之前未付的利息，杨某某向陈某出具了借款人民币600万元的借条。2010年4月，杨某某归还陈某本息，陈某实际收取利息人民币1064.6万元，超出银行同类贷款利率4倍的利息为人民币600万元。2010年10月，因同单位相关人员被司法机关查处，陈某与杨某某经过估算，将超出银行同类贷款4倍利率的利息600万元退还给杨某某。

2007年5月15日，被告人陈某借给义乌市九州建设开发有限公司负责人吴某某人民币300万元，同年10月10日吴某某还清本金，并按月利率3%向陈某支付了6个月利息人民币54万元。2007年12月，因九州公司开发的义乌金福源珠宝广场迟迟未通过开业前的消防验收，九州公司又补给陈某利息款人民币20万元，陈某后为吴某某在消防工程验收等方面提供便利。2009年2月，应吴某某的要求，陈某向吴某某退还了利息款人民币38万元。2009年6月陈某与吴某某结清债务之后，又多次要求吴某某退还之前退出的38万元利息，吴某某于2009年9月退给陈某人民币18万元。陈某共收到利息款人民币54万元，超出银行同类贷款4倍利率的利息为人民币226800元。2009年2月27日陈某又借款给吴某某人民币500万元，2009年6月25日吴某某还清本金，按月利率3.2%支付利息款人民币629333元。超出银行同类贷款4倍利率的利息为人民币310733元。2010年5月，同单位相关人员被司法机关查处后，陈某退还吴某某人民币41万元。金华市人

民检察院指控被告人陈某构成受贿罪，要求依法判处。被告人陈某及其辩护人提出，陈某借款给杨某某、吴某某并收取利息属于正常的民事行为，与陈某本人的职权无关，不构成受贿。

金华市中级人民法院审理认为：被告人陈某身为国家工作人员，利用职务之便，收取他人钱财共计9253633元，为他人谋取利益，其行为已经构成受贿罪。公诉机关指控的罪名成立。被告人陈某与杨某某、吴某某之间存在着职权上管理与被管理的关系，杨某某、吴某某正是迫于陈某对他们经营管理的工程项目享有的消防审核、验收等职权，才接受陈某的借款，并向陈某支付利息，陈某从杨某某、吴某某处收取利息利用了该职务之便，其中超过银行同类贷款4倍利率部分应认定为受贿。依照我国《刑法》第385条第1款、第386条、第383条第1款第（1）项、第57条第1款、第59条第1款之规定，以受贿罪判处被告人陈某无期徒刑，剥夺政治权利终身，并处没收个人全部财产。陈某及其二审辩护人提出，陈某向杨某某、吴某某放贷收取利息的行为系民间借贷，与职权无关，不构成受贿；在案发前退还、主动上交的钱物不应认定为受贿数额，原判量刑过重，要求从轻改判。

浙江省高级人民法院经审理认为：被告人陈某身为国家工作人员，利用职务上的便利非法收受他人财物计人民币925万余元，并为他人谋取利益，其行为已构成受贿罪。陈某利用其担任金华市公安局消防支队副支队长的职务之便，在行使对金华世贸中心和九州公司开发的义乌金福源珠宝广场的消防设计、审核、验收的职权过程中，向职权管理对象杨某某、吴某某提出高息放贷要求，并实际收受高额利息款计人民币873万元，主观上利用职权非法收受他人财物的故意明显，其行为符合受贿罪的特征。上诉及辩护提出系民间借贷的理由与事实及法律规定不符，不予采信。陈某受贿犯罪既遂后，因本单位相关人员被司法机关查处，以及在其被调查时，为逃避法律追究，先后退还、上缴部分赃款赃物，均不影响对其受贿行为的定性。上诉及辩护提出退还、上缴部分不应认定为受贿数额的意见与法律规定不符，不予采纳。根据我国《刑事诉讼法》第189条第（1）项之规定，裁定驳回上诉，维持原判。

（参见中国裁判文书网 http：//www. court. gov. cn/zgcpwsw/zj/xs/201408/t20140811_ 2445864. htm，访问于2015年4月11日。）

案例评析

本案的争议焦点为：行为人利用职权向管理对象发放贷款而收受高额利息，并为其谋取利益的行为，应如何认定？

本案中国家司法机关与被告人及辩护人之间的主要分歧在于，被告人为管理对象谋取利益的同时向管理对象发放贷款并收受高额利息的行为属于民间借贷还是构成受贿罪？

近年来，我国民间借贷规模发展迅猛，只要是平等民事主体，都允许合法进行借贷行为，国家工作人员作为公民个人，也有权利实施借贷行为。但在司法实践中，有些国家工作人员与自己的职权管理对象之间进行借贷行为，收受高额利息，那么就需要明确此种行为是否合法。

根据我国《刑法》第385条规定，受贿罪是指国家工作人员利用职务上的便利，索取他人财物的，或者非法收受他人财物，为他人谋取利益的行为。在司法实践中，行为人为了掩饰自己非法收受他人财物的行为，经常采用多种合法行为来掩饰自己的行为，那么对于“非法收受他人财物”的理解就不能仅仅从形式上来判断，而应当从行为的本质来进行分析。根据2007年最高人民法院、最高人民检察院《关于办理受贿刑事案件适用法律若干问题的意见》第1条规定：“国家工作人员利用职务上的便利为请托人谋取利益，以下列交易形式收受请托人财物的，以受贿论处：（1）以明显低于市场的价格向请托人购买房屋、汽车等物品的；（2）以明显高于市场的价格向请托人出售房屋、汽车等物品的；（3）以其他交易形式非法收受请托人财物的。”这就表明，我国司法机关对与“非法收受他人财物”的理解并不仅限于直接收受他人送的财物，而是包括通过不公平交易收受他人财物的行为，所以对于非法收受他人财物的理解应当从行为的本质进行理解。据此，行为人向职权管理对象发放贷款，以利息的名义收受他人巨额钱财，并为其谋取利益的行为应适用其中“以其他交易形式非法收受请托人财物的”相关规定，以受贿罪论处。本案中法院认为，被告人利用职务便利为他人谋取利益，并向管理对象发放贷款收受高额利息的行为构成受贿罪。也就是认为“向管理对象发放贷款收受高额利息的行为”属于“非法收受他人财物”，为司法实践中对受贿罪中“非法收受他人财物行为”的理解与适用提供了一些参考。

四、以借款名义收取他人钱财的行为认定

——杨某受贿案

公诉机关：广州市人民检察院

被告人：杨某

案情简介

1992年至2009年，杨某在担任广东省茂名市电白县人民政府副县长、县长、县委书记、茂名市人民政府副市长、常务副市长期间，利用职务上的便利，为他人谋取利益，非法收受他人财物共折合人民币1048.5658万元、港币200万元。其中的一笔为：2008年年底至2009年年初，杨某接受茂名市博汇投资有限公司总经理黄某某的请托，利用担任茂名市常务副市长的职务便利，为解决茂名市博汇投资有限公司受让的土地使用权的权属等问题提供支持和帮助。为此，黄某某向杨某承诺待该项目完工后给予杨某人民币500万元，并于2009年5月出具了向杨某借款500万元的借据一张交给杨某。直至案发，黄某某仍未向杨某给付500万元现金。

广东省广州市中级人民法院经一审审理认为，杨某身为国家工作人员，利用职务上的便利，非法收受他人财物，为他人谋取利益，其行为已构成受贿罪。杨某收受500万元借据的受贿行为属于犯罪未遂，依法可比照既遂犯从轻处罚。依照我国《刑法》第385条第1款、第386条之规定，判决被告人杨某犯受贿罪，判处有期徒刑15年，并处没收财产人民币800万元；没收被告人杨某的赃款，上缴国库（略）。宣判后，被告人杨某表示

服判，不上诉。公诉机关表示接受该判决结果。该案判决已发生法律效力。

（最高人民法院、中国应用法学研究所编：《人民法院案例选（2012年第4辑）》，人民法院出版社2013年版。）

案例评析

本案的争议焦点主要是：国家工作人员以借款名义收取他人钱财后，利用职务便利为其谋取不当利益的行为，是否构成受贿罪？

近年来，我国受贿腐败问题较为严重，受贿行为方式也呈现出隐蔽化和复杂化的趋势。在司法实践中，对于受贿罪的认定也越来越困难。从本质上说，受贿罪的认定还需要严格依据犯罪构成要件来确定。根据我国《刑法》第385条规定，国家工作人员利用职务上的便利，索取他人财物的，或者非法收受他人财物，为他人谋取利益的，是受贿罪。本罪的客体是国家工作人员的职务廉洁性。客观方面表现为利用职务上的便利，索取他人财物的行为，或者非法收受他人财物，为他人谋取利益的行为。主观方面是故意，行为人具有收受贿赂的主观故意。主体是国家工作人员。在司法实践中，行为人经常采用多种手段掩饰自己收受贿赂的行为，如通过写借条的方式等。

在司法实践中，应当严格区分国家工作人员的正常民间借贷行为与“以借为名”的受贿行为。2003年最高人民法院《全国法院审理经济犯罪案件工作座谈会纪要》第6条规定，国家工作人员利用职务上的便利以借为名向他人索取财物，或者非法收受财物为他人谋取利益的，应当认定为受贿。具体认定时，不能仅仅看是否有书面借款手续，应当根据以下因素综合判定：（1）有无正当、合理的借款事由；（2）款项的去向；（3）双方平时关系如何、有无经济往来；（4）出借方是否要求国家工作人员利用职务上的便利为其谋取利益；（5）借款后是否有归还的意思表示及行为；（6）是否有归还的能力；（7）未归还的原因等因素。

从上述来看，应根据国家工作人员与出借方的主观意图、客观行为等方面判断双方是否有“出借”行为的本质。在主观方面，出借人没有要求国家工作人员利用职务便利为其谋取利益的意图，借款方具有归还的意义表示。在客观方面，一般情况下正常的民间借贷关系中的双方存在较为稳固的信任关系；借款的理由往往比较正当、合理；双方一般对归还的日期、方式等有明确约定，即使没有归还也存在正当的理由，等等。

另外，本案中被告人收受“借据”的犯罪形态也是争议的焦点之一。根据《最高人民法院、最高人民检察院关于办理商业贿赂刑事案件适用法律若干问题的意见》的规定：“商业贿赂中的财物，既包括金钱和实物，也包括可以用金钱计算数额的财产性利益。”那么，“借据”应当属于以给付财物为内容的债权，属于财产性利益的范畴。虽然根据广州市中级人民法院的判决，受贿人收受行贿人出具的“借据”至案发时没有兑现的情况，属于犯罪未遂，但是行为人收受财产性利益是否都属于犯罪未遂，还需辨析。财产性利益，大体是指狭义（普通）财物之外的财产上的利益，包括积极财产的增加与消极财产的较少。一般而言，财产性利益需要通过其他手段才能将利益变更为财物，行为人收受财产性利益并不意味着直接占有了财物，也并没有导致他人财产遭受现实的损害。只有将财产性利益变更为财物时，行为人才可能使得自己的积极财产增加或者消极财产较少。故而，在受贿罪中，当行为人收受的财产性利益还没有变更为实际财物时，认定为犯罪未遂。本案中，广州市中级人民法院认定被告人杨某在利用职务便利为他人谋取利益的过程中收受了他人金额为500万元人民币借条的行为构成受贿罪未遂，这就为司法实践中出现的国家工作人员以借款名义收取他人钱财的行为认定提供了判例。

五、在职为他人谋取利益约定退休后收好处费的行为认定

——吕某受贿案

公诉机关：云南省昆明市人民检察院

被告人（上诉人）：吕某

案情简介

2000年3月，云南省人事厅获准建盖“专家公寓”项目。2000年10月至2002年7月，被告人吕某利用担任云南省人事厅副厅长、巡视员，并主管该项目的职务便利，委托金沙公司投资开发建设该项目，并为其争取到减免土地出让金的优惠政策。后因项目停建，该项目土地使用权被转让给寓欣公司开发商品房销售，在土地使用权转让过程中，金沙公司获利978万元。2003年5月至2007年年初，被告人吕某在退休期间先后收受金沙公司的贿赂款人民币100万元及本田雅阁轿车一辆（云AP3882，价值人民币25.98万元）。被告人吕某对公诉机关指控的基本事实不持异议，辩称：其并没有为他人提供多少职务便利，只是具体承办事务；并未与对方事先约定收受贿赂；认为自己退休后已不是国家工作人员，基于朋友感情接受了馈赠，与钱权交易无关。云南省昆明市中级人民法院经审理认为：被告人吕某在担任云南省人事厅副厅长、巡视员期间，利用主管、负责“专家公寓”项目的职务便利为金沙公司谋取利益，并在离职后非法收受金沙公司贿赂款人民币100万元及价值人民币25.98万元的本田雅阁轿车一辆，其行为直接侵害了国家工作人员职务行为的廉洁性，触犯我国刑律，构成受贿罪。公诉机关的指控事实清楚，证据确实、充分，定性准确，本院予以确认。云南省昆明市中级人民法院依照我国《刑法》第385条第1款、第386条、第383条第1款第（1）项、第64条，作出如下判决：1. 吕某犯受贿罪，判处有期徒刑11年；2. 违法所得继续追缴。吕某上诉后，云南省高级人民法院经审理认为：上诉人吕某在任云南省人事厅副厅长、巡视员期间，利用分管“专家公寓”项目的职务便利，为金沙公司谋取利益，退休后收受金沙公司现金人民币100万元及价值25.98万元的本田雅阁轿车一辆，其行为已构成受贿罪，应依法惩处。一审法院定罪准确，量刑适当，审判程序合法。依照我国《刑事诉讼法》第189条第（1）项，作出如下裁定：驳回上诉，维持原判。

（国家法官学院、中国人民大学法学院编：《中国审判案例要览（2011年刑事审判案例卷）》，人民法院出版社、中国人民大学出版社2013年版。）

案例评析

本案的争议焦点主要为：国家工作人员利用职务便利为他人谋取利益，并约定在退休

后收受好处费的行为，应如何认定？

本案是“离职型受贿”的典型案例，此类案件中，行为人使用了较为隐蔽的手段来规避现行《刑法》关于受贿罪的规定，对于此类受贿行为案件，应当根据犯罪构成要件准确把握关键要点。根据我国《刑法》第385条规定，国家工作人员利用职务上的便利，索取他人财物的，或者非法收受他人财物，为他人谋取利益的，是受贿罪。本罪的客体是国家工作人员的职务廉洁性。客观方面表现为利用职务上的便利，索取他人财物的行为，或者非法收受他人财物，为他人谋取利益的行为。主观方面是故意，行为人具有收受贿赂的主观故意。主体是国家工作人员，一般是在职的国家工作人员。但行为人为了掩饰自己的腐败行为，经常会约定在职的时候为请托人谋取利益，等到离职后再收受请托人的财物。为了应对司法实践中出现的这种情况，2007年，最高人民法院、最高人民检察院《关于办理受贿刑事案件适用法律若干问题的意见》第10条规定，国家工作人员利用职务上的便利为请托人谋取利益之前或者之后，约定在其离职后收受请托人财物，并在离职后收受的，以受贿论处。据此，离职型受贿行为的关键应当包括以下方面：

首先，国家工作人员利用职务便利为他人谋取利益。根据2003年最高人民法院《全国法院审理经济犯罪案件工作座谈会纪要》的规定，利用职务上的便利，既包括利用本人职务上主管、负责、承办某项公共事务的职权，也包括利用职务上有隶属、制约关系的其他国家工作人员的职权。为他人谋取利益包括承诺、实施和实现三个阶段的行为。离职型受贿一般是在职期间已经完全实现为他人谋取利益，既包括合法的、正当的利益，也包括非法的、不正当的利益。本案中，吕某在主管、负责“专家公寓”项目的过程中，积极实施了自己的职务行为，为金沙公司谋取利益提供了帮助，其行为符合“利用职务上的便利，为他人谋取利益”的构成要件。

其次，在离职后收受他人财物。离职型受贿表现为国家工作人员是在离退休之后才收受请托人的财物，在职期间并不接受请托人的财物。

最后，在职期间已经约定。离职型受贿构成的另一重要条件为请托人必须与国家工作人员在职期间约定交易事由。但是，在司法实践中，当事人并不一定会形成明确的意思表示，会形成一种默契配合关系，这种默契配合关系也可以视为“已经约定”。但需要国家工作人员认识到他人交付的财物是对自己职务行为的不正当报酬，请托人交付的财物也是对国家工作人员在职期间为请托人谋取利益的回报。本案中，吕某虽然在职期间并未就离职后收受贿赂与金沙公司有关人员形成明确约定，但其在职期间为金沙公司谋取利益，离职后又“心照不宣”地接受了金沙公司数额达125.98万元的巨额财物的行为，证明其主观上具有受贿的概括故意。

六、影响力关系的范围认定

——王某利用影响力受贿案

公诉机关：南京市浦口区人民检察院

被告人：王某

案情简介

本案中，高某担任工学院副院长、分管基建工作，工学院基建总务处处长李骅、副处长刘胜前是高某的下属。王某是高某的女婿，但在案发前已经离婚。2009年至2010年8月期间，被告人王某利用高某担任南京农业大学工学院（以下简称工学院）副院长、分管基建工作的便利条件，在明知刘某是借用江苏省建筑材料研究设计院（以下简称省建材设计院）的资质和挂靠省建材设计院参加工学院科技综合楼设计投标的情况下，采取请客送礼的方法，通过工学院基建总务处处长李骅、副处长刘胜前的职务行为，使刘某顺利进入招、投标范围，并获取了相关的设计信息，帮助刘某中标成功。在此期间，刘胜前向高某请示刘某能否投标的时候，高某表示同意。2009年3月至2010年7月，被告人王某先后四次收受刘某贿赂款人民币15万元。本案因他人举报而案发。2011年6月2日被告人王某被抓获归案。案发后，被告人王某已退出人民币23.3万元，并已由南京市浦口区人民检察院扣押在案。南京市浦口区人民检察院指控称：被告人王某作为与国家工作人员关系密切的人，利用该国家工作人员职权和地位形成的便利条件，通过其他国家工作人员职务上的行为，为请托人谋取不正当利益，收受请托人财物，数额特别巨大，其行为触犯了我国《刑法》第388条之一的规定，犯罪事实清楚，证据确实充分，应当以利用影响力受贿罪追究其刑事责任。南京市浦口区人民法院经审理认为，被告人王某作为与国家工作人员关系密切的人，其利用该国家工作人员的职位形成的便利条件，通过由该国家工作人员直接领导的其他国家工作人员职务上的行为，为请托人谋取不正当利益，收受请托人财物人民币15万元，其行为符合利用影响力受贿罪的构成要件，构成利用影响力受贿罪，应依法惩处。被告人王某在案发后积极退缴违法所得，且犯罪情节较轻，对被告人酌情可以从轻处罚。南京市浦口区人民检察院指控被告人王某犯利用影响力受贿罪的基本事实清楚，基本证据充分，定性正确，予以支持。为维护社会管理秩序，惩罚利用影响力受贿犯罪，依照我国《刑法》第388条之一第1款，第72条第1款、第3款，第73条第2款、第3款，第64条之规定，判决如下：1. 被告人王某犯利用影响力受贿罪，判处有期徒刑2年，缓刑2年，罚金人民币1万元。2. 没收被告人王某违法所得人民币15万元。被告人王某在法定期间内未上诉。一审判决已经发生法律效力。

（参见 http：//www.pkulaw.cn/fulltext_ form.aspx？Gid=118938937，访问于2015年4月20日。）

案例评析

本案的争议焦点主要为：利用影响力受贿罪中的影响力关系，应如何认定？

本案是江苏省首例涉嫌利用影响力受贿的案件，本案中王某是南京农业大学工学院副院长、分管基建工作的高某的前女婿，王某利用高某的职位便利条件，通过高某领导的其他国家工作人员的职务行为，为请托人谋取不正当利益，收受请托人财物人民币15万元，其行为被认定为利用影响力受贿罪。那么，在此类案件中怎样认定“近亲属”、“其他与国家工作人员关系密切的人”等影响力问题，是把握利用影响力受贿罪的关键。

《刑法》第388条规定，利用影响力受贿罪是指国家工作人员的近亲属或者其他与该国家工作人员关系密切的人，通过该国家工作人员职务上的行为，或者利用该国家工作人员职权或者地位形成的便利条件，以及离职的国家工作人员或者其近亲属以及其他与其关系密切的人，利用该离职的国家工作人员原职权或者地位形成的便利条件，通过其他国家工作人员职务上的行为，为请托人谋取不正当利益，索取请托人财物或者收受请托人财物，数额较大或者有其他较重情节的行为。

根据上述规定，在司法实践中利用影响力受贿罪中的“影响力”范围，主要包括两类主体：一类是国家工作人员的“近亲属”或者“其他与该国家工作人员关系密切的人”；另一类是离职的国家工作人员或者其近亲属以及其他与其关系密切的人。在这两类主体中，由于《刑法》已经对国家工作人员和离职的国家工作人员的范围做出了明确界定，因此司法实践中“影响力”的认定关键应当是“近亲属”和“其他与该国家工作人员关系密切的人”的范围问题。

首先，虽然我国《刑法》没有明确近亲属的范围，但根据《刑事诉讼法》第82条的规定，近亲属包括：夫、妻、父、母、子、女、同胞兄弟姐妹。只要与该国家工作人员（离职的国家工作人员）存在上述关系的，即可以界定为其近亲属。

其次，我国《刑法》也没有明确“其他关系密切的人”的范围。但2007年出台的《关于办理受贿刑事案件适用法律基本问题的意见》中对“特定关系人”进行了界定，即包括与国家工作人员有近亲属、情妇以及其他共同利益的人。由于刑法典当时还没有修订，没有规定利用影响力受贿罪，所以上述司法解释将“近亲属”也包括在“特定关系人”的范围之内。事实上，“特定关系人”与“其他与其关系密切的人”的认定基础均为“关系”，只要行为人与国家工作人员之间的关系可以达到影响正常的职务行为即属于“特定关系人”或者“其他关系密切的人”。因此，“其他与其关系密切的人”是指除近亲属之外的其他关系亲近、可以间接或者无形的方式对国家工作人员的行为、决定施加影响的人，其范围十分广泛，可以是基于学习、工作产生的关系，如同学、师生、校友、同事关系；也可以是基于地缘产生的关系，如同乡；可以是基于感情产生的关系，如朋友、恋人、情人关系；还可以是基于利益产生的关系，如客户、共同投资人、合同、债权债务关系，等等。

本案中，王某与高某的女儿已经离婚，王某与高某之间的关系就不属于近亲属的范畴。但由于王某在此过程中故意让高某的下属知道自己与高某的关系仍然十分密切，而高某的下属也是在请示高某同意之后让刘某中标的。所以，本案中王某仍然利用了与高某的密切关系而为其他人谋取了不正当利益，应当成立利用影响力受贿罪。

七、为单位筹集资金单位主管人员向他人行贿的行为认定

——朱某行贿案

公诉机关：江苏省江都市人民检察院
被告单位：江苏省江都市春风皮鞋厂
法定代表人：朱某（厂长）
被告人：朱某

案情简介

被告单位皮鞋厂从1990年至1996年6月的累计产值仅有1527.5万元，但是从银行、企业借贷的资金就达1.8亿元。所借贷的资金中，用于生产经营的只有2862.63万元，占借贷资金总数的15.5%；用于还贷有1.5亿余元，占资金总数的84.5%，皮鞋厂在企业严重亏损的情况下，已经不符合进一步贷款的条件。被告人朱某在担任皮鞋厂厂长期间，为了获取资金，于1994年下半年至1996年6月，先后向江都市砖桥镇党委书记孙某等人行贿人民币30万元。另外，朱某还在担任厂长期间不正确履行职责，致使该厂1000余万元应收款不能收回；在企业逐年亏损的情况下，仍然开支无度，最终导致皮鞋厂亏损1882.35万元，负债3422.23万元，资不抵债1755.91万元。朱某的行为触犯了《关于惩治贪污罪贿赂罪的补充规定》第9条和1979年《刑法》第187条的规定，构成行贿罪、玩忽职守罪，请求依法判处。被告人朱某及其辩护人辩称：第一，行贿的30万元中应扣除非行贿的8万元；第二，造成皮鞋厂严重亏损的原因，除了朱某主观上计划管理不善外，尚受宏观调控、原材料价格上涨等因素的影响，认定朱炳全犯玩忽职守罪不能成立。

江都市人民法院认为：被告人朱某身为皮鞋厂厂长，为本厂获得非法利益，以集体资金向多人贿赂，情节严重，其行为已触犯全国人大常委会《关于惩治贪污罪贿赂罪的补充规定》第9条的规定，构成单位行贿罪。江都市人民检察院指控朱某犯行贿罪成立；指控朱某犯玩忽职守罪的事实和法律依据不足，不予采纳。朱某及其辩护人提出的第一点辩护理由，经查无事实根据，不予采纳；第二点辩护理由，经查能够成立，予以采纳。据此，江都市人民法院于1996年12月18日判决：被告人朱某犯行贿罪，判处有期徒刑5年，剥夺政治权利1年；并处被告单位江都市春风皮鞋厂罚金2万元。第一审宣判后，被告人朱某不服，以“一审认定构成行贿罪不当”为由，向江苏省扬州市中级人民法院提出上诉。扬州市中级人民法院经审理认为：一审认定的事实清楚，证据确实充分。上诉人朱某提出“一审认定的行贿数额有误”的上诉理由，没有事实根据，不予采纳。朱某称其行为不构成行贿罪的上诉理由，不能成立。单位犯罪中，单位是第一位的。不将犯罪单位列为被告人，或者把犯罪单位列在直接责任人后面作为第二被告人，只对直接责任人判处刑罚，对犯罪单位不加处罚或者附带“并处”等做法不妥。本案一审将皮鞋厂列为第一被告人是正确的，但在判决主文中先给朱某定罪量刑，然后才“并处”皮鞋厂罚金2万元；以及对朱某的行贿罪附加判处剥夺政治权利1年，均属适用法律不当，应当纠正。综上，扬州市中级人民法院依照我国《刑事诉讼法》第189条第（2）项的规定，于1997年5月20日判决：一、撤销第一审刑事判决。二、被告单位江都市春风皮鞋厂犯行贿罪，判处罚金2万元。3. 上诉人朱某犯行贿罪，判处有期徒刑5年。

（参见首都律师网 http：//bmla. chinalawinfo. com/newlaw2002/SLC/slc. asp？db = cas&gid = 33621273，访问于2015年4月22日。）

案例评析

本案的争议焦点主要为：单位直接负责的主管人员为了给单位筹集资金而向他人行贿的行为，应如何认定？

本案发生在1997年《刑法》生效之前，1979年《刑法》并没有专门罪名规定单位行贿的行为，本案适用的主要法律依据为全国人大常委会1988年1月21日颁布的《关于惩治贪污罪贿赂罪的补充规定》。在本案中，根据我国有关金融法规，皮鞋厂已经不具备贷款资质，但被告人朱某通过行贿手段借贷资金，所谋取的利益属于“不正当利益”。鉴于行为时《刑法》中还没有单独的单位行贿罪，所以法院以行贿罪追究皮鞋厂及其直接负责的主管人员朱某的刑事责任是正确的。

1997年《刑法》生效之后，第393条专门规定了单位行贿罪，即公司、企业、事业单位、机关、团体为谋取不正当利益而行贿，或者违反国家规定，给予国家工作人员以回扣、手续费，情节严重的行为。这就为司法实践中解决单位为谋取不正当利益而实施的行贿行为的认定提供了刑法依据。

单位行贿罪的客体是国家工作人员的职务廉洁性，犯罪对象仅限于国家工作人员。客观方面表现为单位为谋取不正当利益而行贿，或者违反国家规定，给予国家工作人员以回扣、手续费，情节严重的行为。其前提必须是为单位谋取不正当利益，一方面，如果单位所谋取的是合法权益，则不构成此罪；另一方面，如果行为人不是为公司、企业、事业单位、机关、团体等单位谋取不正当利益而实施行贿行为，也不能认定为单位行贿罪。本罪的犯罪主体是单位，但是采用的处罚原则为双罚制，即单位和直接负责的主管人员或其他直接责任人员都应当受到刑事责任追究。

八、将国有资产不纳入会计核算而以单位名义私分给职工的行为认定

——陈某私分国有资产案

公诉机关：三明市梅列区人民检察院

被告人：陈某

案情简介

1990年4月至2002年1月间，被告人陈某任三明市梅列区民政局局长。1998年11月，梅列区社会福利有奖募捐办公室与三明市社会福利有奖募捐委员会联合举办梅列区1000万元赈灾福利彩票有奖活动，由梅列区民政局负责组织及采购福利彩票中奖奖品，被告人陈某为总负责人。1998年11月20日至1999年2月8日，梅列区民政局采取奖品加价、虚列开支等手段获取了531985元（含利息5715元），不上缴财政专户，也未列入民政局法定会计核算和管理，而是作为梅列区民政局的账外账，由出纳员保管。其中：(1) 根据梅列区列西世强新百货开具的2张内容为云丝被加工费、云丝被，金额分别为110000元和140000元的收款收据，以虚列开支的手段，从其管理的彩票募捐户中转出资金25万元，不列入民政局法定会计核算和管理。(2) 梅列区民政局领导班子成员经过多次商议，决定将三明市机电公司、梅列区华谊家电商场、三明市海谊家电公司、梅列区列西鑫鑫百货商场为中奖奖品供应商，并一致通过对奖品价格进行加价，从其管理核算的资金中将与商家协商好的加价后的货款转给商家，而后从商家回收加价部分的款项160570

元，不列入民政局法定会计核算和管理。(3) 将弃奖转换的款项 5000 元，不列入民政局法定会计核算和管理。(4) 将福建省福清市上径建筑工程公司搭设赈灾福利彩票发售台架的返还款 10700 元和江西省临川市城西实业公司支付的前期费用 10 万元（让利），不列入民政局法定会计核算和管理。

1998 年 12 月底至 2000 年 10 月间，民政局由被告人陈某签批，以奖金、过节费等名义先后 20 次将上述款项中的 185040 元私分给本局的干部职工，被告人陈某个人分得 18760 元。2001 年 11 月 28 日，被告人陈某被"两规"，在"两规"期间，陈某主动向纪委交代了梅列区民政局在 1998 年发行福利赈灾彩票中采取奖品加价、虚列开支等手段，截留收入 54 万余元，并将其中的 16.27 万元集体私分的情况。案发后，梅列区民政局已退出私分的款项 179440 元。

三明市梅列区人民检察院以被告人陈某犯私分国有资产罪向三明市梅列区人民法院提起公诉，认为被告人陈某在尚未受到讯问时主动交代了犯罪事实，属自首，可以从轻或者减轻处罚。被告人陈某对起诉书指控其负责梅列区 1998 年发行中国福利赈灾彩票的组织及采购中奖奖品期间，采取奖品加价、虚列开支等手段，套取现金 531985 元，并将其中的 185040 元私分给本局的干部职工的事实基本无异议。其辩护人认为，被告人陈某在主观上没有私分国有资产的故意，且本案所涉及的资金属于福利彩票发行中应付给彩民的奖金，根据有关法律、法规的规定，该资金属于"用于扶贫和其他公益事业的社会捐助或者专项基金的财产"，而不属于国有资产，故公诉机关指控被告人陈某犯私分国有资产罪证据不足。三明市梅列区人民法院经公开审理认为：被告人陈某在担任三明市梅列区民政局局长期间，在负责梅列区 1998 年发行中国福利赈灾彩票的组织及采购中奖奖品的过程中，违反国家规定，将应纳入而未纳入法定会计核算和管理的国有资产 185040 元，以单位名义私分给单位干部和职工，数额较大，其行为已构成私分国有资产罪。公诉机关指控的罪名成立。辩护人称公诉机关指控被告人陈某犯私分国有资产罪证据不足的辩护意见与事实和法律规定不符，不予采纳。被告人陈某在"两规"期间，主动交代了犯罪事实，属自首，可以从轻或者减轻处罚，根据其悔罪表现，对其判处缓刑不致再危害社会，决定对其适用缓刑。该院依照我国《刑法》第 396 条第 1 款、第 67 条第 1 款、第 72 条、第 73 条第 2 款和第 3 款的规定，于 2002 年 8 月 30 日判决如下：被告人陈某犯私分国有资产罪，判处有期徒刑 1 年，缓刑 1 年 6 个月，并处罚金人民币 5000 元。宣判后，被告人陈某表示服判，未提出上诉。

（参 http：//sifaku. com/falvanjian/5/za6f089ed3f1. html，访问于 2015 年 4 月 23 日。）

案例评析

本案的争议焦点主要为：将未列入法定会计核算和管理的国有资产以单位名义私分给单位职工的行为，应如何认定？

改革开放之后，随着我国经济实力的增加，国家机关、国有公司、企业、事业单位、人民团体等国有单位的资金相对宽裕。一些单位为了自身小集体利益私自建立小金库，截留国有资产，有的单位甚至将国有资产私分给单位职工。为了加强对国有资产的保护，惩治私分国有资产的犯罪行为，1997 年的《刑法》增加了私分国有资产罪，解决了司法实践中对集体私分国有资产案件的查处无法可依的问题。但此类案件与单位正常的发放奖金等福利措施十分相似、容易混淆，所以在司法实践中应当根据事实情况严格依据罪刑法定原则进行分析判断。本案中，梅列区民政局局长陈某及领导班子成员经过多次商议决定，将1998年组织发行中国福利赈灾彩票的过程中违反国家规定未纳入法定会计核算和管理的国有资产185040元以单位名义私分给单位干部和职工的行为，属于典型的私分国有资产罪。

根据我国《刑法》第396条的规定，私分国有资产罪是指国有机关、国有公司、企业、事业单位、人民团体，违反国家规定，以单位名义将国有资产集体私分给个人，数额较大的行为。在司法实践中，本罪的认定需要明确以下问题：

首先，本罪的犯罪对象必须是国有资产。根据1999年最高人民检察院《关于人民检察院直接受理立案侦查案件立案标准的规定（试行）》的规定，私分国有资产罪案中的"国有资产"，是指国家依法取得和认定的，或者国家以各种形式对企业投资和投资受益、国家向行政事业单位拨款等形成的资产。特别需明确的是，即使是国有单位按照国家规定运用国有资产组织收入形成的资产，以及接受捐赠和其他经法律确认为国家所有的资产，都属于国有资产的范围。无疑，本案中梅列区民政局通过发行赈灾福利彩票所得的募捐款，其性质应属国有资产。

其次，犯罪客观方面表现为违反国家规定，以单位名义将国有资产集体私分给个人，数额较大的行为。一方面，单位私分国有资产的行为必须违反国家规定，这是与单位发放奖金等福利的根本区别。国有单位依据国家规定可以给职工发放奖金等福利，另外，还有些单位属于自收自支的事业单位，单位对于合法取得的收入可以自由支配。另一方面，必须是以单位名义将国有资产集体私分。这就表明，此种犯罪必须是以单位分配的形式分发给本单位的职工，在单位内具有公开性，反映了单位的意志。如果单位领导们自己在小范围内私分国有资产，则不构成本罪，可能构成贪污罪的共同犯罪。此外，还需要达到数额较大的标准。依据1999年最高人民检察院《关于人民检察院直接受理立案侦查案件立案标准的规定（试行）》，涉嫌私分国有资产，累计数额在10万元以上，应当立案。

最后，本罪的主体是特殊主体，即国家机关、国有公司、企业、事业单位、人民团体等国有单位直接负责的主管人员和其他直接责任人员。

此外，在本案审理过程中法院认为，被告人陈某在被纪委"两规"期间，主动交代了未被纪委掌握的梅列区民政局以单位名义将185040元私分给单位干部和职工的情况，属于自首情节。同时，2001年6月16日全国法院在审理破坏市场经济秩序犯罪案件工作座谈会上也一致认为：行为人在'两规'期间如果交代了纪委掌握的犯罪线索范围内的罪行，不能按自首对待；如果行为人的交代在纪委掌握的线索之外，应当视为自首。这种共识与《刑法》关于自首的立法精神的完全相符，这些实践经验为解决司法实践中行为人在"两规"期间主动交代问题的性质认定提供了参考依据。

第十四章

渎 职 罪

渎职罪，是指国家机关工作人员在履行职责或者行使职权过程中，滥用职权、玩忽职守、徇私舞弊，妨害国家机关的正常活动，致使公共财产、国家和人民利益遭受重大损失的行为。此类犯罪共有25个条文，包括37个罪名。根据行为人的身份可以分为以下几类：一般国家机关工作人员渎职犯罪，司法工作人员渎职犯罪，特定国家机关工作人员渎职犯罪。

一、征地拆迁前“种房子”的行为认定

——宋某等人滥用职权、诈骗案

公诉机关：武汉市江岸区人民检察院

被告人：宋某等

案情简介

2008年，时任湖北省武汉市某乡政府土地规划办公室规划员的被告人宋某得知国家某项目将在该乡征用土地，其掌握该项目拆迁红线范围信息后，与时任该乡副乡长的被告人胡某、组织委员被告人胡某海共同预谋，由胡某、胡某海向下属单位打招呼，让其同意给地建房，宋某负责组织他人施工。被告人高某明知该违法建筑是为骗取国家拆迁补偿款，既出资入股，又积极组织施工。同年7月，宋某、胡某、胡某海、高某4人共同出资，以胡某的妹妹的名义在上述拆迁红线范围内违法抢建近1400平方米的建筑。2011年7月，该违法建筑经拆迁骗得国家拆迁补偿款208万余元。湖北省武汉市江岸区人民法院经审理后判决：被告人宋某犯诈骗罪，判处有期徒刑6年6个月；被告人胡某、胡某海、高某犯诈骗罪，分别判处有期徒刑7年6个月、6年6个月、6年3个月。上述被告人均被判处罚金人民币1万元。宣判后，4名被告人提出上诉。鉴于第三、第四被告人在法院二审阶段缴纳了罚金，湖北省武汉市中级人民法院判决改判被告人胡某海有期徒刑5年6个月，被告人高某有期徒刑5年5个月，维持4名被告人的定罪部分及第一、第二被告人的量刑部分。

（参见中国法院网 http：//www. chinacourt. org/article/detail/2014/08/id/1365469. shtml，访问于2015年4月24日。）

案例评析

本案的争议焦点是：宋某等人在征地拆迁中提前“种房子”的行为，应如何认定？

“种房子”是近些年来在我国城市化改造和城镇化建设中违法人群常用的骗取国家财产的手段。实践中对该类刑事案件被告人行为的定性存在一定争议。本案中，法院认为被告人宋某、胡某、胡某海、高某明知该违法建筑是为骗取国家拆迁补偿款，还积极筹资组织施工，骗取国家拆迁款 208 万余元的行为，构成诈骗罪。

由于宋某、胡某、胡某海 3 人属于国家机关工作人员，具有一定的职权，所以在本案认定时，要分析 3 名被告人的行为是否构成职务犯罪。从案件事实来看，3 名被告人并不具备拆迁项目的相关实质性职权，在实施犯罪过程中仅仅利用了工作和身份的便利条件，并没有利用职务便利。利用职务上的便利是指利用职务上主管、管理、经手公共财物的权力及方便条件，而本案的被告人宋某担任规划员的职责主要是协助上级、指导下级执行相关规划政策等抽象性事物，并未具体负责该乡的拆迁项目，也不涉及拆迁款项的发放事宜，更无主管、管理、经手拆迁款项的权力。他获知该土地征用项目、拆迁红线范围均是利用工作便利。本案中前 3 名被告人非法占有目的明显，并分别利用工作便利获取红线范围，以亲属名义违法建房，采取欺骗手段蒙骗拆迁部门，最终获得拆迁补偿款，其行为符合诈骗罪的构成要件。被告人高某明知 3 人的非法意图，仍出资入股、积极组织施工，促成违法建筑的抢建完成，在诈骗共同犯罪中起到帮助作用，属于从犯。国家工作人员利用工作和身份便利，获取拆迁信息，伙同他人抢建房屋骗取拆迁补偿款的，构成诈骗罪。

二、民警疏忽看管下被看管人自缢的行为认定

——郝某玩忽职守案

公诉机关：鹤壁市郊区人民检察院

被告人：郝某

案情简介

1997 年 11 月 8 日夜 11 日左右，上峪乡派出所的司机李某在回所途中，见到曾有人举报的盗窃犯罪嫌疑人郭某（女），即将郭某带到了派出所。正在派出所值班的民警郝某让认识郭某的人对郭某进行了辨认后，即将郭某留置到派出所，并交给本派出所的协管员看管。11 月 9 日，郝某曾两次对郭某进行讯问，但未作任何记录。11 月 9 日下午，郝某到上峪乡政府用电话与派出所所长、指导员联系，均未联系上，后又向郊区公安分局主管副局长石国峰请示，石国峰副局长让他星期一上了班再处理。当晚，郝某未发现郭某有反常表现。晚 6 点左右，治安员程某将郭某带到值班室看电视，到夜里 10 点左右，又将郭某带到值班室内作为留置室的小屋里。11 月 10 日早晨 7 时 40 分左右，郝某起床后到小屋发现郭某自缢身亡，即向分局进行了汇报。鹤壁市郊区人民检察院当天对此事进行了调查，经郊区人民检察院技术室鉴定：郭某死于自缢。河南省鹤壁市郊区人民法院经公开审理认为：被告人郝某身为公安民警，利用职权非法剥夺他人人身自由，并致人死亡，其行

为已构成非法拘禁罪。该院依照我国《刑法》第238条第1、2、4款的规定，于2000年9月21日作出刑事判决如下：被告人郝某犯非法拘禁罪，判处有期徒刑10年。宣判后，被告人郝某不服，以其行为不构成非法拘禁罪为理由提出上诉。

河南省鹤壁市中级人民法院经二审审理认为：上诉人郝某虽然在客观上实施了对郭某留置的行为，并导致郭某自杀死亡的后果，但其主观目的是为查清盗窃案件的事实，是在履行自己的工作职责，依法执行公务，没有侵犯他人人身自由和权利的故意，不构成非法拘禁罪。上诉人郝某及其辩护人的辩解部分理由成立，应予采纳。上诉人郝某在依法对郭某实施留置后，未完全正确履行自己的职责，采取有效的和相应的安全防范措施，致使郭某自缢身亡，后果严重，依法应以玩忽职守罪追究其刑事责任。在二审审理期间，郝某愿意接受审判，对自己的犯罪行为及社会危害已有一定认识，可酌情从轻处罚。原判认定事实基本清楚，但定性不准，量刑不当，应予纠正。该院依照我国《刑事诉讼法》第189条第（2）项和《刑法》第397条第1款、第72条第1款的规定，于2000年12月20日作出刑事判决如下：1. 撤销鹤壁市郊区人民法院（2000）郊刑初字第41号刑事判决；2. 上诉人（原审被告人）郝某犯玩忽职守罪，判处有期徒刑1年6个月，缓刑2年。

（参见广东律协网，http：//gdlawyer. chinalawinfo. com/newlaw2002/slc/slc. asp？ db = fnl&gid = 117466347，访问于2015年4月25日。）

案例评析

本案的主要焦点为：被告人郝某是否有关押郭某的权利？被告人郝某在关押郭某的过程中是否存在职务过失？

在本案的审理过程中，一审法院认为郝某的行为构成非法拘禁罪，二审法院认为郝某的行为不构成非法拘禁罪，而构成玩忽职守罪。本案在认定的过程中需要厘清两个问题，一是被告人郝某是否有关押郭某的权利？二是被告人郝某在关押郭某的过程中是否存在职务过失？

根据我国《刑法》第238条规定，非法拘禁罪是指非法拘禁他人或者以其他方法非法剥夺他人人身自由的行为。非法拘禁罪的主观方面是故意，明知自己的行为会发生剥夺他人身体自由权利的结果，并希望或者放任这种结果的发生。客观方面表现为实施了非法拘禁他人或者以其他方法非法剥夺他人身体自由的行为。二审法院认为，上诉人郝某虽然在客观上实施了对郭某留置的行为，并导致郭某自杀死亡的后果，但其主观目的是为查清盗窃案件的事实，是在履行自己的工作职责，依法执行公务，没有侵犯他人人身自由和权利的故意，不构成非法拘禁罪。事实上，本案被告人郝某将郭某带回派出所盘问并留置是符合我国《警察法》第9条规定的，即：为维护社会治安秩序，公安机关的人民警察对有违法犯罪嫌疑的人员，经出示相应证件，可以当场盘问、检查；经盘问、检查，有下列情形之一的，可以将其带至公安机关，经该公安机关批准，对其继续盘问：（一）被指控有犯罪行为的；（二）有现场作案嫌疑的；（三）有作案嫌疑身份不明的；（四）携带的物品有可能是赃物的。对被盘问人的留置时间自带至公安机关之时起不超过二十四小时，在特殊情况下，经县级以上公安机关批准，可以延长至四十八小时，并应当留有盘问记录。对于批准继续盘问的，应当立即通知其家属或者其所在单位。对于不批准继续盘问的，应当立即释放被盘问人。因此，郝某确认是犯罪嫌疑人郭某后将其留置，这是依法执行公务，并且期间向郊区公安分局主管副局长石某进行了请示，石副局长让他星期一上了班再处理。故其没有非法拘禁他人的故意，不符合非法拘禁罪的主观要件。

但是，由于郝某在依法执行公务过程中并没有依法履行职权，导致发生了犯罪嫌疑人郭某死亡的结果，其行为构成玩忽职守罪。玩忽职守罪是指国家工作人员玩忽职守，致使公共财产、国家和人民利益遭受重大损失的行为。玩忽职守罪的客观表现有两种：一是不履行职责，二是不正确履行职责。根据我国《警察法》规定，郝某 24 小时内必须盘问嫌疑人并有记录，而本案自郭某留置到派出所到发现死亡 30 多个小时，没有一份笔录。按照派出所内对留置人员的看管规定，协管员协助干警看管留置的犯罪嫌疑人应轮流值班，不准睡觉，而 11 月 9 日夜，郭某被留置后，郝某并没有检查协管员对郭某的看管情况，存在职务过失。郝某虽然对郭某自杀死亡的后果持否定态度，但他应当预见到郭某有自杀或者逃跑的可能，由于疏忽大意而没有预见，以致发生了郭某自杀死亡的结果，郝某存在主观过失。因此，本案二审法院以玩忽职守罪对郝某定罪判刑是正确的。

三、招收学生徇私舞弊罪的犯罪主体认定

——金某等招收学生徇私舞弊案

公诉机关：北京市朝阳区人民检察院

被告人：金某

被告人：石某

被告人：柯某

案情简介

被告人金某在中央美术学院附属中等美术学校（以下简称美院附中）担任校长，被告人石某担任该校的副校长，被告人柯某担任该校的教务部主任兼校长办公室主任。该校参加了北京教育考试院负责组织实施的 2003 年北京市高级中等学校的提前招生活动。2003 年 6 月，美院附中成立了招生委员会，被告人金某、石某分别担任主席、副主席，被告人柯某担任招生办公室主任。同年 7 月下旬，为照顾各方面的“关系”，被告人金某、石某与柯某决定录取 11 名均未达到录取分数线的考生，并指使负责考试分数输入的被告人柯某在微机上将上述考生的考试成绩改为符合录取标准的分数，且报北京教育考试院审批，使上述考试成绩不合格的 11 名考生均被美院附中录取。此间，三名被告人将上述 11 名考生试卷上的分数改为与微机上登记的一致。同年 9 月中旬，3 名被告人为防止上述事实败露，又分别将已改过分数的考试试卷重做后备案。

北京市朝阳区人民法院根据上述事实和证据认为：被告人金某、石某、柯某在招收学生的工作中，利用职务之便，将符合条件的学生无端排挤掉，而将 11 名考试成绩不合格的考生改分后予以录取，系情节严重，3 名被告人之行为均已构成招收学生徇私舞弊罪，依法应予惩处；在共同犯罪中，被告人金某、石某起主要作用，系主犯；被告人柯某起次要作用，系从犯；依照我国《刑法》第 418 条、第 25 条第 1 款、第 26 条第 1 和第 4 款、

第64条及全国人大常委会《关于刑法第九章渎职罪主体适用问题的解释》、最高人民法院《关于处理自首和立功具体应用法律若干问题的解释》第2条之规定，对被告人石某依照我国《刑法》第418条、第25条第1款、第26条第1、4款、第64条及全国人大常委会《关于刑法第九章渎职罪主体适用问题的解释》之规定，对被告人柯某依照我国《刑法》第418条、第25条第1款、第27条、第72条第1款、第73条第2和第3款、第64条及全国人大常委会《关于刑法第九章渎职罪主体适用问题的解释》之规定，作出如下判决：1. 被告人金某犯招收学生徇私舞弊罪，判处有期徒刑2年3个月。2. 被告人石某犯招收学生徇私舞弊罪，判处有期徒刑2年3个月。3. 被告人柯某犯招收学生徇私舞弊罪，判处有期徒刑1年，缓刑1年。一审判决后，被告人没有上诉。

（参见首都律师网，http：//bmla. chinalawinfo. com/Case/displaycontent. asp？gid = 117675509，访问于2015年4月26日。）

案例评析

本案的争议焦点为：招收学生徇私舞弊罪的犯罪主体是什么？

根据我国《刑法》第418条招收学生徇私舞弊罪规定，国家机关工作人员在招收公务员、学生工作中徇私舞弊，情节严重的行为。本罪的犯罪主体只能是国家机关工作人员，而本案中的被告人均为学校的领导，他们是否属于国家机关工作人员的范畴，是本案的焦点，此问题的解决可以为司法实践中对学校领导徇私舞弊招收学生的行为认定提供参考。

首先，招收学生徇私舞弊罪的构成需在省级以上教育行政部门组织的学生招收工作中徇私舞弊达到情节严重的程度。根据2006年最高人民检察院《关于渎职侵权犯罪案件立案标准的规定》第34条规定，招收公务员、学生徇私舞弊罪是指国家机关工作人员在招收公务员、省级以上教育行政部门组织招收的学生工作中徇私舞弊，情节严重的行为。涉嫌下列情形之一的，应予立案：1. 徇私舞弊，利用职务便利，伪造、变造人事、户口档案、考试成绩或者其他影响招收工作的有关资料，或者明知是伪造、变造的上述材料而予以认可的；2. 徇私舞弊，利用职务便利，帮助5名以上考生作弊的；3. 徇私舞弊招收不合格的公务员、学生3人次以上的；4. 因徇私舞弊招收不合格的公务员、学生，导致被排挤的合格人员或者其近亲属自杀、自残造成重伤、死亡，或者精神失常的；5. 因徇私舞弊招收公务员、学生，导致该项招收工作重新进行的；6. 其他情节严重的情形。本案中的3名被告人先后在北京教育考试院负责组织实施的2003年北京市高级中等学校的提前招生工作中，利用职务之便，将符合条件的学生无端排挤掉，而将11名考试成绩不合格的考生改分后予以录取，符合在省级以上教育行政部门组织的招生工作中情节严重的程度。

其次，本罪的犯罪主体须为国家机关工作人员。根据2003年最高人民法院《全国法院审理经济犯罪案件工作座谈会纪要》，国家机关工作人员，是指在国家机关中从事公务的人员，包括在各级国家权力机关、行政机关、司法机关和军事机关中从事公务的人员。另根据2002年全国人大常委会通过的《关于〈中华人民共和国〉第九章渎职罪主体适用问题的解释》规定，在依照法律、法规规定行使国家行政管理职权的组织中从事公务的人员，或者在受国家机关委托代表国家行使职权的组织中从事公务的人员，或者虽未列入国家机关人员编制但在国家机关中从事公务的人员，视为国家机关工作人员。根据上述规定，在司法实践中，国家机关工作人员的认定应当从公务特征与身份特征两个方面来认定。一方面，具有国家机关工作人员身份的人当然属于国家机关工作人员；另一方面，虽然不具有国家机关工作人员身份，但是如果依据法律、法规或者受国家机关委托从事公务的人员，也视为国家机关工作人员。

在司法实践中，学校虽然是事业单位，不属于国家机关范围，也不是依照法律、法规规定行使国家行政管理职权的组织。但根据我国《教育法》的规定，国家教育考试由国务院教育行政部门确定种类，并由国家批准的实施教育考试的机构承办。据此可知，招收学生实际属于教育行政管理部门的职权范围，是依照《教育法》规定由教育行政主管部门委托学校承办的工作。当学校在教育行政主管部门的领导下进行招生工作时，就是在行使教育行政主管部门委托的公务。学校负责招生的教师是代表教育行政管理部门行使职权，属于受国家机关委托代表国家行使职权的组织中从事公务的人员，视为国家机关工作人员。

本案发生在北京市教育考试院负责组织实施的2003年北京市高级中等学校的提前招生活动中，美院附中在此期间成立了招生委员会，被告人金某、石某分别担任主席、副主席，被告人柯某担任招生办公室主任。这些表明北京教育考试院是考试的具体实施部门，美院附中是招生的受委托单位。3名行为人是在受国家机关委托代表国家机关行使职权的组织中从事公务，因而应视为国家机关工作人员，其徇私舞弊招生的行为构成招收学生徇私舞弊罪。

四、擅自不移交刑事案件的行为认定

——丁某徇私舞弊不移交刑事案件案

公诉机关：江苏省宜兴市人民检察院

被告人：丁某

案情简介

2001年4月18日上午，被告人丁某为宜兴市林副业局林政科科长兼林政稽查大队大队长，在其和无锡市多种经营管理局林政处副处长顾某等人调查宜兴市伏东镇上坝村村民举报的该村滥伐林木案件时，通过查上坝村1999年和2000年销售林木账，发现该村这两年滥伐林木约600立方米。4月20日，丁某向伏东镇领导通报查处情况时表示，上坝村滥伐林木情节严重，有关人员要受刑事处罚。当伏东镇领导要求“不要抓人”后，丁某接受镇领导的说情，授意要改动该村的销售林木账，将滥伐林木数量降至20立方米以下，以便对该村进行行政处罚。丁某未向本局领导汇报案件的真实情况，仅以顾某等人于4月18日下午调查时所画的三份现场图为依据，擅自将上坝村滥伐林木的数量定为17.9888立方米，导致本局于4月27日决定对上坝村进行林业行政处罚。另查明，上坝村1999年和2000年实际滥伐林木552.195立方米，其负责人因涉嫌滥伐林木罪，已由宜兴市人民检察院提起公诉。宜兴市人民法院认为：我国《刑法》第402条规定，“行政执法人员徇私舞弊，对依法应当移交司法机关追究刑事责任的不移交，情节严重的，处3年以下有期徒刑或者拘役；造成严重后果的，处3年以上7年以下有期徒刑。被告人丁某身为行政执法机关的工作人员，在受命与上级机关一起查办案件的过程中，明知伏东镇上坝村二年内滥伐林木数额巨大，违反了我国《森林法》和《刑法》的规定，有关人员的行为已经涉嫌犯罪，应当将案件移交给其他部门处理，却应他人的请求徇私舞弊，隐瞒真相，以行政处罚来代替刑事处理，放纵犯罪，情节严重，其行为已触犯我国《刑法》第402条的规定，构成徇私舞弊不移交刑事案件罪，应依法惩处。

丁某及其辩护人认为，上坝村滥伐林木案的查处主体是无锡市多种经营管理局，丁某不是徇私舞弊不移交刑事案件罪的犯罪主体。这个理由不符合事实，不予采纳。丁某的辩护人还提出，将销售林木的重量换算成立木蓄积量来认定滥伐林木的数量，这种计算方式和换算标准不符合法律规定。上坝村滥伐林木的事实客观存在，该村销售林木的明细账能够比较客观地反映该村砍伐林木的情况，换算标准符合本地实际，计算方式是客观公正的，故该辩护意见也不予采纳。上坝村两年内滥伐林木达550余立方米，数额巨大，对社会危害严重。只有及时追究有关责任人的刑事责任，才有可能迅速遏制滥伐林木的犯罪行为。丁某置滥伐林木给社会造成的危害于不顾，徇私舞弊不移交该案，阻碍了对犯罪行为的及时打击，放纵了犯罪，情节不可谓不严重。故对丁某的行为不属情节严重、不构成犯罪的辩护意见，也不予采纳。根据本案具体情节和丁某的悔罪表现，依照我国《刑法》第72条第1款、第73条第2和第3款的规定，可以对丁某适用缓刑。据此，宜兴市人民法院于2002年4月8日判决：被告人丁某犯徇私舞弊不移交刑事案件罪，判处有期徒刑1年，缓刑1年6个月。

一审宣判后，丁某不服，提出上诉。无锡市人民检察院认为，上诉人丁某作为宜兴市林副业局林政科科长兼林政稽查大队大队长，具有查处林业违法案件的职责。其在负责查办伏东镇上坝村滥伐林木案件中，明知上坝村滥伐林木数额巨大，应受刑事处罚，但出于私心，答应镇领导的说情并提出改动林木销售账，以减轻有关人员的责任。丁某的行为符合徇私舞弊不移交刑事案件罪的构成要件，原审定罪量刑正确，建议驳回上诉，维持原判。江苏省无锡市中级人民法院经公开开庭审理后认为，原审认定的基本事实清楚，证据确凿，适用法律定罪正确，量刑恰当，诉讼程序合法，应当维持。丁某及其辩护人提出的上诉理由及辩护意见，缺乏事实根据和法律依据，不予采纳。据此，无锡市中级人民法院依照我国《刑事诉讼法》第189条第（1）项的规定，于2002年6月19日裁定：驳回上诉，维持原判。

（最高人民法院刑事审判一至五庭主编：《刑事审判参考（总第28期）》，法律出版社2002年版。）

案例评析

本案的争议焦点主要为：行政执法机关办案人在配合上级机关查处行政违法案件时，擅自将本应移交追究刑事责任的案件做行政处罚处理，其行为如何认定？在查处滥伐林木案件时，能否将销售林木账作为测算和认定滥伐林木数量的依据？

由于我国刑事司法工作和行政执法工作衔接机制并不完善，而此类的案件多数直接由行政执法机关管辖，在符合刑事案件条件的再移送刑事司法机关，所以有些行政执法机关就利用职权徇私舞弊不移交案件，使得犯罪嫌疑人逃避刑事法律追究，此类案件在我国具有一定的代表性。

首先，在司法实践中，需要明确徇私舞弊不移交刑事案件罪的犯罪主体范围。其犯罪主体为具有行政执法权的国家机关工作人员，其判断的标准为是否在执行行政执法权，执法的形式可以是多种的，既包括单独执行行政执法权的国家机关工作人员，也包括和其他机关联合执法的国家行政机关，以及在上级领导下进行行政执法的国家机关工作人员。本案中，丁某虽然是在配合上级机关查处行政违法案件，但也不能改变其在实施行政执法权的实质。所以，法院认为丁某属于行政执法人员，具有依法移交刑事案件的义务，其行为构成徇私舞弊不移交刑事案件罪。作为行政执法机关的工作人员，在执法过程中明知案件应追究刑事责任，却擅自更改事实证据，将本应移交追究刑事责任的案件作行政处罚处理，符合徇私舞弊不移交刑事案件的犯罪主体资格。

其次，此类案件中，滥伐林木的数量标准也需要明确。在司法实践中，滥伐林木案件通常根据被滥伐的林木或者滥伐林木现场遗留的伐桩来测算被滥伐林木的立木蓄积量。但在当地没有其他林木来源，被销售的林木只能是滥伐的情况下，如果被滥伐的林木已灭失、滥伐现场的伐桩无法查清，则可以按销售林木账去测算被滥伐林木的立木蓄积量法。

第十五章

危害国防利益罪与军人违反职责罪

在我国司法实践中，危害国防利益罪与军人违反职责罪的发生数量并不多，因此放置于本章一并分析。危害国防利益罪，是指违反国防法律、法规，故意或者过失危害国防利益的行为，此类犯罪具体包括23个罪名。军人违反职责罪，是指军人违反职责，危害国家军事利益，依照法律应当受到刑罚处罚的行为。此类犯罪只有军人才能构成，共有32个条文，共31个罪名。

一、现役军人携枪离队的行为分析

——肖某盗窃武器装备案

公诉机关：某军区直属军事检察院

被告人：肖某（原系中国人民解放军某部队列兵）

案情简介

被告人肖某入伍后，感到部队生活艰苦枯燥，心理受到压抑，产生了逃离部队的想法。2006年6月12日上午，被告人肖某打电话给广东省东莞市的同学龚某，称其这几天要带枪出来找他，龚某不相信。当晚9时，在连队进行训练时，因被告人肖某的动作不规范，受到了组织训练的班长杨某等人的批评，被告人肖某遂产生了利用站岗之机将枪盗走，以使杨某受处分的想法。第二日凌晨2时许，被告人肖某利用站岗之机，用迷彩帐篷包装袋装载执勤用枪，携枪逃离部队，租车前往龚某处。在长安镇等龚某的过程中，被告人肖某将枪藏在公路中间的下水道内。龚某来后，被告人肖某将枪取出，拆解后藏匿于龚某的运输车驾驶室坐垫下。6月14日凌晨3时25分，部队保卫部门在东莞常平镇龚某的车上将枪支查获，同日5时10分，在东莞长安镇将被告人肖某抓获归案。2006年7月19日，某军区直属军事检察院以被告人肖某犯逃离部队罪向军区直属军事法院提起公诉。

某军区直属军事法院经审理认为，被告人肖某身为现役军人，利用站岗之机，私自携带执勤枪支离开部队，侵犯了部队对武器装备的管理权，行为已构成盗窃武器装备罪。公诉机关指控被告人肖某的犯罪事实清楚，证据确实充分，但指控的罪名不当，应予纠正。被告人肖某犯罪时未满18周岁，依法应当从轻或减轻处罚。依照我国《刑法》第438

条、第127条第1款、第17条第3款和最高人民法院《关于执行〈中华人民共和国刑事诉讼法〉若干问题的解释》第176条第（2）项的规定，于2006年8月31日作出判决：被告人肖某犯盗窃武器装备罪，判处有期徒刑2年。宣判后，被告人肖某未提出上诉，某军区直属军事检察院也未提出抗诉，判决发生法律效力。

（王树茂、潘建刚：《现役军人携枪离队应定盗窃武器装备罪》，载于《人民司法（案例）》2007年第12期。）

案例评析

本案的争议焦点主要为：现役军人携带值勤枪支短暂逃离部队的行为应如何定性？

在本案的审理过程中，公诉机关与审判机关在本案的法律适用方面存在一定的分歧。公诉机关认为嫌疑人携带执勤枪支逃离部队的行为构成逃离部队罪，而军事法院认为被告人的行为构成盗窃武器装备罪。本案中被告人携带值勤枪支暂时逃离部队的行为如何认定，需要将既有事实与我国《刑法》规定进行匹配。根据《刑法》第435条规定，逃离部队罪是指违反兵役法规，逃离部队，情节严重的行为。《刑法》第438条规定，盗窃武器装备罪是指，以非法占有为目的，秘密窃取部队的武器装备的行为。根据两罪的构成要件，两罪之间并不存在法条竞合的关系。

首先，需要明确的是被告人肖某的行为是否构成逃离部队罪？逃离部队罪侵犯的客体是国家兵役制度。客观方面表现为违反兵役法规，逃离部队的行为。凡是未经批准，为逃避军事义务而擅自离开部队不归的，都是逃离部队的行为，但只有情节严重的行为才构成犯罪。本罪的主观方面是故意，目的是逃避继续服兵役的义务。本罪的主体是现役军人。本案的被告人肖某虽然具有逃避服兵役的主观目的，但是客观上离开部队时间短，没有达到情节严重、应受刑罚惩罚的程度，不构成逃离部队罪。

其次，被告人肖某利用站岗之机，用迷彩帐篷包装袋装载执勤用枪，携枪逃离部队的行为是否属于盗窃行为呢？在我国《刑法》中，一般将盗窃理解为秘密窃取他人财物的行为，对于自己所掌握的物品是否可以构成盗窃是本案认定的关键。由于部队制定有严格的枪支管理制度，被告人肖某只有在站岗期间才能持有枪支，站岗任务完成之后应当依据规定交回部队。所以，被告人肖某利用站岗的职务便利在持有枪支之后将枪支秘密带走的行为属于利用站岗任务秘密窃取枪支的行为。但在我国《刑法》中，盗窃枪支的行为可能构成的罪名有盗窃枪支罪和盗窃武器装备罪。但两罪的犯罪主体存在差别，盗窃枪支罪的主体为一般主体，盗窃武器装备罪的犯罪主体为特殊主体，只有现役军人才能构成本罪。由于被告人肖某属于现役军人，所以被告人肖某的行为构成盗窃武器装备罪。

二、行为人尚未销售的军用标志较多而销售数量较少的行为认定

——袁某某等买卖武装部队专用标志案

被告人：北京军兴武商贸中心

被告人：袁某某

被告人：袁某

案情简介

被告人袁某某、袁某在本市石景山区八大处甲1号负责经营“北京军兴武商贸中心”。2008年10月29日9时许，董某、许某二人到该中心要求购买二级士官软肩章一副及帽徽一个，袁某某、袁某向二人出售上述军用标志并收取人民币11元，销售过程中，董某、许某提出所拿到的肩章颜色不对，袁某某、袁某遂让人带董某、许某到该中心里屋挑选合适的肩章。在挑选时，二被告人当场被民警查获，起获肩章、帽徽、领花等武装部队专用标志共计439件。经中国人民解放军有关部门鉴定，属现行有效的制式军品。公诉机关指控，被告人袁某某、袁某买卖武装部队专用标志，情节严重，应以买卖武装部队专用标志罪追究刑事责任。一审法院经审理认为，被告人袁某某、袁某买卖武装部队专用标志，情节严重，已构成买卖武装部队专用标志罪。据此，依照我国《刑法》第375条第3款、第4款，第25条第1款，第52条，第53条，第42条，第72条，第73条第1款、第3款，第64条，第61条的规定判决：被告人袁某某、袁某均犯买卖武装部队专用标志罪，分别判处拘役6个月，缓刑1年，并各处罚金人民币1000元。一审宣判后，被告人均未上诉，公诉机关亦未抗诉，判决现已生效。

（参见http：//www. fsou. com/html/text/fnl/1178127/117812764. html，访问于2015年4月27日。）

案例评析

本案的争议焦点主要为：行为人出售现行有效的武装部队专用标志数额较小，其行为是否构成犯罪？

根据我国《刑法》第375条第2款买卖武装部队专用标志罪规定，买卖武装部队制式服装、车辆号牌等专用标志，情节严重的，处3年以下有期徒刑、拘役或者管制，并处或者单处罚金。本罪的客体是武装部队专用标志的管理秩序。犯罪对象是制式服装、车牌号牌等武装部队专用标志，而且是军队最高主管部门监制的专供部队正在使用的或即将使用的专用标志。客观方面必须达到情节严重的程度。犯罪主体是一般主体。

在司法实践中，如同本案中的库存数量较大的情况该如何理解需要分析。在本案的认定过程中，行为人只卖了二级士官软肩章一副及帽徽一个，但库存肩章等标志共计439件的情况是否属于情节严重呢？根据2008年最高人民检察院、公安部《关于公安机关管辖的刑事案件立案追诉标准的规定（一）》第94条规定，非法生产、买卖武装部队制式服装、车辆号牌等军用标志，涉嫌下列情形之一的，应予立案追诉：（一）成套制式服装30套以上，或者非成套制式服装100件以上的；（二）军徽、军旗、肩章、星徽、帽徽、军种符号或者其他军用标志单种或者合计100件以上的；（三）军以上领导机关专用车辆号牌1副以上或者其他军用车辆号牌3副以上的；（四）非法经营数额5000元以上，或者非法获利1000元以上的；（五）被他人利用进行违法犯罪活动的；（六）其他情节严重的情形。根据上述立案标准，买卖武装部队专用标志罪并不是以销售金额为立案标准而是以买卖的数量为标准，因此只要行为人准备买卖即可，本案中行为人库存用来买卖的数量已经远远超过了立案标准，属于情节严重，应定买卖武装部队专用标志罪。

三、接送不合格兵员罪的犯罪主体范围认定
——李某接送不合格兵员案

公诉机关：云南省文山壮族苗族自治州人民检察院

被告人：李某

案情简介

1997年12月30日，犯罪嫌疑人陈某因涉嫌盗窃被刑事拘留，后被释放。1998年12月，在冬季征兵中，陈某报名应征，其户口所在地文山县公安局南桥派出所认为其不符合入伍条件，未办理政审手续。陈某父母请公安局副局长李某在政审问题上帮忙说一下。被告人李某便打电话给南桥派出所所长邢某说，陈某的案子已经撤了，你们把派出所的政审意见办了。邢某将李某的话告诉副所长米某，米某即按李某的意思，在陈某的政审表上签署了“符合征兵政审条件”的意见后报送文山县征兵办公室，致使不够入伍条件的陈某被应征入伍。本案案发后，陈某被部队退回。文山壮族苗族自治州中级人民法院认为：被告人李某在征兵工作中徇私舞弊，接送不合格兵员，情节严重，其行为构成接送不合格兵员罪，判决有期徒刑1年。

（最高人民法院刑事审判一至五庭主编：《刑事审判参考（总第31期）》，法律出版社2003年版。）

案例评析

本案的争议焦点主要为：接送不合格兵员罪的犯罪主体范围如何确定？

我国《刑法》374条规定，在征兵工作中徇私舞弊，接送不合格兵员，情节严重的，处3年以下有期徒刑或者拘役；造成特别严重后果的，处3年以上7年以下有期徒刑。本罪侵犯的客体是国家征兵工作的正常活动。客观方面表现为在征兵工作中徇私舞弊，接送不合格兵员，情节严重的行为。具体表现为：接送不到年龄的兵员；接送学历不符合要求的兵员；接送健康不符合入伍条件的兵员；接送政审不合格的兵员；接送依法受过刑事处罚的人等不合格兵员等等。犯罪主体为负责或者参与征兵工作的有关人员，如各级人民武装部的工作人员，负责兵员政审、体检的工作人员，武装部队派出的接受兵员的人员等。本罪的主观方面是故意，且具有徇私的动机。

本罪中，公安局副局长李某并不属于直接负责政审的工作人员是否属于本罪的犯罪对象呢？

在本案中，虽然公安局副局长李某并没有直接负责政审工作，但由于其属于政审单位的主管上级领导，派出所又属于公安局的派出单位，所以李某应当属于负责征兵政审的工作人员范围之内，其徇私舞弊，直接指挥下级将不符合政审条件的陈某的政审更改为符合征兵政审条件的行为也直接导致了不合格兵员被输送到部队的严重后果，构成接送不合格兵员罪。所以，对于本罪的犯罪主体范围的理解不能过于狭隘，负责政审工作人员不能仅限于直接做政审决定的工作人员，还包括本单位的领导等工作人员。

图书在版编目(CIP)数据

刑法判例教程/肖扬宇编著.—武汉:武汉大学出版社,2015.8
全国高等学校应用型法学人才培养系列规划精品教材
ISBN 978-7-307-16407-9

Ⅰ.刑… Ⅱ.肖… Ⅲ.刑法—中国—高等学校—教材 Ⅳ.D924

中国版本图书馆 CIP 数据核字(2015)第 169437 号

责任编辑:胡 艳　　责任校对:李孟潇　　版式设计:马 佳

出版发行:**武汉大学出版社**　(430072 武昌 珞珈山)
(电子邮件:cbs22@whu.edu.cn 网址:www.wdp.com.cn)
印刷:武汉珞珈山学苑印刷有限公司
开本:787×1092 1/16　印张:13.75　字数:320 千字　插页:1
版次:2015 年 8 月第 1 版　2015 年 8 月第 1 次印刷
ISBN 978-7-307-16407-9　定价:27.00 元
